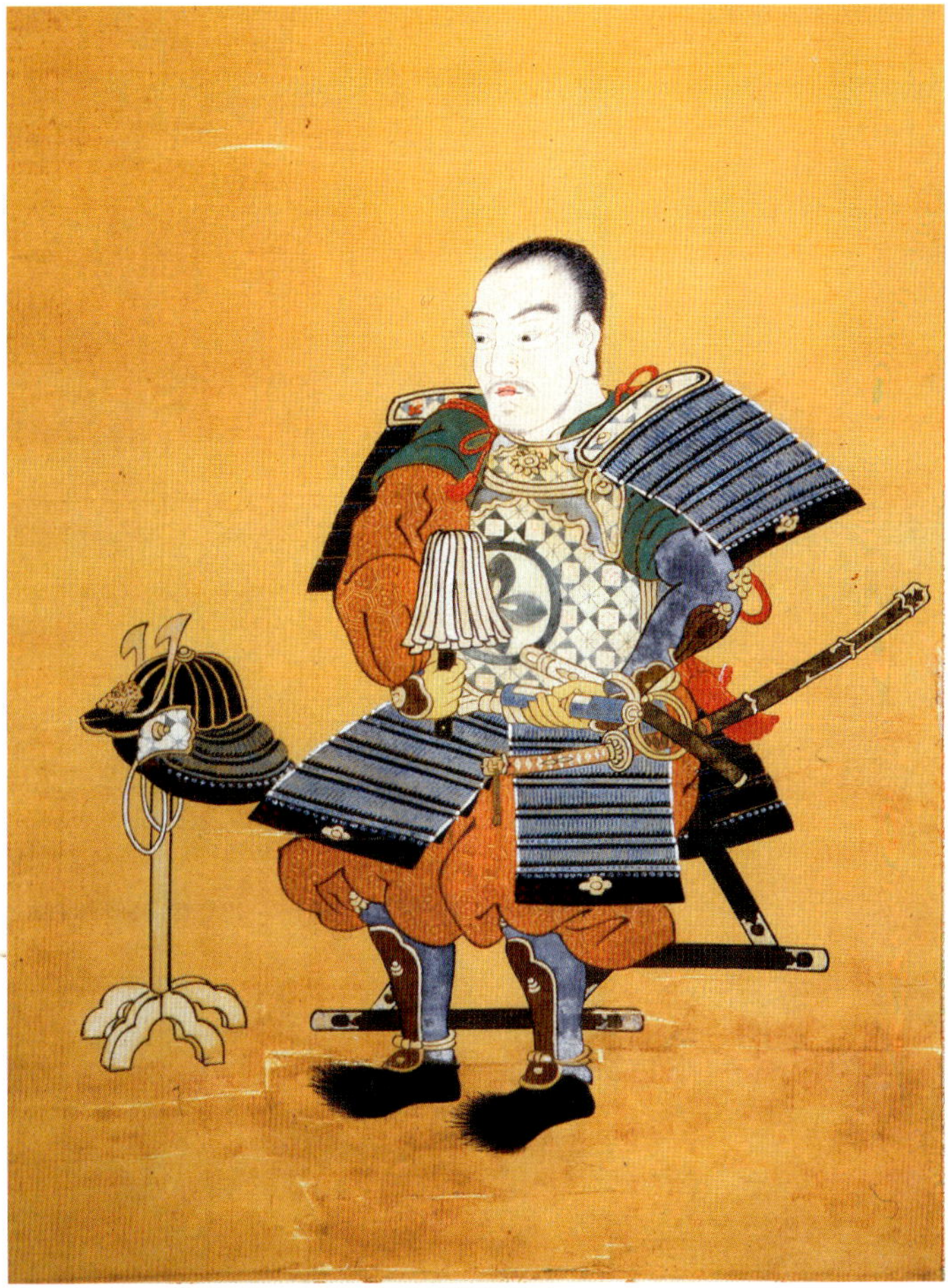

太田道灌画像

寛政８年（1796）に太田資順が描いた画像．鎧《よろい》の胸板に太田家の家紋の桔梗《ききよう》文《もん》がみえる．上部には道灌作と伝える「あづさ弓おもひなれしもにくみしもたえて我のみ月をみるかな」という和歌が書かれている．

太田道灌銅像

かつて東京府庁に渡辺長男作の道灌像があったが，第二次大戦のとき供出されてしまう．戦後に新たな銅像の製作が企画され，渡辺の実弟にあたる朝倉文夫が腕を振るった．今は東京国際フォーラムに置かれている．

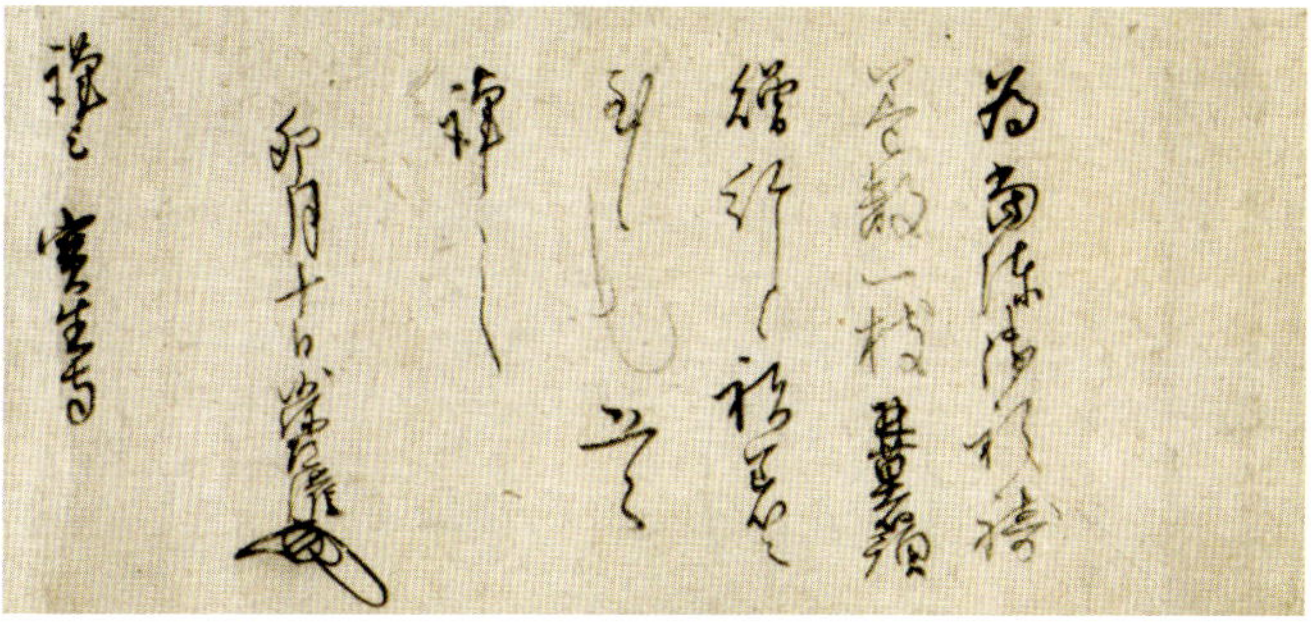

太田道灌書状

武蔵国平子郷（横浜市南区）にある宝生寺の住持にあてて書いた書状で，陣中に巻数（祈禱のために読んだ経の名を列記した文書）と薯蕷《しよよ》（長芋）を贈ってもらった礼を述べている．沙弥《しゃみ》道灌の署名と花押がみえる．

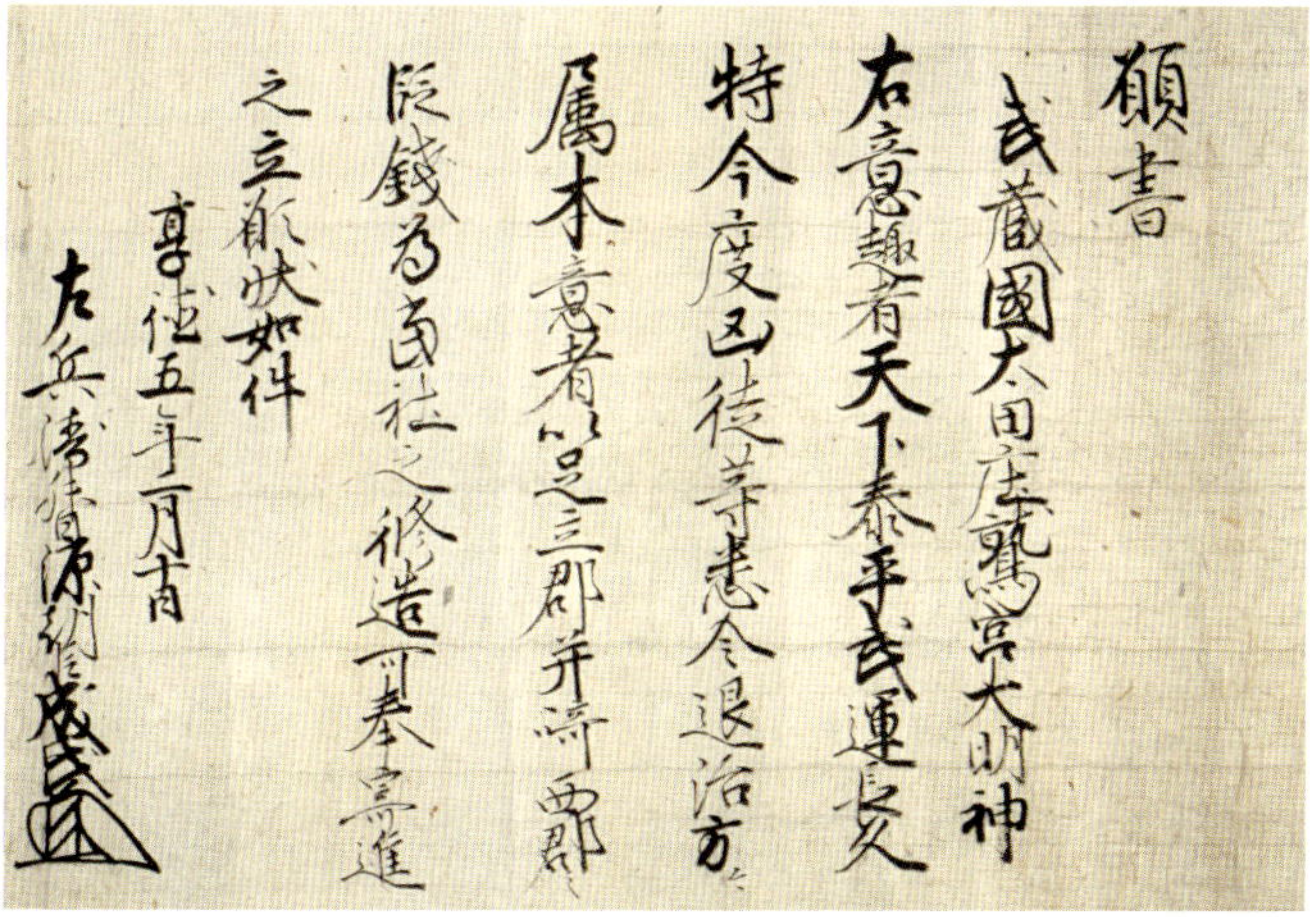

足利成氏願文

武蔵国太田荘の鷲宮社（埼玉県久喜市）に捧げた願文で，敵を退治できたら足立郡と埼西郡の段銭を鷲宮社修造のために寄進すると約束している．年号は康正に改められていたが，成氏は享徳年号を使い続けた．

足利成氏の軍旗

弘化２年（1845）に刊行された『応仁武鑑』に成氏が武田信長に賜わった軍旗の図が描かれている．この絵をもとにしながら，古河歴史博物館が軍旗の復元製作を行った．金色の日輪と桐紋が描かれている．

敗者の日本史 8

享徳の乱と太田道灌

山田邦明

吉川弘文館

目次

図版目次

〔口絵〕

〔挿図〕

「山吹の里」伝説と八犬伝　プロローグ

太田道灌とその時代

有楽町駅の近く、東京国際フォーラムの一階に、太田道灌の銅像がある。江戸城築城五百年を記念して製作されたもので、作者は朝倉文夫、昭和三十三年（一九五八）に除幕式が行われた。もとはかつての都庁にあり、都庁が丸の内から新宿に移ったあと、現在地に移されたという。

銅像の道灌は狩衣《かりぎぬ》姿で、笠をかぶり、左手に弓、右手に矢を持って立っている。狩衣姿の銅像というのは珍しいが、道灌の像が狩衣姿なのは、有名な「山吹の里」伝説にちなんだものとみていいだろう。鷹狩に出ていたときに雨に遭い、ある小屋に入って蓑《みの》を借りようとしたところ、若い女が何も言わずに山吹の花を差し出した。「花はいらない」と道灌は怒って帰ったが、あとになって、これは「七重八重花は咲けども山吹の実《み》の一つだになきぞ悲しき」という古歌にかけて、蓑のないことを教えてくれたのだと、まわりの人から言われ、いたく反省して、これをきっかけに和歌の道に精進する

八犬伝に登場する武将たち
（『南総里見八犬伝』8）

ことになった。太田道灌といえばまず思い浮かぶこの伝説に基づいて、銅像も鷹狩スタイルになったと思われるのである。

この逸話は江戸時代の半ばにまとめられた『常山紀談《じょうざんきだん》』（著者は湯浅常山）の中に見え、こののち江戸やその周辺の人々の間で広まったものと考えられる。道灌の生きた時代の史料にはみえないから、もちろん実話ではないだろうが、武将でありながら和歌の道に通じた道灌の個性をよくとらえた逸話だといえよう。江戸城を築いた人物として、道灌は地域の人々から慕われていたが、和歌に親しんだ文化人としても高く評価されていたのである。

太田道灌が活躍したのは、十五世紀の後半、いわゆる「戦国時代」の少し前にあたる。武田信玄・上杉謙信・織田信長といった戦国武将が活躍した戦国時代（十六世紀）は、一般になじみの深い時代だが、これより前の十五世紀後半のことはあまり知られておらず、なんともつかみどころのない時代といえなくもない。江戸を含む関東地方のことを考えてみても、戦国時代には小田原の北条氏（早雲・氏綱・氏康・氏政・氏直の五代）がいて、武田や上杉と並び立っていたので、イメージが結びやすいが、北条氏があらわれる前の関東のようすがどのようだったか、具体的に説明できる人は少ないのではないかと思う。太田道灌は有名だけれども、彼が生きた時代の関東の政治状況はわかりにくいというのが現状ではないだろうか。

しかし、関東の十五世紀後半は、決して平凡でつまらない時代ではない。社会の体制が大きく揺らいで、関東全体をまきこむ内乱が続き、その中で多くの武将たちが活躍した、きわめてドラマティックな時代だったのである。室町時代の関東を支配していた鎌倉公方《くぼう》足利氏と関東管領《かんれい》上杉氏が戦いを始め、両者のにらみあいは二十年以上に及んだ。この内乱は享徳《きょうとく》四年（一四五五）に始まり、公方足利氏の側が享徳年号を使い続けたことから、「享徳の乱」とよばれている。太田道灌が登場したのは、この内乱の渦中だった。やがて足利と上杉が和睦して内乱は終息するが、道灌が主君の上杉（扇谷《おうぎがやつ》）定正《さだまさ》に謀殺されたのち、山内《やまのうち》家と扇谷家という上杉の両家が戦いを始め、これも長く続くことになる。そして半世紀に及ぶ内乱状況の中、足利成氏《しげうじ》（古河公方）・上杉定正（扇谷家）・上杉顕定《あきさだ》（山内家）・長尾景春《かげはる》（山内家の重臣）・太田道灌（扇谷家の重臣）といった武将たちが並び立ち、それぞれが自らの立場でさまざまの活躍をしたのである。

八犬伝の舞台

足利成氏や上杉定正といわれても、現代の人はピンとこないだろうが、今から二百年近く前の庶民にとっては、なじみのある名前だったのではないかと思う。曲亭馬琴《きょくていばきん》の長編小説、『南総里見八犬伝《なんそうさとみはっけんでん》』に、成氏も定正も、顕定も景春もみな登場するのである。安房《あわ》の里見家の姫君（伏姫）とその愛犬（八房）の話から始まって、犬塚信乃《しの》や犬山道節《どうせつ》といった「八犬士」が登場し、里見家のために活躍するというストーリーなので、安房が舞台のように思われがちだが、『八犬伝』はローカルな物語ではなく、相模・武蔵・上総・下総・上野、さらには越後にも及ぶ、広い地域をまたにかけた壮大なドラマである。そしてその時代設定は、まさに本書で対象とする十五世紀後半だった。この時代の関東の政治史を踏まえながら、その上に自由な物語を築きあげていったのである。

そもそも『八犬伝』の冒頭は、嘉吉元年（一四四一）の結城城《ゆうきじょう》（茨城県結城市）落城から始まる。城方の一人だった里見季基《すえもと》は討死するが、その子の義実《よしざね》は戦場を逃れ、安房に入って自立する。里見家の歴史の原点にあるのは結城合戦だが、結城落城はもう一つのストーリーの出発点でもあった。結城城で捕えられた春王《はるおう》・安王《やすおう》（公方足利持氏の子息）は、美濃の垂井《たるい》で処刑され、城方の一員だった大塚匠作が、現場に乗り込んで討死するが、そこにいた子息の番作（犬塚番作）は足利家伝来の宝刀「村雨丸《むらさめまる》」を振って奮戦し、父と幼君の首級を奪って埋葬した。番作の子の犬塚信乃は、父から宝刀を渡され、やがて足利成氏のいる許我（古河）に赴くが、「村雨丸」は何者かによってすりかえられていた。これを知った成氏は激怒して、信乃を討ちとるよう家臣に命じる。

文明九年（一四七七）の江古田《えごた》（東京都中野区）の戦いと、豊島《としま》氏の滅亡も、犬山道節の物語の出発点になっている。豊島勘解由左衛門《かげゆざえもん》信盛《のぶもり》と煉馬《ねりま》（練馬）平左衛門倍盛《ますもり》の兄弟は、長尾景春の反乱に応じたため、上杉（扇谷）定正らの軍勢に攻められて、江古田・池袋の戦いで討死する。煉馬家に仕えた犬山道策も討死するが、子の道松（のちの犬山道節）は戦場を逃れ、主君と父の仇の定正を討とうと機会をうかがう。

千葉家の内紛のことも『八犬伝』には記されている。享徳四年（一四五五）に千葉介胤直《ちばのすけたねなお》が家臣の原胤房に攻められて滅亡し、一門の千葉（馬加《まくわり》）孝胤が千葉城に入ったこと、胤直の一門の実胤・自胤兄弟が武蔵の石浜（東京都台東区）・赤塚（板橋区）を居城にして、千葉孝胤と対抗したことを本文中に明記したうえで、赤塚の千葉自胤の家中を軸に物語が展開してゆく。自胤に仕えた馬加大記常武という者が、権力を握ろうとして、同じく自胤の家臣だった粟飯原首胤度《あいはらおおとたねのり》を謀殺するが、胤度の遺児の犬坂毛野は、女田楽師《でんがくし》に扮して常武の館に入りこみ、見事仇討ちを遂げる。

『八犬伝』の主役はもちろん八犬士だが、上杉（扇谷）定正をはじめとする当時の関東の支配者たちは、物語の中に数多く登場し、そのほとんどが里見氏と八犬士に対抗する「敵役」として描かれている。足利成氏・上杉（扇谷）定正・上杉（山内）顕定・長尾景春・千葉自胤といった武将たちは、それぞれ対立しあう側面を持ちながら、里見討伐という一点では団結して行動し、結局惨敗するのである。

思いがけなくもベストセラーになり、長々と書き続けた『八犬伝』を、大団円に導くために、関東の諸将がまとまって里見を滅ぼそうとしたが、八犬士の活躍によって失敗に終るというストーリーを考え、馬琴はこの大作をなんとか仕上げたのである。こういう事情なので、成氏や定正らが悪役になるのは致し方ないともいえるが、それが可能だったのは、彼らの家がほとんど滅亡していて、子孫の人から文句をつけられる心配がなかったからではないかと思う。足利成氏の子孫は下野喜連川《しもつけきつれがわ》藩主だったが、わずか五千石の小藩で、知名度の低い存在だったと思われる。山内上杉家は米沢の上杉家とつながっていなくもないが、米沢上杉家は越後の上杉謙信を始祖と崇めていたから、それ以前の山内家の存在は考慮に入れる必要がなかったのだろう。そして上杉（扇谷）定正や長尾景春・千葉自胤など、当時の武将の子孫の多くは、戦国動乱の過程で滅亡し、江戸時代の領主としては続かなかったのである。十五世紀後半の関東で活躍した武将たちの子孫が、結局は「敗者」になってしまったことにより、馬琴は彼らを自由に物語の中に配置できた、ということではないだろうか。

ただここで注目しておきたいのは、『八犬伝』の中における太田道灌の位置づけである。道灌は「巨田《おおた》持資入道道灌」の名で文中に記されるが、物語の上に登場することはなく、子息の「巨田薪六郎助友」が父の代理として活躍する形をとっている。そして道灌本人が現われない事情を、彼は主君の上杉（扇谷）定正に諫言して疎んぜられ、相模の糟谷《かすや》（糟屋）の館（神奈川県伊勢原市）に屏居しているからだと説明している。道灌の記事は各所にみえるが、馬琴の筆致は同情的で、「文武の達人、当家の軍師、忠誠稀なる良臣」の道灌を定正が疎んじていることを非難しているが、道灌が主君の定正によって謀殺されたという史実がそのベースになっているのはまちがいなかろう。また文武の達人で、軍師としても優れ、忠誠心を持った理想的な人物として道灌を描いているのは、まさしく当時の江戸の人々の認識をそのまま反映させたものといえるだろう。道灌の子の「巨田薪六郎助友」は架空の人物だが、主君の定正を守って犬山道節と刃を交えたり、里見との戦いをやめるよう定正に進言して疎外されながら、結局は主君の苦境を救ったりしていて、やはり理想的な臣下として描かれている。

並みいる武将たちがみな悪役だったのに引き替え、太田道灌とその子は敵方ながら立派な人物として扱われているのである。

馬琴の生きた江戸時代の後期、太田道灌の名声はすでに盤石のものになっていたのである。道灌の子孫が幸運にも大名になり、遠江《とおとうみ》掛川で五万石を領していたという事情もあるだろうが、江戸城を築いた功労者、文武両道に長けた名将という道灌のイメージはかなり定着しており、馬琴もこうした人々の思いを受け入れて、『八犬伝』の中でも道灌を讃え上げた。そのように思えるのである。

本書の課題

十五世紀の関東を舞台とする小説を書くにあたって、馬琴が拠りどころにした歴史書は何か。『鎌倉管領九代記』の名前は文中にみえるから、この書物を参照したことはまちがいない。この時期の関東の政治史を描いた史書（軍記）としては『鎌倉大草紙』がよく知られているが、このほかにもいろいろの書物が作られたようである。馬琴はこうした書物を読んで古い時代の関東の歴史を把握し、物語を構成する舞台を作り上げたのである。

ただ、もちろん馬琴の小説は虚構の世界で、これによってこの時代の歴史研究が進んだというわけではなかった。時代が変わって明治になっても、十五世紀後半の関東の政治史を解明し、全体的に位置づけるような研究はなされず、概説書の中で少しとりあげられたり、個別の事件が検討されたりする程度だった。本格的な研究が進んだのは、今から五十年ほど前、峰岸純夫氏が「東国における十五世紀後半の内乱の意義」という論文を発表して、この時代の政治的意義を論じてからのことである。

その後、佐藤博信氏が古河公方の研究を精力的に進め、また『神奈川県史』『栃木県史』『茨城県史』『新編埼玉県史』『群馬県史』『千葉県の歴史』といった県史の編纂が企画されて、史料の蒐集と歴史叙述がなされたことも、研究を大きく進展させる要因となり、個別の論文や著書も多く出されるようになった。ただ十五世紀後半の関東の政治過程は複雑かつ難解で、これを全体的に叙述したものはまだ書かれていないといっていいだろう。困難な課題だが、本書では半世紀余に及ぶ時代の関東の政治情勢を、地域を限定せず全体的にとらえたうえで、時代の経緯を追って叙述してみることにしたい。またそのような作業の中で、太田道灌の実像に迫ることも、もうひとつの課題として提示したいと考えている。

I　関東大乱の背景

1―『結城合戦絵詞』
鎌倉公方足利持氏が滅びたのち，公方方の武士たちは，持氏の遺児を擁立して下総の結城城に集結した．上杉を大将とする軍勢に攻められて城は陥落，籠城していた武士たちも討死するが，これで公方派が壊滅したわけではなかった．

1　足利と上杉

中世関東の風土

関東という地域呼称は、現在の私たちにとって、かなりなじみ深いものになっている。かつては相模《さがみ》・武蔵《むさし》・安房《あわ》・上総《かずさ》・下総《しもうさ》・上野《こうずけ》・下野《しもつけ》・常陸《ひたち》の八か国から なり、今では神奈川・東京・埼玉・千葉・群馬・栃木・茨城の一都六県で構成されている地域は、国や県の境を越えて、ひとつのまとまった空間として認識されているのである。

もともと「関東」というのは奈良や京都からみて「関《せき》の東」の地という意味で、鈴鹿関《すずかのせき》・不破関《ふわのせき》・愛発関《あらちのせき》以東をまとめて指す用語だった。今でいう「東日本」とほぼ重なる一帯が「関東」と呼ばれていたわけである。現在の関東にあたる八か国については「坂東《ばんどう》」という呼称のほうが広く用いられた（足柄《あしがら》坂・碓井《うすい》坂の東という意味）が、中世から近世にかけてこの八か国を「関東」というようになり、やがて「坂東」よりも「関東」という呼び方のほうが一般化し、現在に至っている。

関東というかなり広い地域が、ひとつのまとまりをもっているのは、なによりもその地形によるところが大きい。一般に国と国とは山を境にしているが、関東の中央部は広い平野や台地が広がってい て、国と国とは川を境にすることが多い。関東八か国全体をみてみると、その周囲には高い山脈があり、八か国全体がこの山脈で外部と分かたれている。地形的にみると、関東全体が山に囲まれたひとつの空間で、その中にある国々は日常的につながりをもち、それぞれが隔離された状態にはなっていないのである。

上野の山中に源をもつ利根《とね》川は、今では東の銚子《ちょうし》（千葉県銚子市）に注いでいるが、かつては上野から南下して、現在の東京湾に流れ出ていた。関東の中央を流れる大河で、この利根川が武蔵と下総の境界線になっていたのである。また利根川の東の渡良瀬《わたらせ》川や鬼怒《きぬ》川、西の荒川や入間《いるま》川といったように、大きな河川が並び、海に注いでいた。関東という空間のまんなかには、こうした大河が流れ、広々とした平野や台地を形成していたのである。

中世には鎌倉が関東の政治の中心になったので、鎌倉は「関東の中心」のように思われがちだが、地図をみればわかるように、鎌倉は関東の西の端にあたっていて、関東のまんなかにあるわけではない。京都から東に進んで関東に入ったすぐのところに鎌倉は位置していて、京都との連絡をとるには絶好の場所だったが、関東の中心に鎮座していたわけではないのである（鎌倉を中心にして地域を考えると、伊豆《いず》や駿河《するが》・甲斐《かい》といった西の諸国も圏内に入ってくる）。鎌倉幕府があまりにも有名なので、関東といえば鎌倉ということになってしまうが、上野や下野、北武蔵といった、より北の地域にも目を向ける必要があるだろう。

古代の列島諸国は畿内と七つの「道《どう》」という形で編成された。関東の国々のうち、上野・武蔵・下野は東山道《とうさんどう》、相模・安房・上総・下総・常陸は東海道《とうかいどう》に属することになる。武蔵が東山道に属するというのは意外に思えるが、この当時は山中の道を進む東山道のほうが安定した幹線道路で、武蔵はこちらに編成されていたのである。上野の国府《こくふ》に着いた使者は、下野に直行せずに、いったん南下して武蔵の国府に至り、また北に戻って下野に赴いていたらしい。ただ上野国府から武蔵国府まではあまりに遠いこともあり、宝亀《ほうき》二年（七七一）に武蔵国は東海道の所管となった。このころには東海道もそれなりの整備がなされていたのだろう。

武蔵は大きな国で、これをまとめるのは難しかった。国府は南部にあったが、利根川や荒川の流れる北部にも独立的な勢力があり、南の豪族と北の豪族が争いあう一幕もあった。武蔵の北部は利根川を挟んで上野国とつながり、東の下野や下総も合わせて一帯の地域を構成していたといえる。一方の武蔵南部は、相模と強い関係をもって、独自の地域を形づくっていた。関東の中央部と南部、二つの地域が拮抗しながら発展していくというわくぐみは、このときすでに現われていたのである。

平安時代の後期になると、各地に荘園が生まれ、武力を持つ領主たちが現われる。足利《あしかが》・新田《にった》・小《お》山《やま》・結城《ゆうき》・佐竹《さたけ》・宇都宮《うつのみや》・那須《なす》・小田《おだ》・千葉・三浦といった面々である。彼らは結果的に源頼朝に従って「御家人《ごけにん》」となり、荘園や郷の地頭として領主支配を進めていった。こうした大規模な領主たちが現われ、彼らの結節体として鎌倉幕府が誕生することになったわけだが、足利や小山のような規模の大きな領主が出てきたのは、上野・下野の南部を中心とする関東の中央部一帯だった。この時代の関東の中心は、まさにこの地域だったように思える。

しかし十二世紀の末、鎌倉に幕府が置かれると、こうした状況は大きく変化する。将軍に従う御家人たちの多くは、鎌倉に居宅を構えて住みつき、荘園や郷からの年貢なども鎌倉に集められるようになっていく。鎌倉と関東各地をつなぐ道も整備され、いわゆる「鎌倉街道」が放射線状に通ることになった。また利根川などの水運も発展して、年貢などが船で運ばれ、六浦《むつうら》の湊（横浜市金沢区）で陸揚げされて、鎌倉に運ばれた。鎌倉を中心として人や物が動く経済や流通のしくみが整って、鎌倉は都市として繁栄することになる。十四世紀になると北条氏の幕府は滅亡するが、ただちに鎌倉を押さえた足利氏は、ここを政治の場として継承し、鎌倉は衰微することなく、関東の中心都市としての地位を保った。

しかし鎌倉の繁栄も永久に続くわけではなかった。十五世紀の半ば、鎌倉公方《くぼう》足利氏と関東管領《かんれい》上杉氏が戦いを始め、公方が鎌倉を離れて下総古河《こが》（茨城県古河市）に移り、対する上杉氏の陣営も武蔵北部の五十子《いかっこ》（埼玉県本庄市）に布陣するようになると、短時日のうちに鎌倉は衰微して、古河や五十子などを含む関東の中央部一帯が活気を増してゆくのである。

鎌倉府の成立

正慶《しょうきょう》二年（一三三三）五月、新田義貞《よしさだ》の率いる軍勢が鎌倉に攻め入り、北条高時とその一門は滅亡した。同じ時期に京都でも足利高氏《たかうじ》が六波羅探題《ろくはらたんだい》を滅ぼし、後醍《ごだい》醐《ご》天皇は京都に戻ってあらたな政治を始めた。新田義貞は天皇に仕えるため京都に上り、鎌倉にいた足利千寿王《せんじゆおう》（高氏の子）とその家臣たちが、鎌倉に残ってここを統治することになった。

足利氏は源氏の一門で、下野の足利荘（栃木県足利市）を本拠とする御家人《ごけにん》だが、並みいる御家人たちのなかでも抽んでた門地と勢力を持ち、三河や上総の守護もつとめていた。北条氏が力を伸ばし、幕府政治をわがものにしていく中でも、なんとか地位を保ったが、いずれは北条によって圧伏されてしまうのではないかと、危機感を覚えていたのである。若くして当主になった高氏は、こうした状況を克服するため、後醍醐天皇の命を奉じて北条に戦いを挑んだわけだが、この賭けは見事に成功を収め、高氏は武家の頂点におどりでることになる。高氏自身は京都にいたが、その子息と家臣たちが鎌倉を押さえ、足利氏は北条にかわって鎌倉の支配者となったのである。

後醍醐天皇も高氏の功績を認めて自身の名前（尊治《たかはる》）の一字を与え、高氏は尊氏と改名した。そしてまもなく弟の足利直義《ただよし》が天皇の皇子を奉じて鎌倉に下向し、関東の統治にあたることになる。千寿王はまだ幼かったので、頼りになる弟に鎌倉の統治をゆだねることにしたのだろう。皇子を奉じるという形をとってはいるが、実質的には足利直義の政権だった。

列島各地の武士たちは、北条氏の専制を阻止するために立ち上がり、天皇を勝利に導いたが、武家政権自体を消滅させて天皇親政に戻すことを望んでいる人はほとんどいなかった。そして天皇が独裁的な政治をはじめようとすると、多くの武士たちはこれに反発し、あらたな統率者を求めてゆく。随一の名門の出ということもあって、足利尊氏はおのずと武家のまとめ役になり、天皇との関係は微妙なものになってゆく。

そして間もなく決裂の時が訪れる。建武《けんむ》二年（一三三五）に北条高時の遺児（北条時行《ときゆき》）が鎌倉に攻め入り、足利直義は京都に向かって敗走するが、兄の尊氏は弟を救うため、天皇の許可をとらないまま京都を出発、敵を破って鎌倉を制圧した。後醍醐天皇は尊氏の行動を咎めて、新田義貞を大将とする軍勢を派遣、尊氏も覚悟を決めて、天皇に反旗をひるがえすことになる。駿河竹之下《たけのした》（静岡県小山町）の戦いで義貞軍を破った尊氏は、東海道を進んで京都に攻め入った。

翌建武三年（一三三六）、京都で戦いがくりひろげられるが、尊氏は苦戦を続け、母方の伯父にあたる上杉憲房《のりふさ》が討死するなど、多くの損害を出し、船で九州に逃れて再起を図った。軍勢を整えたのち、尊氏はまた決起し、東に向かって進んで、新田義貞ら天皇方を破って京都を制圧し、あらたな幕府（室町幕府）を開いた。後醍醐天皇は降伏して、光明《こうみょう》天皇が即位するが、まもなく後醍醐が吉野に逃れて自分が正当な天皇だと主張したため、京都と吉野に天皇が並び立ち（北朝と南朝）、内乱が続くことになる。

列島各地で足利方（北朝方）と南朝方の戦いが展開されたが、鎌倉は足利氏が押さえていたので、関東においては足利方優勢に事態が展開していた。鎌倉には尊氏の子の義詮《よしあきら》（もとの千寿王）がいて、家臣たちがこれを補佐していたが、やがて上杉憲顕《のりあき》と高師冬《こうのもろふゆ》の両名が執事《しつじ》として政治や軍事を担うようになる。上杉憲顕は京都で戦死した憲房の子で、尊氏・直義兄弟の母方のいとこにあたる。一方の高師冬は尊氏の執事高師直《もろなお》の一族だった。

上杉氏は藤原一門の勧修寺家《かじゆうじ》の流れで、丹波《たんば》の上杉荘（京都府綾部市）が名字の地だった。上杉重房《しげふさ》が将軍の宗尊親王《むねたか》に従って京都から鎌倉に移ったと伝えられ、その後鎌倉で足利氏と関係をむすび、これに従うことになる。重臣でありながら代々当主の妻室を出すという間柄で、重房の孫娘の清子が足利貞氏《さだうじ》に嫁いで、尊氏・直義兄弟の母となった。清子の兄にあたる上杉憲房は京都で戦死したが、そのあとは養子の重能《しげよし》（憲房の妹の子）が京都で活動し、実子の憲顕は鎌倉に入ることになったのである。憲顕は上野と越後《えちご》の守護職を与えられ、越後の南朝方鎮圧などの功績を挙げた。

足利尊氏は征夷大将軍《せいいたいしようぐん》に任命されたが、弟の直義に政務を委ね、尊氏と直義が並び立つかたちで幕府の政治と軍事行動は進められた。鎌倉には義詮がいて、上杉憲顕と高師冬が関東の統治にあたっていたが、関東各地の大名や国人たちは、基本的には将軍の尊氏に従う形になっていて、京都に出て活動している人も多かった。小山《おやま》・結城《ゆうき》・千葉・宇都宮《うつのみや》・那須《なす》・佐竹・小田《おだ》・大掾《だいじよう》・三浦といった大名たちは、足利氏に従って勢力を保持し、なかには前代以上の地位を得た者もいた。彼らの中で国のまとめ役にあたる守護職《しゆごしき》を得たのは小山（下野）・千葉（下総）・佐竹（常陸）・三浦（相模）の諸氏で、小山と千葉は前代以来の守護職を安堵《あんど》された形になるが、佐竹と三浦の守護職は新たに獲得したものだった。

貞和《じようわ》五年（一三四九）、鎌倉の義詮が上京し、かわって弟の基氏《もとうじ》が鎌倉に下向した。ところがこのあとすぐに京都で政変があり、幕府を構成する人々が二派に分かれる争いが始まることになる。幕府政治を担っていた足利直義と、おもに軍事に携わってきた高師直との対立が深刻化し、決裂の時を迎えたのである。機先を制したのは師直で、直義の邸宅を襲撃して勝利を収めた。直義は引退し、一派の中心にいた上杉重能は殺されてしまう。

しかし翌観応《かんのう》元年（一三五〇）になると情勢は変わり、直義派が勢いを盛り返す。その牽引役になったのは、鎌倉の上杉憲顕だった。足利基氏を擁して憲顕は鎌倉を押さえ、対立していた高師冬は甲斐に逃れて滅ぼされた。鎌倉は直義派に制圧されたわけだが、憲顕の子の上杉能憲が軍勢を率いて京都に乗りこみ、観応二年二月、摂津《せっつ》の武庫川《むこがわ》河畔（兵庫県伊丹市）で高師直と一族を襲撃して殲滅させた。こうして直義の復権は果されたが、将軍の尊氏は健在で、またもや状況は一転、劣勢になった直義は京都を出、北陸経由で朋友の待つ鎌倉に入った。憲顕も喜んで直義を迎えたが、まもなく尊氏の率いる軍勢が迫ってきた。戦い敗れた憲顕は逃走し、直義は身柄を押さえられて、文和元年（一三五二）二月に鎌倉で死去する。

上杉憲顕と一門の人々は、敗れて各地に潜伏し、鎌倉は将軍尊氏の押さえるところとなった。翌年に尊氏は京都に戻り、足利基氏が畠山国清《はたけやまくにきよ》の補佐をうけながら政治を進める形になった。直義派の勢力は挫かれたかにみえたが、十年たつと政治状況が大きく変わり、かつての直義派の人々が復権を果たすことになる。尊氏は延文《えんぶん》三年（一三五八）に死去し、義詮があとを継いで将軍になっていたが、

2―足利氏系図

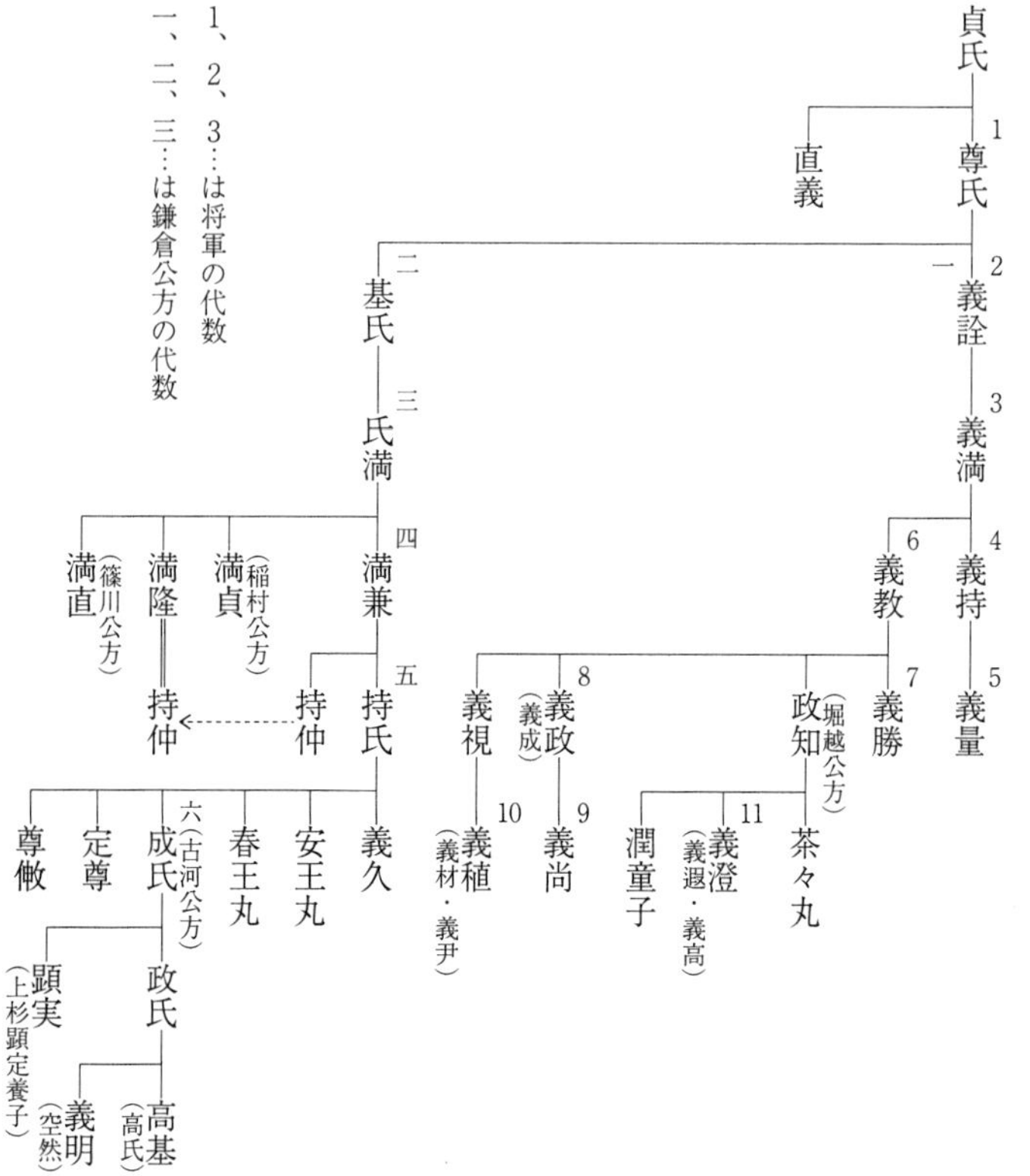
貞氏
直義
1 尊氏
一 2 義詮
二 基氏
3 義満
三 氏満
4 義持
6 義教
5 義量
7 義勝
政知（堀越公方）
8 義政（義成）
義視
四 満兼
満貞（稲村公方）
満隆
満直（篠川公方）
五 持氏
持仲
持仲
茶々丸
11 義澄（義遐・義高）
潤童子
9 義尚
10 義稙（義材・義尹）
義久
安王丸
春王丸
六 成氏（古河公方）
定尊
尊倣
政氏
顕実（上杉顕定養子）
高基（高氏）
義明（空然）
1、2、3…は将軍の代数
一、二、三…は鎌倉公方の代数

義詮と鎌倉の基氏が連携して、上杉憲顕を鎌倉に呼び寄せることになったのである。畠山国清が失脚して憲顕は政界に復帰し、貞治《じょうじ》二年（一三六三）には関東管領《かんとうかんれい》に任命されて鎌倉に戻った。十年の雌伏の時を経て、上杉一門はみごとに復権を果たしたのである。

こうして鎌倉公方の足利基氏と、関東管領の上杉憲顕が協力しながら政治を行う体制が固まり、鎌倉の政権（鎌倉府）はようやく安定の時を迎えた。管轄する国もこのころにはおおよそ定まり、関東八か国に伊豆と甲斐を加えた十か国が、鎌倉府の管下に置かれることになった。また京都に出て将軍に従っていた武士たちも、おおかた関東に戻り、関東の大名や国人たちは、将軍との主従関係を残しながらも、直接的には鎌倉公方に従いながら活動することになる。

鎌倉公方と関東管領

貞治六年（一三六七）四月、足利基氏は二十八歳の若さで死去し、子息の金《こん》王丸《のうまる》（のちの氏満）が九歳であとを継いだ。翌応安《おうあん》元年（一三六八）、武蔵の武士たちや下野の宇都宮氏綱《うじつな》が反乱を起こしたが、上杉憲顕とその一門の活躍によって反乱は鎮圧され、鎌倉府は危機を乗り越えた。まもなく上杉憲顕は六十二歳で死去し、子息の能憲《よしのり》と甥の朝房《ともふさ》が、二人で関東管領をつとめることになる。京都でも前年に将軍義詮が死去して、子の義満《よしみつ》が十歳であとを継ぎ、細川頼之《よりゆき》が管領として政務を担うことになった。京都の将軍と鎌倉の公方はいずれも少年だったが、京都の細川頼之と鎌倉の上杉能憲・朝房が主君を支える形で政治を行い、足利氏の政権は安定をみせた。

上杉朝房は応安三年に引退し、以後は上杉能憲が一人で関東管領をつとめることになった。能憲は幕府と協調しながら政治を司り、永和《えいわ》四年（一三七八）に四十六歳で死去、関東管領の職は弟の憲春《のりはる》が受け継いだ。翌年の康暦《こうりやく》元年（一三七九）、京都で政変が起き、細川頼之が失脚して斯波義将《しばよしゆき》が管領となるが、この混乱の中で、関東管領の上杉憲春が自害するという事件が起きた。『鎌倉大草紙《かまくらおおぞうし》』によると、公方の氏満《うじみつ》が将軍にとってかわろうという野心を抱き、これを察知した憲春が、主君を引きとめるために諫死《かんし》したという。詳細はわからないが、氏満もすでに十九歳、政治的主張を始める時期になっていた。将軍義満に反感を持つ一派の誘いに乗って、自ら将軍になろうと考えたというのもありえなくはないだろう。

関東管領は鎌倉公方を補佐して政務を担う存在だが、公方の上位にいる将軍ともつながりを持ち、時には公方の行動を牽制することもあったのである。そもそも関東管領を任命するのは将軍で、公方に従いながらも、任命権者である将軍の命には逆らえないという、きわめて難しい立場に、関東管領の上杉氏は置かれていた。憲春の諫死はそうした立場のあらわれともいえるが、この後も上杉が将軍の命を受けて公方の独走を阻止する事態はいくどか現われることになる。

康暦二年（一三八〇）の五月、下野の大名の小山義政《よしまさ》と宇都宮基綱《もとつな》が茂原《もばら》（宇都宮市）で戦い、基綱が敗死するという事件が起きた。大名どうしの争いだったが、公方の氏満は小山の所行を認めずに討伐軍を派遣した。上杉憲春のあとを継いで関東管領になったのは、兄弟にあたる上杉憲方《のりかた》だったが、彼はいとこの朝宗《ともむね》（朝房の弟）とともに小山討伐の大将をつとめ、義政の居城を攻めて降伏させた。その後義政は離反をくりかえした末に討死し、名跡は残したものの、小山氏の勢力は大きく削がれることになった。そしてかわって一門の結城基光《もとみつ》が台頭し、やがて下野の守護にも任じられることになる。

関東管領の上杉憲方は、上野と伊豆の守護職を引き継ぎ、武蔵の守護にも任命された（武蔵守護職は管領がつとめることになっていたらしい）。また憲方のいとこの上杉朝宗は上総の守護で、管領の憲方と協力しながら政治を担った。憲方は鎌倉の北にある山内《やまのうち》に館を構え、朝宗は鎌倉東部の犬懸谷《いぬがけがやつ》にいたから、憲方の系統を山内家、朝宗の系統を犬懸家とよぶようになるが、この両家は並び立ち、やがて対立することになる。越後の守護職は上杉憲顕から末子の憲栄《のりひで》に継承され、憲栄のあとは憲方の子の房方《ふさかた》があとを継いだ。この一流は越後上杉氏といわれ、山内家を背後から支える役割を果たした。

明徳《めいとく》三年（一三九二）、関東管領を十三年つとめた上杉憲方が引退し、子息の憲孝《のりたか》が替わって管領になった。二年後の応永《おうえい》元年（一三九四）、憲方は六十歳で死去するが、すぐあとに管領の憲孝も死去し、翌応永二年、上杉朝宗が関東管領に任命された。一門のなかでも長老格だったこともあり、これまでの功績が認められて抜擢されたのである。山内家の家督は憲孝の弟の憲定《のりさだ》が継承し、若年ながら憲定も朝宗とともに政務を担うことになる。

鎌倉公方の足利氏満は応永五年に四十歳で死去し、子息の満兼《みつかね》が二十一歳であとを継いだ。このこ

3―上杉氏系図　「上杉系図」（続群書類従）をもとに作成　数字は関東管領の就任順

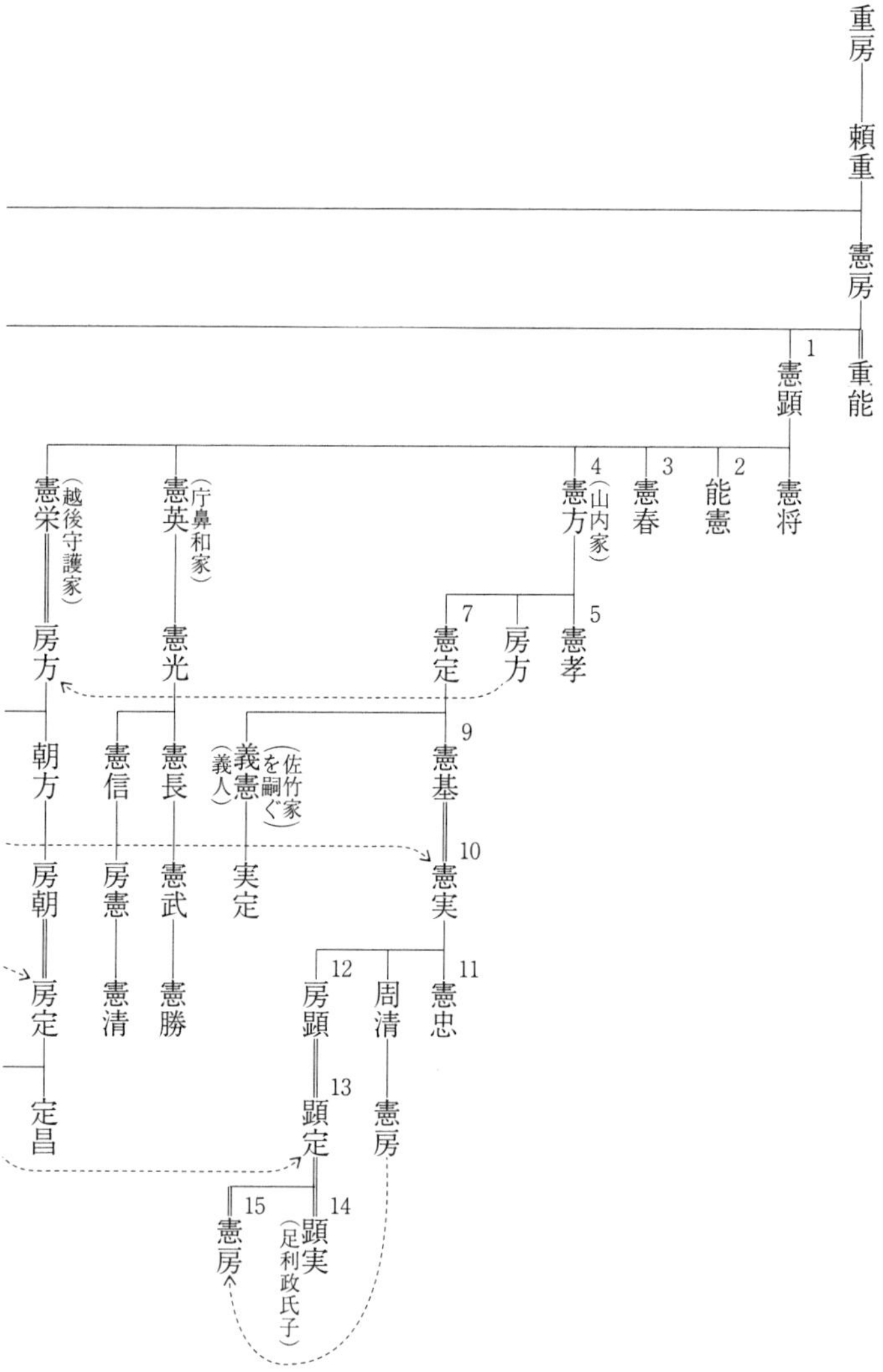

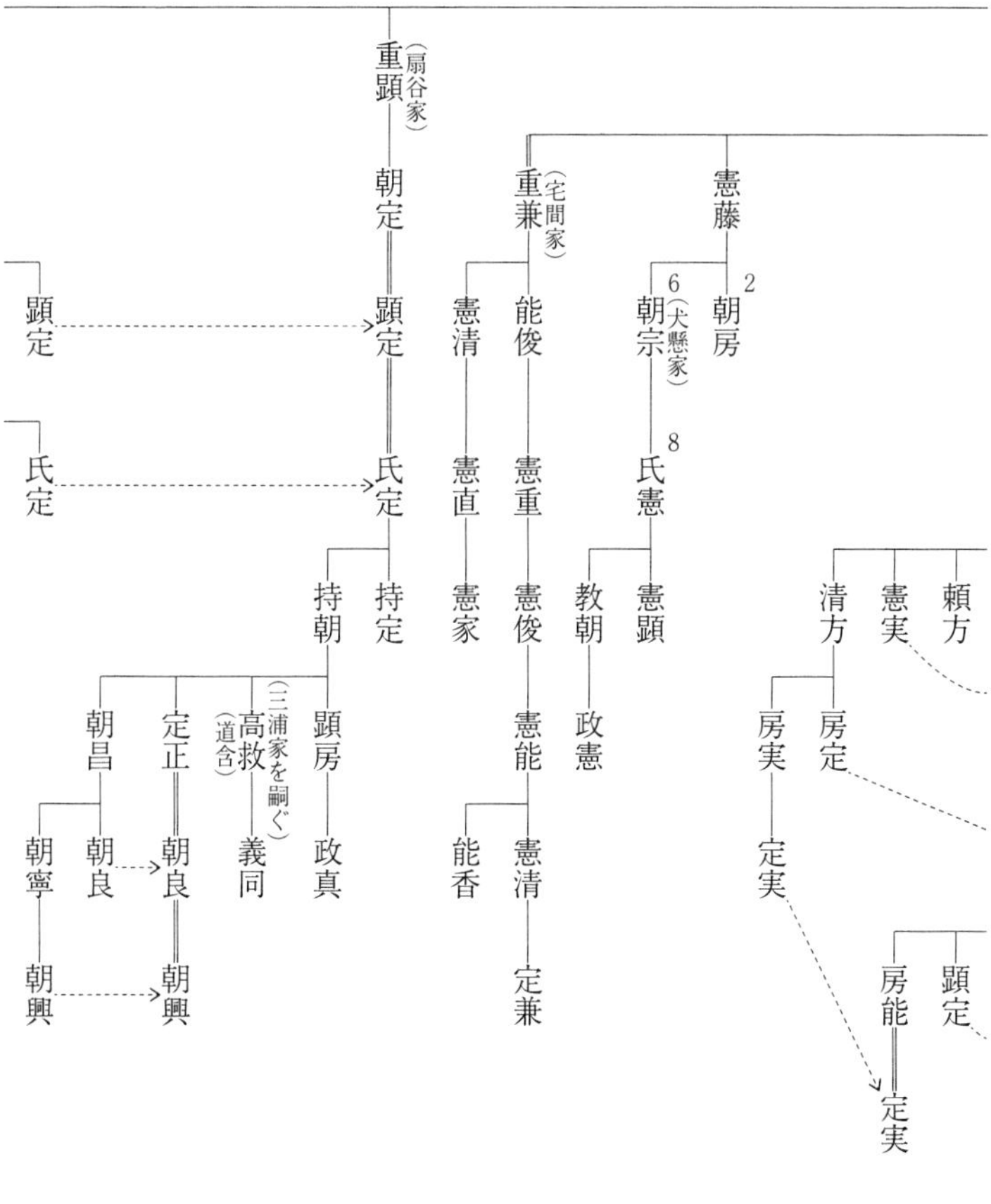
重顕（扇谷家）
朝定
顕定
氏定
持定
持朝
顕房
高救（道含）（三浦家を嗣ぐ）
定正
朝昌
政真
義同
朝良
朝寧
朝興
重兼（宅間家）
憲清
能俊
憲直
憲重
憲家
憲俊
憲能
能香
憲清
定兼
憲藤
2 朝房
6 朝宗（犬懸家）
8 氏憲
憲顕
教朝
政憲
頼方
憲実
清方
房定
房実
定実
顕定
房能
定実

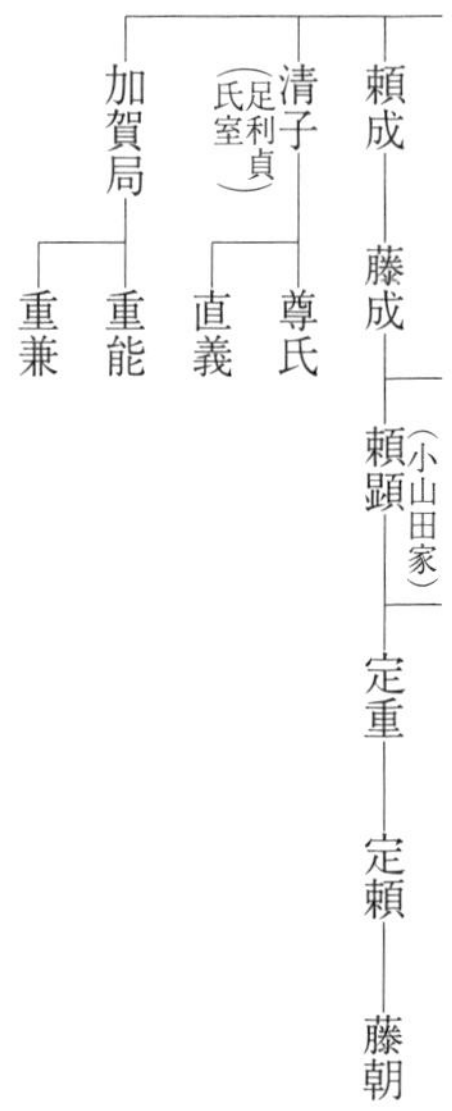

ろ足利義満はすでに将軍職を子の義持《よしもち》に譲っていたが、「室町殿」として権勢を振い、有力大名の勢力削減を続けていた。応永六年、これに反発した大内義弘が反乱を起こし、敗れて討死するという事件が起きるが、このとき鎌倉の足利満兼は、義弘に呼応して立ち上がり、鎌倉を出て武蔵府中（東京都府中市）の高安寺に陣取った。父親と同じく、将軍にとってかわる動きをみせたのである。

そしてこのときも公方の独走を阻止したのは上杉だった。山内家の上杉憲定が満兼を諫めて思い止まらせ、大事に至ることは避けられたのである。知らせを聞いた義満は、憲定に御内書《ごないしょ》を書き、使僧を派遣して感謝の気持ちを伝えた。若い公方の軽挙に憲定は腹をたてていたようで、なんとか許してやってほしいと義満のほうから頼むほどだった。

年明けて応永七年（一四〇〇）、足利満兼は伊豆の三島社に願文を捧げた。「私、満兼は、小さな器量にもかかわらず、大きな戦いを起こそうと企てましたが、補佐の者が配慮して、和睦を進めてくれたので、発向をとりやめにしました。状況をよく見て、諫言をしてくれましたが、諫言には理由があり、運命もこれで定まるもので、ひとえに冥助の浅い深いによります。もしも冥慮に違うことがあれば、どうして望みを達することができるでしょうか。もし神の助けがあれば、おのずと運は開けるものです。力を求めてはならず、人の心を疲れさせるのもよくないことです。そういうわけで、この者の諷諫に任せて、異心をひるがえしました。そこで、これまでの過ちを改め、咎を陳謝するため、ここにその意趣を記録し、ひとえに冥鑑を仰ぐことにしました。この気持に当社（三島社）が光を当て、恵みを施していただき、都と鄙《ひな》（京都と鎌倉）が無事で、家門が久しく栄えるよう、伏してお願いいたします」。

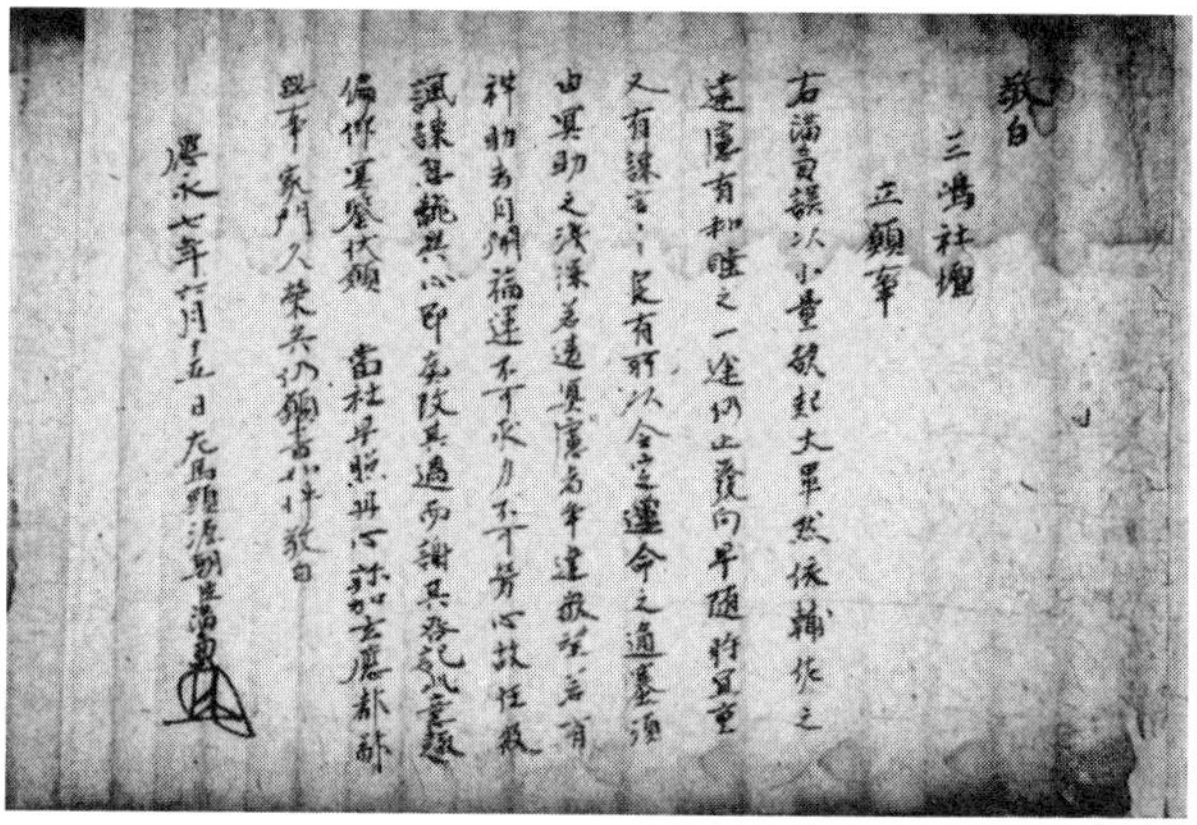

4――足利満兼願文

　身の程をわきまえず大事をしでかしてしまったが、補佐の者（上杉憲定）のおかげで思いとどまることができたと、切々と述べているが、満兼がほんとうに反省していたかどうか、疑わしいものである。おそらくこの願文の文章は上杉憲定が主導してまとめあげ、満兼はしかたなく署名したということだろう（願文の中の「満兼」の文字だけ筆跡が異なり、満兼の自筆と推定される）。二代にわたる若い公方の独走はなんとか食い止められたが、鎌倉公方が将軍に対抗心を持つことは避けられず、これを抑えようとする上杉氏との間に溝が生まれるのは致し方のないことだった。

上杉朝宗は十年管領をつとめて引退し、上杉憲定がかわって管領の地位についた。応永十二年（一四〇五）のことである。四年後の応永十六年、足利満兼は三十二歳の若さで死去し、子息の持氏《もちうじ》が十二歳であとを継いだ。応永十八年（一四一一）、上杉憲定は病気を理由に管領を辞し、朝宗の子の氏《うじ》憲《のり》が交代して関東管領になった。山内家と犬懸家が交互に管領をつとめることになったのである。翌年に憲定は死去して子息の憲基《のりもと》が家督を継ぎ、応永二十二年（一四一五）には氏憲にかわって関東管領に任命された。

上杉氏憲のクーデター

足利と上杉が協力しながら政治を進める体制ができてから、五十年の歳月が流れていた。この間、小山の反乱など、戦いもなくはなかったが、鎌倉の地は平和を保ち、人々は平穏な日々を送っていた。鎌倉府という政権の体制は、それなりに合理性のあるものだったといえるだろう。ただいったん定まった秩序が、いつまでもそのまま固定されることはありえない。やがて内部で対立関係が生まれ、表面化するのは必然的なことだった。

内紛の種は足利家と上杉家のいずれにも存在していた。足利満兼が死去したとき、子息の持氏はまだ少年で、叔父にあたる足利満隆《みつたか》が一門の長老格になった。鎌倉公方の地位は持氏が継承したが、自分にもその権利はあると、満隆は不満を抱いていたようである。叔父と甥の関係は微妙だったが、上

5──関東諸国の守護と大名たち

杉憲定の仲介もあって満隆も譲歩し、持氏の弟の持仲を養子に迎えることで、とりあえず和睦が成立した。

上杉家の内部では、もっと深刻な対立が生まれていた。前述したように、上杉憲方と上杉朝宗は協力しながら政権を運営し、山内家と犬懸家という二つの系統が生まれることになったが、やがて両家は競い合い、対立構造ができあがってしまったのである。山内家は上野・伊豆の守護職を持ち、越後守護の一門とも親しい関係にあったが、常陸の佐竹氏ともつながりを持ち、憲定の子息が迎えられて当主になっていた（佐竹義憲）。一方の犬懸家は上総の守護で、山内家に比べて新興の勢力だったが、婚姻によって大名たちとの関係を築き上げてゆく。上杉氏憲には多くの子女がいたが、娘たちが千葉・武田・那須・岩松といった大名たちに嫁いだことにより、犬懸家のもとにこうした大名が結集する形になっていった。

大名たち相互の関係も問題を含んでいた。小山・結城・千葉・宇都宮・那須・佐竹・小田・大掾・三浦といった大名たちは、足利氏に従いながらその名跡を守り、所領支配を続けていったが、彼らの置かれた立場は一様ではなく、一定の差別を含みながら体制の中で編成されていた。諸国の守護に任命されたのは、千葉（下総）・佐竹（常陸）・結城（下野）・三浦（相模）の四家で、ほかの大名は守護にはなれずにいたのである。この四家のうち、下総の千葉氏は鎌倉時代以来の守護職を安堵されたにすぎないので、この時期に立場が上昇したというわけではないが、常陸守護の佐竹氏、下野守護の結城氏、相模守護の三浦氏は、足利の時代になってから新たに守護に登用された家で、前代より格段に地位を高めていたのである。ひとしく鎌倉公方に従いながらも、大名たちの立場はまちまちで、さまざまな思いを抱きながら日々を過ごしていたものと思われる。佐竹や結城にしてみれば、今の体制が長く続くことがなによりだったが、それ以外の多くの大名や国人たちは不満をつのらせ、変革の機会をうかがっていた。

応永二十二年に犬懸家の上杉氏憲が関東管領を辞職し、山内家の上杉憲基が交代したが、『鎌倉大草紙』によれば、評定の席上で持氏と氏憲が争ったことが直接の原因だったという。このころ持氏も十八歳になっていて、一人前の公方として自己主張を強め、年配の氏憲との間に溝が生じていたのである。管領を辞して一線から退いた氏憲（入道禅秀《ぜんしゅう》）は、同じく現体制に不満をもつ足利満隆や、各地の大名たちと連絡をとりながら、決起の機会をうかがい、まもなく実行に及ぶ。

応永二十三年（一四一六）十月二日、足利満隆・持仲父子が鎌倉西御門の保寿院に入り、ここで持氏打倒を宣言した。上杉氏憲もすぐに決起し、持氏のいる御所を襲った。異変に気づいた持氏は、近習の武士たちとともにその場を逃れ、前浜を通って、上杉憲基の館のある佐助に赴いた。公方を迎え入れた憲基は手勢を率いて出立し、敵軍と向かい合った。

この日におきた一連の事態については『鎌倉大草紙』に詳しく書かれているが、そこには持氏や憲基に従った武士たちの名前もみえる。持氏の御所を警固していて、主君とともに佐助に赴いたのは

「一色兵部大輔《いっしきぎょうぶのたいふ》、子息左馬助《さまのすけ》、同左京亮《さきょうのすけ》、讃州《さんしゅう》兄弟、掃部助《かもんのすけ》、同左馬助、龍崎尾張守《りゅうがさきおわりのかみ》、嫡子伊勢守《いせのかみ》、早川左京亮、同下総守《しもうさのかみ》、梶原兄弟、印東治部左衛門尉《いんどうじぶさえもんのじょう》、新田の一類、田中、木戸将監満範《きどしょうげんみつのり》、那波《なわ》掃部助、島崎大炊助《おおいのすけ》、海上筑後守《うなかみちくごのかみ》、同信濃守《しなののかみ》、梶原能登守《のとのかみ》、江戸遠江守《とおとうみのかみ》、三浦備前守《びぜんのかみ》、高山信濃守、今川三河守、同修理亮《しゅりのすけ》、板倉式部丞《しきぶのじょう》、香川修理亮、畠山伊豆守、筑波源八、同八郎、薬師寺、常法寺、佐野左馬助、二階堂、小滝、宍戸大炊助、同又四郎、小田宮内少輔《くないのしょう》、高滝次郎」といった面々で、合わせて五百余騎だったという。足利一門の一色を筆頭にしながら、関東各地の国人出身の武士たちが、公方の近臣として編成され、御所の警固にあたっていたことがここからわかる。

上杉憲基に従ったのは「長尾出雲守《ながおいずものかみ》、大石源左衛門、羽継《はねつぐ》修理大夫、舎弟彦四郎、安保《あぼ》豊後守、惟助五郎、長井藤内左衛門、そのほか木戸、寺尾、白倉、加治、金子、金内」といった人々で、合わせて七百余騎だったとみえる。山内家もこの時期にはかなりの家臣を抱え、彼らは主人の邸宅のそばにいたのである。家臣の中心にいたのは長尾と大石で、ことに長尾は多くの一門に分かれ、主家を支えながら成長を遂げていくことになる。

四日になると軍勢の配置がほぼ固まった。持氏・憲基方では、長尾出雲守をはじめとする憲基の手勢が浜の表の法界門口に赴き、佐竹義憲が甘縄口《あまなわぐち》、結城基光が薬師堂表、三浦が気生坂（化粧坂《けわいざか》）を固めた。また上杉一門の氏定が扇谷《おうぎがやつ》、憲長が無量寺の防備にあたることになった。前にみたように、佐竹・結城・三浦といった面々は、鎌倉府のもとで守護職を獲得した歴史を持つ。いってみれば体制派の一員で、このたびの決起においても仲間に入れてもらえなかったのである。

合戦は六日に行われ、満隆・氏憲の側が勝利を収めた。扇谷にいた上杉氏定は、敵の来襲を防ごうと向かっていったが、敗れて深手を負い、藤沢の道場（清浄光寺《しょうじょうこうじ》）まで逃れてここで自害した。氏定は鎌倉の扇谷に邸宅を構える上杉一門で、この一流は扇谷家とよばれる。このときは本家の山内家に従って動き、当主が亡くなるという結果になったが、氏定の子孫は政治や軍事にかかわって活躍、扇谷家は勢力を伸ばして、やがて山内家をおびやかす存在になっていく。

満隆と氏憲の決起は成功し、持氏は駿河、憲基は越後に逃れたが、まもなく情勢は一転し、氏憲らは苦境に立たされることになる。鎌倉の変事を知った幕府が持氏支援の方針を定めて軍勢を差し向け、越後にいた上杉憲基も決起して鎌倉に向かった。年明けて応永二十四年正月、軍勢が鎌倉に攻め入り、満隆・持仲父子、氏憲とその子息たちは自害して果てた。まもなく足利持氏は鎌倉に帰り、公方持氏と管領憲基が政治を行う形が再現されることになる。

2　永享の乱と結城合戦

足利持氏と上杉憲実

足利満隆と上杉氏憲の天下はわずか三か月で幕を閉じ、鎌倉府は再建されることになった。しかし単にもとの状態に戻ったわけではなく、関東の勢力配置は大きく変化することになる。氏憲の一門のなかには、生き残って再起を図る者もいたが、このたびの敗戦によって犬懸家の勢力はほぼ壊滅し、その所領は功績のあった人々に配分された。また氏憲に与同した大名や国人たちも討伐の対象になり、勢力を削がれることになる。千葉満胤《みつたね》・兼胤《かねたね》父子は降伏して赦されたが、甲斐の武田信満は討伐軍に攻められて自害し、上野新田の岩松満純《いわまつみつずみ》も捕えられ、鎌倉で処刑された。

犬懸家の没落によって、関東管領の職は山内家が世襲する形になり、山内上杉氏とその関係者が力を伸ばすことになる。また鎌倉公方に従って活躍した近臣たちも急速に台頭し、その発言力を強めていった。公方持氏と管領憲基は協力しながら敵を破ることに成功したが、そのことによって互いの関係者がともに力をつけ、やがて反目しあうという、皮肉なことになったのである。

応永二十五年(一四一八)正月、管領の上杉憲基が若くして死去した。男子がいなかったので、越後守護上杉房方の子息孔雀丸《くじゃくまる》が鎌倉に迎えられ、山内家の家督を継ぐことになる。まだ九歳の少年だったが、まもなく元服して四郎憲実《のりざね》と名乗り、応永二十六年、将軍足利義持から上野・伊豆の守護職に任命された(関東諸国の守護の任命権は基本的には将軍が握っていた)。形式的とはいえ関東管領の地位にあり、幕府の管領の指示を受けたりしていたが、少年なので花押が据えられない状況にあった。

鎌倉公方の足利持氏は憲実より十二歳年長で、二十代の青年になっていた。管領が少年ということもあって、公方の発言権は一気に高まり、やがて強硬な行動に走ることになる。かつての反乱に加担した大名や国人たちを、つぎつぎに弾圧していったのである。応永二十九年（一四二二）には鎌倉で佐竹与義《ともよし》を攻め殺し、翌年には常陸の小栗満重《おぐりみつしげ》を討つため自身出陣、小栗城を落として満重を滅ぼし、さらに下野の宇都宮持綱《もちつな》も討ち取った。

十八歳のときに起きた出来事は、持氏にとって大きなトラウマになっていたのだろう。関東を強い支配下に置くためには、反対派の掃討が不可欠と考え、事に及んだわけだが、こうした持氏の動きに京都の将軍義持も警戒感を深め、幕府と鎌倉府の関係は悪化の一途をたどった。持氏の討伐対象となった大名や国人たちも、基本的には将軍に仕える「御家人」で、義持も陰ながら彼らを支援していた。救いを求める武士たちを助けるため、持氏を討伐しようと、義持も考えたようだが、持氏も幕府と戦うつもりはなく、異心のないことを誓ったので、結局は和議が結ばれる。応永三十一年（一四二四）のことである。

6—上杉憲実像

このころ上杉憲実は十五歳、判始《はんはじめ》も終え、ようやく政治に携わるようになっていった。幕府と鎌倉府の関係もしばらく平穏だったが、正長《しょうちょう》元年（一四二八）に足利義持が死去し、弟の義教《よしのり》があとを継ぐと、鎌倉の持氏は再び反抗的な態度を見せ、京都と鎌倉の関係は微妙になる。しかしこのときも大事には至らず、永享《えいきょう》三年（一四三一）に二階堂盛秀《もりひで》が鎌倉府の使者として上京、将軍義教との対面を果たして、再び和睦が成立する。

このときの和睦交渉では、上杉憲実が積極的に関与し、それが一定の効果をもたらしたようである。二階堂盛秀が京都に入ったのは三月だったが、将軍義教はなかなか面会してくれず、使者は空しく留まっていた。こうした状況をなんとかしようと、上杉憲実は幕府の管領である斯波義淳《しばよしあつ》にあてて書状を書き、対面が実現するようつとめてほしいと頼んだ。六月二日、書状を受け取った斯波は、醍醐寺三宝院門跡《さんぼういんもんぜき》で幕府の中枢にいた満済《まんさい》にこれを見せ、十二日に満済が書状を義教に上呈した。憲実の書状を見て義教も心を動かされたらしく、七月になると対面に同意し、十九日に使者はめでたく謁見を果たした。

年明けて永享四年（一四三二）の二月、上杉憲実は家臣の判門田壱岐入道《はねだいきにゅうどう》（祐元《ゆうげん》）を京都に派遣して、自身の書状を幕府に提出させた。将軍義教もこれを受け入れ、使者の判門田と面会している。憲実が書状で申し出たことは三つあり、一つは関東にある京方（将軍や幕府関係者）の所領支配、一つは鎌倉五山の長老の選定にかかわることで、これに対してはそれぞれ個別に返答がなされた。そしてもう一つの申し出は、「関東管領をやめたい」というもので、憲実は前の年から辞職願を出していた。まだ二十三歳の青年だったが、すでにやる気を失っていたのである。

憲実が辞職を希望した事情はよくわからないが、十二歳年上の公方との関係がうまくいかず、疲れていたのかもしれない。ただ将軍義教にしてみれば、憲実は頼みの綱で、願いを聞き入れることはできなかった。公方の持氏の心中を義教は疑っていたから、自身に協力的な憲実の存在は欠かせないものだったのである。まもなく義教は富士を見るため東海道を下向したいと言い出す。鎌倉の持氏に対する示威行為であることは明白で、公方派の人々が過敏に反応して事件が起きると危惧した憲実は、幕閣にあてて書状を書き、なんとか今年は延期してほしいとたのんでいる。義教もこの書状を見たが、決意は固く、富士遊覧は実行に移された。

永享六年（一四三四）になると足利持氏は幕府から独立する姿勢をあらわにし、「野心」がはっきりしたとの注進が、駿河の今川範忠によって京都に届けられた。十一月のこと、管領の細川持之が満済のもとを訪れ、上杉憲実に書状を遣わすことについて相談したが、満済はその席で「安房守（上杉憲実）は都鄙《とひ》無為《ぶい》のために、長いこと申し沙汰してくれている。なにかの機会をみつけて、（将軍から）感謝の言葉をかけていただければと思います」と語っている。幕府と鎌倉府の関係が決裂しないよう尽力している憲実を、満済は高く評価していたのである。

あらわになる対立関係

上杉憲実の努力もあって、義教と持氏の破局は回避されてきたが、管領をはじめとする幕府の大名たちが両者の融和のため尽力したことも、戦いが避けられた大きな要因だった。畠山満家《みついえ》・山名時熙《ときひろ》・斯波義淳といった大名たちや、将軍の意向の取り次ぎ役だった満済は、鎌倉との関係悪化を望まず、まるくおさまるように努力を続けていたのである。しかし永享五年に畠山と斯波が死去、二年後には満済と山名もこの世を去ると、状況は大きく変わることになる。将軍義教はしだいに専制性を強めて、鎌倉に対しても強硬な姿勢で臨むようになり、対する持氏もいっそう自立の動きを強めていく。

こうした中、関東管領の上杉憲実は苦境に立たされることになる。公方に従う立場にはあるものの、京都の将軍ともつながりを持つ憲実は、主君の持氏にとってみれば、自身の行動にブレーキをかける、けむたい存在だったのである。しかし臣下とはいっても憲実は関東の支配を担う統治者で、そのもとには多くの武士たちが結集していた。公方持氏の下にもたくさんの近臣がいて、一つの集団を形作っていたから、おのずと持氏と憲実は並び立ち、公方派の人々と上杉派の人々が対抗関係になるという構図ができあがっていったのである。

永享九年(一四三七)四月、信濃の村上を討伐するため、上杉憲直《のりなお》を大将とする軍勢が鎌倉を出発することが決まった。この憲直は武蔵榎下《えのした》(横浜市緑区)に本拠をもつ上杉一門で、公方持氏の近臣として活動しており、持氏に命じられて出陣することになったわけだが、村上討伐というのは名目で、ほんとうは上杉憲実を討つための出陣だという噂が流れ、上杉と親しい武士たちが次々に鎌倉に集まってきた。尋常ならざる事態に驚いた持氏は、自身憲実の邸宅に赴いて異心のないことを示し、憲実も納得して一件は解決した。

ただこうした混乱を招いた以上、関係者の処分は必要で、公方近臣の上杉憲直と一色直兼《なおかね》が鎌倉を退去することになった。憲実を討とうとしたのは彼ら近臣たちだということにして、とりあえず収拾が図られたのだろう。ただ対する上杉の側も無傷というわけにはかず、重臣の大石憲重《のりしげ》と長尾景仲《かげなか》も鎌倉から出るべきだという議論がまきおこる。ここで名指しされた人たちが騒動の中心にいたことはまちがいない。トップの意向を越えて、両派の武士たちが争いあうようになるのは不可避の状況になっていたのである。

そして永享十年(一四三八)、両派はついに決裂の時を迎える。六月に持氏の長男賢王丸《けんおうまる》が元服し、義久《よしひさ》と名乗ったが、将軍から一字を拝領すべきだという要望を受け入れられなかった憲実は、当日の儀式に欠席してしまう。もし憲実が来たら、その場で討ち取ってしまおうと、公方の近臣たちが画策しているという噂もあって、出仕をとりやめたともいわれている。もはや決裂は時間の問題だった。

関東が不穏な状況だというしらせは、駿河の今川範忠《のりただ》を通して京都の義教のもとにも届けられた。七月晦日《みそか》、管領の細川持之は今川に書状を出し、なにかあったら憲実に合力するようにと指示している。憲実の家宰《かさい》をつとめていた長尾忠政《ただまさ》(入道芳伝《ほうでん》)は、持氏の御所に赴いて、どうか憲実のところに来て仲直りしてほしいと頼んだが、持氏は聞き入れなかった。長尾忠政はそれでもあきらめず、上杉持朝《もちとも》と千葉胤直《たねなお》を伴ってもういちど説得につとめたが、持氏の意思は固かった。『鎌倉大草紙脱漏』にはこうした記事がみえる。和解のための努力は最後までなされていたのである。

長尾の一門にはさまざまな系統があり、それぞれ独自に勢力を伸ばしていた。ここにみえる長尾忠政は上野の惣社《そうじゃ》（前橋市）を本貫地とする一流（惣社長尾氏）の当主で、このときには山内家の家宰をつとめていた。前記した騒動の張本人として処罰の対象になりかけた長尾景仲は、同じく上野の白《しろ》井《い》（群馬県渋川市）を拠点とする家（白井長尾氏）の当主で、忠政と並び立つ存在だった。長尾一門の中でも方針の違いがあり、景仲が行動派、忠政が穏健派という役回りだったようである。また忠政とともに和解工作にあたった上杉持朝は、扇谷家の当主で、先の戦乱のときに戦死した氏定の子にあたる。犬懸家が没落したのち、扇谷家は上杉一門の中で山内家に継ぐ立場におどり出て、持朝も憲実を支えながら政治に参与していたのである。

持氏の敗北と落命

八月十四日、上杉憲実は鎌倉を出て、自ら守護をつとめる上野に入った。誅伐されないための逃避だったが、足利持氏は直ちに行動を起こし、翌日鎌倉を出発、武蔵府中の高安寺に陣を据えた。鎌倉の異変を知った京都の義教は、駿河の今川範忠に関東に攻め入るよう命じ、関東内部の武士たちにも、憲実に合力するよう指令を出した。九月の末に今川軍は相模に入りこみ、危機を悟った持氏は高安寺の陣から退却して、相模の海老名《えびな》（神奈川県海老名市）に移った。ここでこれまで持氏に従ってきた千葉胤直が陣中から離脱し、鎌倉の留守役だった三浦時高も、役目を放棄して三浦に帰った。十一月一日、三浦時高は軍勢を率いて鎌倉に攻め入り、大蔵の御所に放火、簗田《やなだ》満助《みつすけ》ら持氏の近臣たちは、防戦かなわず討死を遂げた。そして海老名から鎌倉に戻ろうとした持氏は、途中の葛原《くずはら》（鎌倉市）で長尾忠政に捕えられ、鎌倉に護送されて、永安寺に入った。

鎌倉を出てから二か月半、持氏は目的を達成できず、戦い敗れて幽閉されてしまったのである。はじめは持氏に従っていた武士たちも、京都の将軍が持氏討伐を進めていると聞き、つぎつぎに方針転換して、上杉の陣営に加わっていった。常陸の真壁朝幹《まかべとももと》もその一人で、のちにこのように弁明している。「都鄙（将軍と公方）の関係のことは、全く知りませんでした。持氏と安房守（上杉憲実）が戦うというので、国中の人たちと同心して、持氏のもとに馳せ参じました。主君と臣下では比べものにならないので、主君である公方に味方したのです。私だけではありません。ただそのあと、（持氏討伐が）京都（将軍）のご命令だということを聞いたので、海老名から鎌倉に赴いて、長尾の一類のところに加わりました。そういうことです」。

この真壁の言明は、当時の関東の武士たちの立場をよく表しているといえるだろう。彼らは基本的には公方の臣下で、公方と管領（上杉）が戦うことになれば、直接の主君にあたる公方に味方するのが本筋である。ただ京都の将軍との関係も存続していて、究極のところは将軍に仕える身といえなくもない。将軍と鎌倉公方の関係が円満ならば問題はなかったが、両者が争うことになると、彼らも去就に迷わざるを得ない。そして公方を裏切り将軍に従う武士が続出することになるのである。

まもなく持氏は金沢《かねさわ》（横浜市金沢区）の称名寺《しょうみょうじ》で出家し、恭順の意を示した。一色直兼らの近臣はそば近く仕えていたが、彼らを放置しておくわけにもいかず、長尾忠政が軍勢を率いて称名寺に迫り、一色直兼は殺害された。忠政は持氏を再び永安寺に移し、上杉持朝・千葉胤直・大石憲儀といった面々が警固にあたることになった。京都の義教は早く持氏を処断するよう上杉憲実に迫るが、憲実はひたすら持氏の助命を願った。年明けて永享十一年（一四三九）、義教は相国寺《しょうこくじ》の柏心周操《はくしんしゅうそう》を鎌倉に派遣し、憲実を説得させた。力及ばず憲実も決断を下し、二月十日、上杉持朝と千葉胤直が軍勢を率いて永安寺を攻めた。持氏はついに自害し、近臣たちもみな討死を遂げた。

結局うまくはいかなかったが、上杉憲実は必死になって主君の助命を懇願し続けた。主君に弓を引いたのは本意ではなく、主殺しの汚名はなんとしてでも避けたかったということだろう。ただ憲実が助命を願った背景には、それなりに合理的な政治的判断があったのではないかとも思う。一色直兼ら公方近臣の多くは討ち取られたが、関東の各地には持氏恩顧の大名や国人がたくさんいて、簡単に上杉に従ってくれるはずもなかった。持氏がとりあえず存命であれば、彼らの反感も薄めることもできるが、主君の命を絶ってしまったりしたら、その心中に火を注ぎかねない。憲実はこう危惧したのではあるまいか。そしてまもなく不安は現実のものとなる。

公方派の決起と挫折

足利持氏には多くの男子がいた。長男の義久は鎌倉の報国寺で自害したが、ほかの子息は落ち延びて、公方派の人たちに保護されて生活していた。鎌倉では公方不在という事態になり、上杉憲実が頂点に立つことになるが、もはや政治を行う意欲はなく、弟の上杉清方が越後から迎えられて山内家のまとめ役となり、一門の上杉持朝や、重臣の長尾らが政治を担うことになった。

永享十二年（一四四〇）正月、一色伊予守が鎌倉から逐電する。公方派の一人で、鎌倉を離れて本拠の今泉に入り、事を起こそうとしたらしい。上杉の側もすぐに対応し、長尾出雲守憲景と太田備中守資光が大将となって、今泉の館に押し寄せた。このことは『鎌倉大草紙』にみえるが、この「太田備中守資光」は扇谷上杉氏の重臣で、太田道灌の祖父にあたる人物のようである。扇谷家の家宰として活躍した太田氏は、丹波に出自を持つ武士で、いつしか関東に来て扇谷家に仕えていた。そしてようやく歴史の表舞台に現われるようになったのである。

これが公方派の決起のはじまりだった。三月になると持氏の次男安王丸《あんおうまる》と三男春王丸《しゅんおうまる》が擁立されて、常陸中郡荘（茨城県桜川市）の木所城で兵を挙げた。両人はここから小栗・伊佐（筑西市）と進み、やがて下総の結城城《ゆうき》（結城市）に入った。城主の結城氏朝はこれを迎え入れ、公方派の武士たちが結城城に集結することになる。前述したように結城氏は鎌倉公方のもとで地位を高め、下野の守護職も与えられていた。将軍が背後にいるとはいえ、大恩ある公方を滅ぼした上杉に従うことはできず、公方の遺児を迎えて抵抗する道を選んだ。

籠城軍の主要メンバーは「結城中務大輔《なかつかさたいふ》（氏朝）、同右馬助、同駿河守、同七郎、同次郎、今川式部丞、木戸左近将監、宇都宮伊予守、小山大膳大夫《だいぜんだいぶ》、子息九郎、桃井刑部大輔《ぎょうぶのたいふ》、同修理亮、同和泉守、

同左京亮、里見修理亮、一色伊予六郎、小山大膳大夫の舎弟生源寺、寺岡左近将監、内田信濃守、小笠原但馬守」といった面々だったと、『鎌倉大草紙』は伝えている。結城の一門もいるが、今川式部丞以下の人々は公方持氏の恩を受けた武士たちで、主君の仇を報じようと、いっせいに城に集まってきたのである。

鎌倉にいた上杉清方と上杉持朝は対応を協議し、まず長尾景仲らが軍勢を率いて武蔵に向かった。続いて清方と持朝も出陣し、伊豆に退隠していた上杉憲実も腰を上げて、小山の祇園《ぎおん》城（栃木県小山市）に到着した。七月の末、上杉清方を大将とする軍勢が結城に至り、城を取り囲む形になり、将軍の命を受けて各地の大名が軍陣に加わった。上杉清方と上杉持朝がまとめ役で、千葉・小山・宇都宮・小田・岩松・武田といった大名たちや、上野・武蔵の一揆（中小の国人の集団）、安房・上総・下総の武士たちが揃ったが、それだけでなく、美濃の土岐、信濃の小笠原、越後の長尾といった、関東以外の人たちが軍勢を率いて参加していた。将軍の権威は健在で、多くの大名や国人がその命令に従ったのである。十月十五日、上杉清方は今後の作戦について諸将から意見を聞いたが、このとき「太田駿河守」という武士が使者をつとめている。詳しくは分からないが、彼も扇谷家に仕えた太田の一門であろう。

周囲に堀をめぐらした結城城は難攻不落で、包囲陣も苦労を重ねたが、籠城軍にも疲労がみえ、やがて落城の時を迎える。嘉吉《かきつ》元年（一四四一）四月十六日、総攻撃を受けて城は陥落、結城氏朝をはじめとして多くの武将たちが討ち取られ、翌日に首実検が行われた。そのときの帳簿が写の形で今に伝えられているが、ここに記載された首の数は百五十に及び、ほとんどが名のある武士だった。主君の恩に報いるため、将軍の意にも逆らって決起したが、戦い敗れて滅び去ってしまったのである。安王丸と春王丸は捕えられ、京都に向かう途中、美濃の垂井《たるい》（岐阜県不破郡垂井町）で処刑された。公方派の抵抗は失敗に終るが、根絶やしになったわけではなく、やがて再起の時を迎えることになる。

Ⅱ　内乱のはじまり

7―古河公方館跡

鎌倉を出発した足利成氏は，上杉軍と戦うため北に進み，下総の古河を陣所とした．関東の中央部を押さえる絶好の地を選んだ成氏は，古河の館にいながら味方の武将たちに御内書を出してさまざまの指示を与えた．

1　足利成氏の登場

将軍暗殺と情勢の転換

結城城が陥落し、足利持氏の遺児二人も処刑されたことで、将軍義教の勝利は確定されれ、彼の指揮下であらたな支配体制が築かれるだろうと、誰もが予測していた。しかし、まもなく起きた大事件によって、事態は思いがけない展開をみせることになる。

嘉吉元年（一四四一）六月二十四日。この日将軍義教は有力大名の赤松満祐《あかまつみつすけ》の邸宅に招かれて、酒宴が開かれていたが、その最中に赤松家中の武士たちが宴席に乱入し、将軍を殺害してしまったのである。数年前から将軍義教の大名弾圧の姿勢は過激さを増し、一色義貫《いっしきよしつら》や土岐《とき》持頼《もちより》といった有力大名が義教の命で殺害されており、こうした中で危機を感じた赤松家中の者たちが、先手を打ったということらしい。その場から逃げ出した管領の細川持之《もちゆき》は、義教の子息の千也茶丸《せんやちやまる》（のちの義勝）をあとつぎにすることで話をまとめ、大名たちと今後のことを協議したが、同時に関東にいる上杉憲実と上杉清方・上杉持朝の三人に書状を出して、京都の事件を伝えた。

上杉憲実は関東管領、清方はその弟で、持朝は上杉一門の重鎮である。結城城の攻略にあたって大将をつとめたのは上杉清方で、兄の憲実はあまり表に出なかったが、関東管領の職は依然として憲実が保持していた。もっとも憲実自身は辞職したいと京都の義教に申請していたが、憲実を信頼していた義教はこれを認めず、憲実はなかなか引退できずにいた。そういう中で将軍暗殺という変事が起きたわけだが、細川持之ら幕閣も、関東の安定のためにはやはり憲実の存在が不可欠だという判断で一致し、管領の細川が書状でそのことを憲実に伝えた。もっとも京都の上杉の館には憲実の家臣の判門《はね》田左衛門尉《ださえもんのじょう》がいたので、細川持之が判門田に書状を渡して幕閣の判断を伝え、そのあと判門田が書状を憲実に届けるとともに、詳しい事情も伝えたものと思われる。

将軍義教は関東を支配下に置こうと考えて、鎌倉公方の足利持氏を滅ぼし、その遺児を奉じた反乱も鎮圧させたが、細川・畠山・山名といった大名たちは、こうした義教の方針に心から共鳴していたわけではなく、専制的な将軍に反抗できずに従っていたにすぎないというのが実情だった。だから、将軍が死去すると幕府の関東に対する政策は一変することになった。幼少の将軍のもとで幕府の体制をいかに立て直すかというのが大名たちの当面の課題で、関東のことに気を回す余裕はなかったから、関東の政権が再建を果たして、安定した政治を始めてほしいと考えるようになったのである。

上杉憲実に管領職にとどまるよう要請したのは、そうした幕閣の願いのあらわれといえるが、鎌倉公方が不在という状況も早めに解消しなければならないと考えた大名たちは、まもなく持氏の遺児の捜索を始める。持氏には多くの男子がいて、長男の義久は鎌倉の報国寺で自害し、次男の安王丸と三男の春王丸は結城城で捕えられ、京都に護送される途中、美濃の垂井で処刑されていた。ところが結

8――岩松氏系図

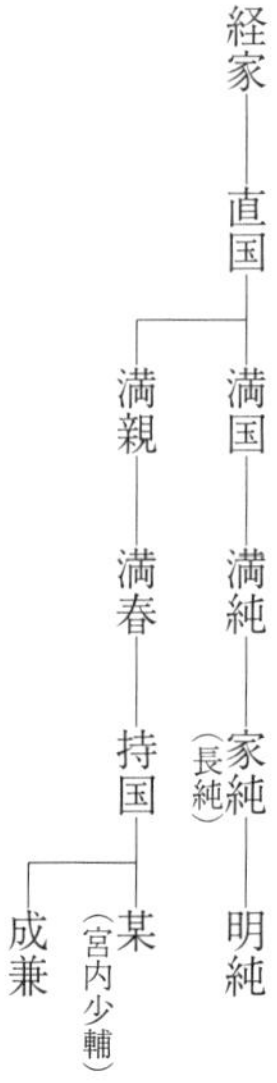

城城で捕えられた子息はもう一人いて、とりあえず処刑を免れて垂井に留まっていた。いずれは彼も兄と同じ運命をたどるだろうとみな思っていたその時に、将軍横死という事件が起きたのである。事態の急変の中、この少年は幕府の大名たちに招かれて上京し、土岐持益《もちます》の宿所に入った。七月二十八日のことである。

持氏の遺児はほかにもいた。そのうちの一人、万寿王丸《まんじゆおうまる》は、信濃の大井氏のもとにかくまわれていたが、政情の変化をとらえて、鎌倉に戻ろうと試みるに至った。年末の十二月二十九日、万寿王丸は陸奥南部の石川持光に書状を出して、「綸旨《りんじ》と御旗が到来したので、近く鎌倉に還るつもりだから、早く出陣して忠節を致すように」と命じている。この時期に天皇の綸旨や御旗が作られたことは京都の史料にみえないから、これは彼とそのとりまきの作り事だろうが、万寿王丸の鎌倉入りが早くから企画されていたことは確かである。翌嘉吉二年（一四四二）正月十八日には上野の岩松持国《もちくに》が石川に書状を書き、万寿王丸の書状の内容を伝達している。おそらく万寿王丸の書状は信濃で書かれ、そのあと使者が上野に進んで新田荘（群馬県太田市）の岩松持国のところに行き、持国がこの書状を書いたということだろう。岩松持国の書状は万寿王丸書状の副状《そえじょう》のようなもので、万寿王丸書状とともに使者が石川のところまで持参したものと思われる。

岩松持国が万寿王丸の復権に深くかかわっていたことが、このことからうかがわれる。そもそも岩松氏の御家事情は複雑で、当主の持国は不安定な立場にあった。上杉禅秀の乱のときに、岩松満純が禅秀に味方して処刑され、一門の持国が幼くして当主に擁立されたが、満純の遺児（岩松長純）は京都に出て将軍義教の庇護を得ていた。結城城攻めにも長純は参加し、持国の立場は危うかったが、長純の復権を阻止するためにも、鎌倉公方家とのつながりを強固なものにしたいと、持国は考えていたのだろう。

上杉憲忠の擁立

関東管領の上杉憲実が政務を司り、あらたな公方を迎え入れて、関東の安定につとめてくれればいいと、京都の幕閣は考えていたようだが、思うように事は進まなかった。上杉憲実の引退の意思は強固で、さらに自分の子息が管領職を継ぐことも認めないという姿勢を貫いたのである。憲実には多くの子息がいたが、次男の龍春にほとんどの所領を譲って京都で将軍に奉公するよう命じ、残りの子はすべて僧侶にしてしまう。主君である足利持氏とその子息を滅ぼしてしまったことは、憲実にとって痛恨の極みだったし、恨みを抱く人々の存在も心配の種だった。自分の子孫が管領になったとしても、ろくなことはないと、彼は真剣に考えていたらしい。

憲実やその子孫が管領になれないとすると、憲実の弟の清方が候補に挙がるわけだが、結城城攻めの大将をつとめた彼は、しばらく後に謎めいた死を遂げる。詳細は不明だが、越後と越中の境で自殺したという記録もあり、兄と同じように悩みぬいたあげく、自ら命を絶った可能性も高い。憲実にし

9―長尾景仲像

ても清方にしても、鎌倉公方を乗り越えて実権を掌握しようといった野望も覇気も持ち合わせていなかったのである。

このころ幕府でもさまざまな事件が起き、関東政策を進める余裕はなかった。幼くして将軍となった足利義勝《よしかつ》は、嘉吉三年（一四四三）七月に十歳で急死し、弟の三春があとをついで、文安《ぶんあん》三年（一四四六）に元服して足利義成《よししげ》と名乗った。義教暗殺当時の管領だった細川持之はすでに死去し、畠山持国と細川勝元《かつもと》（持之の子）が幕府の中心にいて、管領職を交代でつとめていた。文安四年になって上杉憲実の引退希望の件をどうするか、幕府の中で議論が交わされたが、やはり憲実を説得するしかないということで話がまとまり、三月になって天皇の綸旨が作られることになる。将軍や幕閣の大名の力ではどうしようもないので、天皇の権威を持ちだしたわけだが、憲実を翻意させることはできなかった。

そうこうする中、関東であらたな動きが持ちあがる。長尾景仲を中心とする上杉の重臣たちが、憲実の長男の龍忠をかつぎあげ、当主にしようと画策したのである。主君の上杉憲実は政務を投げ捨て、子孫の管領職継承も認めなかったが、これまで公方派との戦いを続け、鎌倉や関東の政治を司ってきた重臣たちにとって、これはまことにゆゆしき事態だった。管領の上杉家が断絶してしまったら、せっかく築き上げてきた自らの勢力も崩壊しかねないと考えた彼らは、憲実の意向を無視して、あらたな主君の擁立に走ったのである。

前述したように、上杉憲実は次男の龍春以外の子は僧侶にしており、長男の龍忠もいったん出家していたらしい。文安元年（一四四四）九月、憲実は次男龍春に丹波国何鹿《いかるが》郡内漢部《あやべ》郷（京都府綾部市）を譲り渡しているが、その譲状の中に、「兄の龍忠を出家させたので、とりあえずここは龍忠に与える。龍忠が死去したりしたら、龍春が知行せよ。龍忠がもしも還俗したりしたら、不孝の子なので、私の所領は一か所たりとも与えない」という一文がみえる。このころ龍忠は出家していて、わずかながら所領を父から与えられることになったのである。ところが二年後の文安三年四月になって、憲実はあらためて譲状を書き、この漢部郷をすべて龍春に譲与すると約束している。詳しい経緯はわからないが、このころ龍忠はすでに還俗していて、父親から義絶されたものと推測できる。

還俗した龍忠は上杉憲忠《のりただ》と名乗り、文安四年の九月には右京亮《うきょうのすけ》の官途《かんと》を持つことになった。上杉憲実にあてて綸旨が下された半年後である。天皇の権威を借りて憲実の説得を試みてみたものの、うまくいかないと悟った幕閣の面々は、これまでの方針を改めて、上杉憲忠の家督継承を認めることにしたのだろう。憲忠を擁立した重臣たちが使者を幕府に送り、管領の細川勝元を中心とする幕府も要請を受け入れて、右京亮の官途を授けたものと思われる。

こうして若い上杉家当主が誕生することになるが、父親の上杉憲実は子息の所行を認めず、別の人物を家督につけようと企てたようである。この年の十一月、常陸国の国人である臼田氏の一門が連署の起請文を作って、上杉憲忠に対する忠節を誓っているが、この起請文の中に「もし佐竹六郎殿が出てきて、豆州入道殿様からいろいろいわれても、当殿様（上杉憲忠）を裏切ることはありません」という一文がみえる。ここにあらわれる「豆州入道殿様」は当時伊豆にいた上杉憲実（長棟《ちょうとう》）で、「佐竹六郎」は常陸の佐竹義人（義憲）の子息実定のことと考えられ、憲実の後援を得て佐竹実定が乗り出してくる可能性があったことがわかるのである。佐竹義人は山内上杉家の出身で、憲実の養父憲基の弟にあたるから、佐竹実定も上杉の血を引く人物ということになる。あくまで自分の子孫が管領になることを阻止しようとした憲実は、山内上杉の血統を引く実定を後継者にしようとしたのである。

山内上杉家の家督が誰になるかわからない状況の中、臼田一門は団結して上杉憲忠に従うと誓ったわけだが、この起請文の文案を作ったのは「長尾殿」であったと、起請文の中に書き入れがある。この「長尾殿」は長尾景仲とみてよかろう。佐竹実定という対抗馬を前にして、長尾景仲らの重臣たちは、関東各地に広がる山内家の被官たちに働きかけ、味方になって憲忠を盛り立ててくれるよう説得につとめていたのである。こうした努力もあって、憲実と実定の動きは抑えられ、上杉憲忠は山内家家督の地位を確立し、やがて関東管領に任じられることになる。文安五年（一四四八）十一月、管領細川勝元の奉書の形で、鎌倉覚園寺の所領を雑掌に渡し付けよという命令が下されたが、この奉書の宛名は「上杉右京亮」すなわち憲忠になっていた。憲忠は関東のことがらについて管領の命を受ける立場にいたわけで、このときには関東管領の職にあったことが確認できる。

鎌倉公方足利成氏

長尾景仲らの奔走によって、新たな関東管領の擁立は実現をみたが、鎌倉公方を復活させようという動きも、同じ時期に進められていたようである。前述したように、足利持氏の遺児の一人は京都の土岐邸にいたが、彼が京都に留まっている間に、信濃にいた万寿王丸が、人々に迎えられて鎌倉入りを果たす。文安四年（一四四七）八月二十七日のことだった。上野国の岩松持国が早い時期から万寿王丸擁立に関与していたことは前に述べたが、岩松だけでなく、鎌倉公方につながる大名や奉公衆の武士たちが、若い公方の擁立に尽力したことは想像に難くない。管領憲忠を擁立した上杉家の人々にとっても、公方の存在は必要だという判断もあり、万寿王丸の鎌倉入りを受け入れた。

宝徳《ほうとく》元年（一四四九）七月、関東管領の被官の「長尾四郎左衛門尉」という者が上京して、あらたな公方の名前をつけてほしいと申請し、将軍義成の一字をとって「成氏《しげうじ》」という名を授けることが決められた。京都の官人中原康富の日記（康富記）に、飯尾肥前入道《いのおひぜんにゅうどう》がやってきてこのように述べたと記されている。ここにみえる「長尾四郎左衛門尉」が誰かは確言できないが、長尾景仲は「左衛門入道」で、その孫にあたる景春は「四郎左衛門尉」を称しており、「四郎左衛門尉」は白井長尾家当主が受け継いだ通称のようだから、このとき上京した「長尾四郎左衛門尉」は景仲の子の景信《かげのぶ》にあたる可能性が高い。おそらく長尾景仲は自らの後継者にあたる景信を上京させ、あらたな公方の名前の下付を幕府に申請したのだろう。

公方の名前は成氏と決まったが、官途や位階のことも同時に申請していて、これはすぐには決まらなかった。ところがこうした時期に関東から使者が上洛したので、長尾四郎左衛門尉は急いで下向してしまった。「返事も待たないで下向するというのは、不可解なことだ」と飯尾が語ったと中原康富の日記には書かれている。ここにみえる関東からの使者というのは、おそらく万寿王丸のもとにいる重臣で、正式の使節として京都にやってきたのだろう。そしてこの使者が来たという情報をつかんだ長尾は、かかわりあいを避けるように京都を離れ、鎌倉に戻ってしまったのである。

万寿王丸の擁立を推し進めたのは近臣たちだろうが、管領の上杉家としても、形のうえでは公方を支える立場にあった。あらたな公方の誕生にあたって、少しでも影響力を保持しようと考えた上杉陣営の人々は、万寿王丸の近臣たちには無断で幕府への申請を始めてしまったのだろう。しかし近臣や公方派の大名にしてみれば、こうした上杉側の行動は一種の越権行為といえる。万寿王丸を支える人たちは、直ちに正式の使節を上洛させ、幕府との交渉を始めたのである。長尾四郎左衛門尉が急遽京都を去った事情はこんなところなのではあるまいか。あらたな公方を迎えるにあたって、公方派の人々と上杉陣営の面々との連絡は、全くとれていなかったのである。

こうした内部矛盾を含みながらも、公方復活の動きは着々と進められた。万寿王丸の名前は成氏ということで定まり、八月には成氏を従五位下に叙し、左馬頭に任じるという口宣案《くぜんあん》が作られ、鎌倉に届けられた。またこの少し前に、京都にいた成氏の兄弟が土岐邸を出発し、東海道を進んで鎌倉に入っている。

鎌倉公方の復活はこうして実現をみた。公方持氏の滅亡と結城合戦の敗北によって打撃を蒙っていた公方派の大名や国人たちにとって、勢力復活のまたとない機会が訪れたのである。結城合戦で当主氏朝が討死した結城家では、氏朝の末子にあたる結城七郎（成朝《しげとも》）をあらたな当主にすることに決め、名誉回復のための運動を始めた。結城氏朝が将軍義教に対する反乱を企てたというこれまでの経緯もあり、まずは幕府の認可が必要と考えた結城家の人々は、幕府に赦免を願い出た。幕府の大名たちもこれを受け入れて、管領の細川勝元から関東管領上杉憲忠にあてて、結城が以前のように鎌倉に出仕できるようとりはからえと、奉書の形で指示を下した。

この奉書は鎌倉の憲忠のもとに届けられるが、数か月の間、封を開かれずに放置されてしまった。結城氏朝を滅亡に追い込んだ上杉にとってみれば、結城家の復権は気の進まないことで、なんとか時間かせぎをしようとしたのかもしれない。さすがに困った結城家の人々は、ことの次第を幕府に訴え、十二月になって、結城を復権させるという幕府の姿勢は変わらないから、はやく命令を実行するようにと、きびしい指示が憲忠あてに下されることになる。

久しぶりに公方と管領が揃ったといっても、長年争いを続けてきた公方派と上杉派が手を携えるのは、どだい無理な話だった。成氏の公方就任から一年もたたないうちに、ふたつの勢力の戦いが起きてしまうのである。

腰越浦・由比浦の戦い

宝徳二年（一四五〇）四月二十日の夜、鎌倉公方の足利成氏は、配下の武士たちとともに鎌倉を出、海を渡って江の島（神奈川県藤沢市）に入った。長尾景仲（入道昌賢《しょうけん》）や太田資清《すけきよ》（入道道真《どうしん》）を中心とする上杉勢に攻められることを察知して、先手をとって鎌倉を離れたもののようである。上杉氏の側も戦いの準備を整えていたらしく、翌日の二十一日、長尾や太田の軍勢が腰越浦《こしごえうら》（鎌倉市）に押し寄せた。江の島の近くまで迫ってきたわけだが、公方派の武士たちが迎え撃って、なんとか江の島を守りぬいた。そのあと上杉勢が由比浦《ゆいがうら》に出てきたが、公方派の武士たちが戦いを挑み、上杉方は敗れて相模の糟屋荘《かすや》（伊勢原市）に退却する。

このときの戦いのことは、のちに成氏が幕府にあてて提出した書状に詳しく書かれている。これによれば、上杉軍の中心にいたのは長尾景仲と太田資清で、公方方の武士としては、小山持政《もちまさ》・千葉胤将《たねまさ》・小田持家《もちいえ》・宇都宮等綱《ともつな》の名がみえる（小山は腰越浦、千葉・小田・宇都宮は由比浦の戦いに参加している）。小山・千葉・小田・宇都宮といった伝統的な大名層がそろって公方に味方して戦ったことが、ここからわかるのである。

戦いになんとか勝利した成氏は、五月十二日になって、管領の畠山持国にあてて長文の書状をしたためて、これまでの経緯を書き連ね、上杉方の人々に対してどう処置するか、具体的な方針を示して

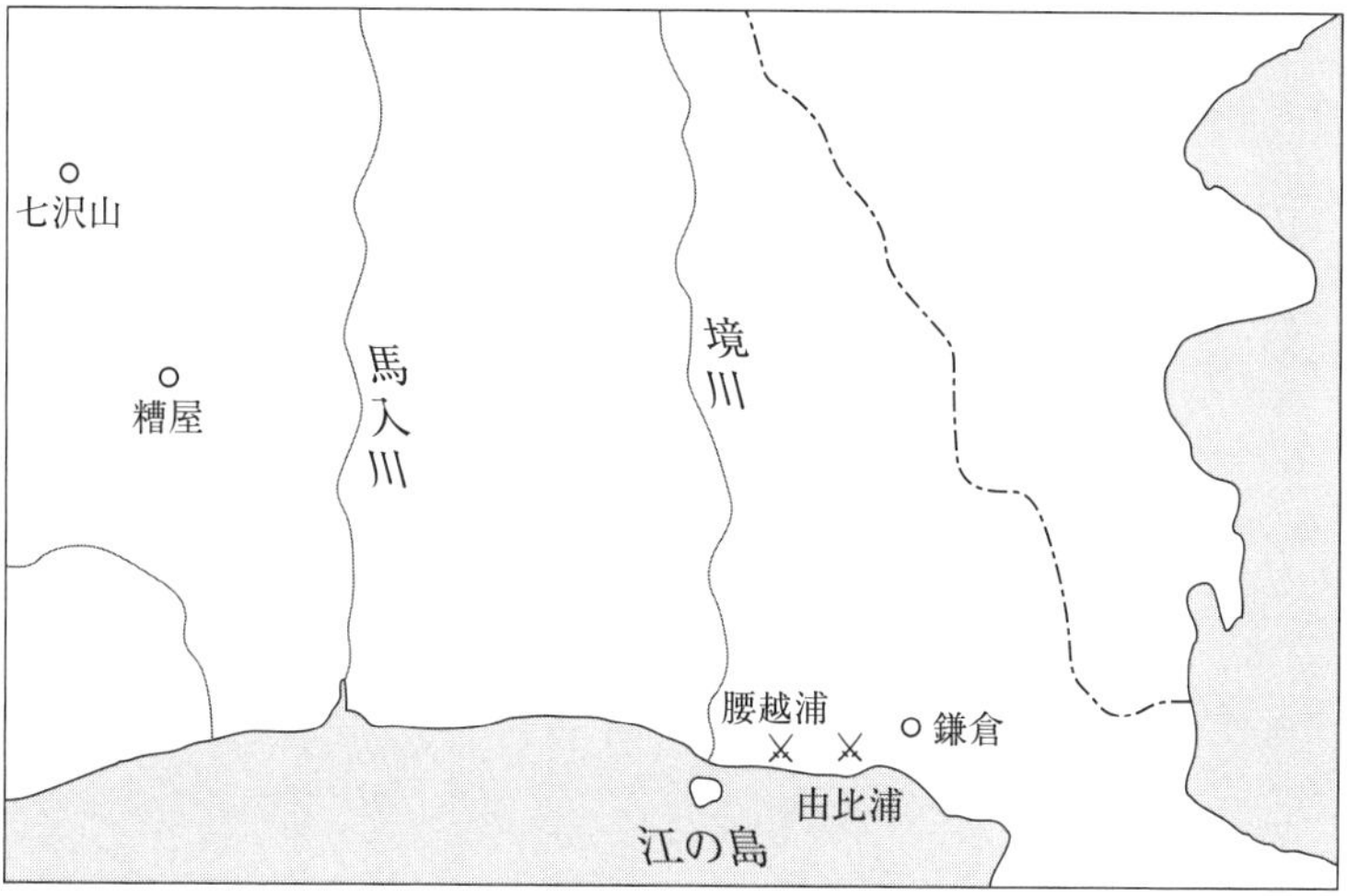

10――腰越浦・由比浦の戦い

いる。管領の上杉憲忠には責任がないので、出仕を認めるつもりだが、憲忠自身は動きがとれないでいるようだ。一門の上杉持朝は赦免してやったが、こちらに出仕しないで、相模の七沢山《ななさわやま》（厚木市）に籠ってしまったという話だ。長尾や太田などについては、すぐに誅罰するよう指示を出している。上杉方への対応はこのようなもので、被官にあたる長尾と太田は許さないが、憲忠や持朝については処分する意向はないと説明しているのである。

そしてこの長文の書状の末尾には、「京都に対して私曲を存ずることは一切ありません」と、幕府に対して異心のないことを強調する文言が置かれる。家臣筋にあたる上杉やその被官たちが謀反を起そうとしたので、とりあえず対応したまでのことで、やましいところは何もないし、もちろん幕府に叛いたわけでもないので、事情を理解して将軍にご披露いただきたいというのが、書状で訴えた最大の眼目だった。

成氏の書状を携えた使者は、管領の畠山のもとを訪れて、ことの次第を伝えたものと思われる。事態を知った幕府の対応は早く、将軍の同意もとりつけて、五月二十七日には畠山から大平山城入道（成氏の近臣か）あての書状が作られた。成氏の言い分を認める形で幕府の御教書が出される予定であること、上杉憲忠・持朝の帰参については、御教書に従って実行させるべきであることなどが列記されており、成氏の訴えがほとんど認められたことがわかる。畠山持国を中心とする幕閣は公方成氏の言い分をおおかた認め、上杉氏の側に対して早く成氏のもとに帰参するよう指示を出したのである。

政情が落ち着いたのを見計らって、八月になって成氏は江の島を出て、鎌倉桐ケ谷の御所に戻った。一方の上杉陣営も、いつまでも反抗をつづけるわけにもいかず、十月には管領憲忠が鎌倉に帰り、ほかの人々も成氏に従う姿勢をみせた。長尾景仲と太田道真は討伐の対象になっていたが、とりあえず恭順を誓ったことで誅罰を免れた。

半年に及んだ内乱は、こうしてようやく幕を閉じた。戦闘自体は公方派の勝利で、幕府の理解も得ることができたが、上杉氏の側もめだった処罰を受けず、勢力を保ったまま政界に復帰したわけで、情勢はふりだしに戻ったということもできる。公方成氏とそのとりまきにとってみれば、上杉氏勢力の反乱をとりあえず回避できたというにとどまり、危機感を消し去ることはできなかったのである。

管領邸の襲撃

公方派と上杉方の戦いが起きた当時、幕府の管領の地位にいたのは畠山持国だったが、彼は公方派の人々に対して好意的だったらしく、成氏の書状も受け取って、その言い分をほぼ認める幕府の方針を定めていた。成氏とその近臣たちにとって、畠山は頼りになる存在だったと思われるが、享徳《きょうとく》元年（一四五二）十一月に持国が管領を辞職し、細川勝元が管領になると、政治情勢も変化をみせることになる。畠山とは対抗関係にあった細川勝元は上杉氏の側と親しかったらしく、上杉氏の主張を受け入れる方向に政治方針を転換しはじめるのである。

享徳三年（一四五四）三月、管領の細川勝元は、公方成氏のもとにいる禅僧にあてて書状をしたためたが、そこには「関東様から命令を出すときには、どんなことでも、前々のように上杉右京亮（憲忠）が副状を書いて取り次ぐというのが大切だ。そういうことがない場合には、たとえ御書が下されたとしても、御返事を出す必要はない。このことをよくよくご披露いただきたい」と書かれていた。「関東様」すなわち鎌倉公方の成氏が御書を出すときには、管領である上杉憲忠が副状を書いて、取り次ぎ役をつとめるというプロセスが必要だと強調しているが、こうした書状が出されるということから、管領の副状がない形で公方の御書が出されるという現象が一般化していたようすをうかがえる。本来であれば公方と管領が連絡をとりあって政務を進めるべきなのに、両者のコミュニケーションが全くとれず、それぞれが独自に文書を発給するようになっていたのである。

鎌倉府のトップにいると自認する成氏とそのとりまきにとって、こうした状況は耐え難いことだったと思われる。どのような命令を出そうとしても、管領とその周囲の人々の同意がなければ何も進められない状況になっており、しかも京都の幕府も上杉に同調して、公方が独自に政治を進めることを認めない姿勢をみせていた。頼みの綱は畠山持国だったが、まもなくすると畠山家で後継者をめぐって内紛が起き、持国の勢威は地に落ちてしまった。周囲の状況は悪化の一途を辿っていると、公方派の人々は思っていたことだろう。そしてこうした苦境を乗り越えるために、実力行使に走ることになるのである。

暮れも押し迫った十二月二十七日の夜、結城成朝・武田信長・里見義実《さとみよしざね》・印東式部少輔といった公方派の武士に率いられた軍勢が、鎌倉西御門にある管領上杉憲忠の館に押し寄せ、鬨《とき》の声を挙げて攻め込んだ。館にいた武士たちも応戦したが、多勢に無勢、防戦かなわず討死を遂げた。管領の上杉憲忠を討ち取ったのは結城の家人の金子祥永・祥賀兄弟で、御所に参上して首実検を受けたのち、公方成氏から多賀谷《たがや》の名字と所領を与えられた。『鎌倉大草紙』は管領邸襲撃のようすをこのように伝えている。

鎌倉の北にある山内は上杉家の本拠地ともいえるところだったが、公方派の武士たちは、夜のうちにここに攻め込んで、上杉方と戦いを交えた。上野国の岩松持国は、戦いに参加して負傷し、二十九日になって公方成氏から感状を与えられている。山内にいた上杉方は、戦い敗れて逃走していった。

『鎌倉大草紙』の記事によれば、上杉持朝や長尾景仲が上野国に下向したのを見て、戦いの準備をしていると察知した公方方の人々が、このままだと一大事になるので、すぐに管領の憲忠を退治して関東を安定させるべきだと公方の成氏に勧め、成氏もこれを受け入れて管領誅殺を決意したという。

四年前には危険を察して江の島に逃れたが、今度は敵方のトップを討ち取るという行動に出たのである。上杉持朝や長尾景仲といった重鎮が鎌倉を留守にしていて、西御門の館の守備が手薄になっていた隙を突いたもので、思惑どおり憲忠を討ち取ることに成功した。上杉派の面々は健在なわけで、これで問題が解決するはずもなかったが、中核を打ち砕くことで敵方の戦意を喪失させ、事態を有利に進めることができるだろうと、成氏とそのとりまきは楽観的に考えていたのかもしれない。

しかし主君を謀殺された上杉方の面々が、おとなしく引き下がるわけもなかった。上杉持朝や長尾景仲・太田資清といった重鎮たちは、すぐさま体制を整えて公方派に対抗する姿勢を見せた。こうして本格的な戦いが幕を開けることになったのである。

2　戦乱の二年間

戦いのはじまり

上杉陣営の面々が集結したのは、相模国の島河原（神奈川県平塚市）だった。公方の成氏は、享徳四年（一四五五）の正月五日に鎌倉を出発し、翌日の六日、武田信長・一色宮内大輔を大将に任命して島河原に差し向けた。不意打ちをくらった上杉方は敗北して、上野や武蔵河越《かわごえ》（埼玉県川越市）に逃れていった。緒戦のようすを『鎌倉大草紙』はこのように伝えている。

鎌倉を出た成氏は、まず府中（東京都府中市）の高安寺に陣を取った。島河原で敗北した上杉方も、陣容を整えて動き出し、府中のそばの分陪河原《ぶばいがわら》まで寄せて来た。そして正月二十一日、ここで両軍の戦いが繰り広げられる。戦いは公方方の勝利に終わり、上杉方の先手の大将をつとめた上杉憲顕（禅秀の子）が高幡寺（日野市）に退いて自害することになるが、勝った公方方にも損害が多く、軍勢は分陪河原に陣取って一夜を明かした。そして翌二十二日、上杉方が再び押し寄せ、同じ場所で激戦が展開されることになる。

『鎌倉大草紙』によれば、戦いのありさまは次のようなものである。まず上杉方の先陣の羽続《はねつぐ》と大石が敗れて退き、勢いに乗った公方方の里見と世良田が深く攻め入るが、かえって敵に取り囲まれて戦死してしまう。ところが続いて結城・小山・武田・村上といった公方方の面々が、入れ替わりながら攻め込んでいったので、上杉勢は総崩れとなる。後陣にいた上杉顕房（持朝の子）は踏みとどまって防戦したが、兵士を失い自身も負傷して、夜瀬（三鷹市）というところで自害した。

この合戦についてはほかに史料がなく、『鎌倉大草紙』に頼らざるをえないが、かなりの激戦だったことはまちがいなかろう。公方方には結城成朝・小山持政・武田信長といった大名たちや、里見・世良田《せらた》などが参加していたことがみえ、上杉方では上杉憲顕と上杉顕房が戦死している。公方派も上杉派も軍勢をほぼ総動員して決戦を試みたと考えられるのである。

戦いは公方方の勝利に終わり、上杉方は逃走して北に向かっていった。上野国は山内上杉氏の守護分国で、常陸にも上杉の被官たちが多くいた。また武蔵の河越は扇谷上杉氏のひとつの拠点だった。戦いに敗れたとはいえ、上杉陣営の拠りどころは各地に広がっていたのである。北に逃れた上杉方を討つため、公方の成氏は府中から軍勢を進め、二月には武蔵の村岡（埼玉県熊谷市）に陣を取り、さらに北上して、三月三日に下総の古河（茨城県古河市）に入った。

上野国の新田荘（群馬県太田市）を本拠とする岩松持国は、成氏を支援するべく、早速行動を開始した。先にみたように、鎌倉北郊の山内の戦いで持国自身も負傷していたが、これをものともせずに、直ちに根拠の新田荘に戻って、西から迫る上杉方に対する防衛線を構築したのである。三月五日のこと、岩松持国の注進に答えて成氏は御内書を出し、なんとか御陣をそちらに寄せるつもりだから、「三大将」でよくよく相談して防備につとめてほしいと頼んでいる。この「三大将」が誰をさすかは確言できないが、岩松がその一人だったことはまちがいなかろう。

公方足利氏と管領上杉氏が本格的な戦いを始めたことで、関東各地の国人たちもいずれの陣営につくか、選択を迫られることになった。上野国には上州一揆という中小武士の集団があり、公方に従う立場にあったが、守護をつとめている上杉氏とのつながりもあり、彼らの多くは去就に迷いつづけた。上州一揆の武士たちは、公方の命をうけてとりあえず参陣し、古河まで供奉したが、古河に入って十日ほどの間に、一揆の面々は次々に陣所から離れて、それぞれの本領に戻ってしまった。赤堀時綱のように公方に従う武士もいたが、一揆のほとんどは離散してしまう。彼らを集団として抱え込む力を、公方はすでに失っていたのである。

岩松持国は敵方の動向を伝える注進状を古河の成氏のもとに届け、成氏もこれに答えて、御内書を出し続けた。三月十一日の御内書には、「西上野の敵が新田の近辺に寄せてくるという風聞があるようだが、加勢のことについてはぬかりなく準備している」とあり、十五日の御内書には「長尾左衛門入道昌賢《しょうけん》（景仲）が近くそちらに出てくるという雑説があるという注進を拝見した。すぐに加勢を遣わすことにする」と書かれている。こんなふうに岩松は数日おきに情勢を伝える注進状を出し、成氏はすぐに応答していた。書状を媒介にしながら、公方と岩松は緊密に連絡をとり、事態を打開すべく努力を重ねていたのである。

ひろがる戦火

上野国は山内上杉氏の拠点で、長尾景仲をはじめとする軍勢が集まっており、新田荘の岩松持国が彼らの動きを阻止する役割を帯びる形になっていた。さらに上杉方の一団は常陸北部の小栗城（茨城県筑西市）に籠って兵を挙げ、古河の成氏にとって小栗城の攻略も重要な課題となった。古河からみて西北の上野と、東北の小栗の両方に上杉氏の軍団が集結しており、成氏としてもこの両方に目配りしながら作戦を立てる必要が出てきたのである。そして上野対策は岩松が担い、小栗城の攻略は小山や結城など外様《とざま》の軍勢が中心となって進めることとなる。

岩松持国の状況報告はひんぱんに古河に届き、成氏の御内書も数多く出された。三月後半から四月前半の時期の成氏御内書を日付順に並べてみると、三月十九日、二十三日、二十四日、二十六日、四月三日、五日（二通）、六日、七日、十一日という形になる。わずか二十日あまりの間に十通もの御内書が出されているのである。岩松の注進に答えながら、近いうちに加勢を遣わす予定だと成氏はなんども約束していたが、そうした中、四月四日に小此木《おこのぎ》（群馬県伊勢崎市）の地で合戦がなされる。ここでは岩松持国の嫡男の次郎が戦功をあげ、小此木刑部左衛門尉を討ち取って、近辺を平らげた。成氏はこうした岩松父子の功績に応えるため、わざわざ使節を派遣して御内書を届けた。

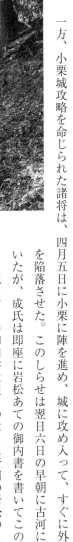

一方、小栗城攻略を命じられた諸将は、四月五日に小栗に陣を進め、城に攻め入って、すぐに外城を陥落させた。このしらせは翌日六日の早朝に古河に届いたが、成氏は即座に岩松あての御内書を書いてこのことを記し、この御内書は翌日の七日に新田の岩松のもとに届いた。小栗の諸将と古河の成氏、そして新田の岩松の三者のあいだの情報伝達はきわめて迅速で、緊張感に満ちたものだったのである。

11—小栗城跡

このように公方方はとりあえず優勢に戦いを続けていたが、古河の南方、下総千葉の地でも公方方が上杉方に勝利する事件がおきた。上杉方になっていた千葉介胤直が、重臣の原胤房（越後守）に攻められて敗れ、千葉城

表1　足利成氏の御内書（岩松持国あて）

月　日	書状に書かれた内容
3月3日	古河に供奉する上州一揆が岩松の知行分に乱妨狼藉をすることを禁止する.
3月5日	国（上野）の様子の注進を披見した. 調儀して御陣を寄せるので, 三大将と談合せよ.
3月11日	注進を披見した. 西上野の敵が新田に来るという風聞があるので, 軍勢の派遣については油断はない.
3月14日	上州一揆が大略落伍したので, 用心せよ. 三大将と調儀せよ.
3月15日	長尾景仲（昌賢）がそちらに出張するという雑説があるとの注進を披見した. すぐに一勢を加える.
3月19日	注進を披見した. 安威新左衛門以下の在所を散らしたのは見事だ. 毎事油断なく計略せよ.
3月23日	長々と在陣している辛労を感謝. 山入の残党が出張するとの風聞があるので, 近日一勢を加えるつもりだ.
3月24日	調儀につき軍勢を少し出した. 無沙汰の人がいたら厳しく命令する.
3月26日	師へ陣を移したとの注進を披見した. 近日一勢を加えるので, それまでは軽率なことをしてはならぬ.
4月3日	こちらの陣にいる上州一揆が, そちらで悪党行為をしたと, あなたが訴えてきたので, 彼らの在所をすぐに散らすつもりだ.
4月5日	次郎が出陣したと聞き, 悦喜している. 那波掃部助以下の在所を散らし, 敵軍を追伐したことは, 目出たい. 鳥山と談合して申し付けてほしい.
4月5日	東上野の様子についての注進を披見した. 次郎に御書を出した.
4月6日	昨日諸勢が小栗に陣を進め, 外城を攻め落としたとの注進が到来した. 実城の陥落も近いことを, 同心に伝えよ.
4月7日	東上野の事につき計略を廻らし, 子息次郎が戦功をあげたことは, 感悦である. そのため, 使節を遣わして感謝の意を伝える.
4月11日	そちらの凶徒等が所々に出張しているとの注進が到来したので, 心得た. まずは常州の奉公の輩を指し遣わす.
4月晦日	上野の植木郷を佐野宮内少輔に与えたところ, あなたが妨害したという風聞があるが, それはよくないことだ.
閏4月11日	御幡出現につき太刀と馬が到来, 目出たい. 太刀を遣わす.
閏4月13日	上野の植木郷を早く佐野宮内少輔に渡すように.
閏4月19日	佐野伯耆守がそちらに着陣したとのこと, 目出たい. いろいろ談合して, 計略せよ.
閏4月29日	その後そちらはどのようか, 心配している. 陣を寄せるとの風聞があるが, それはよくない. 軽率なことはせず, 計略を進めよ.
5月13日	そちらの様子についての注進を披見した. 雪下殿が足利に立ったので, いろいろ談合し, 計略を廻らすように.
5月20日	当国（上野）のことについて油断しているとお思いのようなので, 使節を遣わす. 無沙汰の儀はない. 外様の面々を催し, 急ぎ発向する予定である.

5月25日	桃井左京亮との戦いに勝利したことを聞いた．目出たい．急ぎ御馬を寄せる予定だ．
5月25日	当国の様子が火急だとの注進を披見した．急ぎ御馬を寄せるつもりだ．
5月27日	そちらの様子を長宝寺から聞いた．大手の合戦が火急なので，そちらの御幡を一所に立てることにしてほしい．急ぎ御馬を寄せるので，それまではよくよく遠慮して，行動を控えるように．
5月晦日	今日小山に着陣した．すぐにそちらに出馬するつもりだ．
6月2日	武州の凶徒が角淵辺に出張したとのことを聞いた．武州に一勢を遣わす．すでにこちら（小山）に着陣したので，すぐそちらに進発するつもりだ．それまでは軽率なことをせず，計略を進めよ．
6月6日	大手の様子の注進を聞いた．明後日に進発する．
6月10日	そちらの様子をくわしく聞いた．昨日と今日は悪日なので，明日必ず出馬する．
6月11日	大手とそちらの様子をくわしく聞いた．今日出馬する．
6月13日	注進を披見した．すでに天命に出馬したので，延引はしない．すぐにそちらに進発する．事情により延引したもので，無沙汰ではない．
7月6日	知行分で被官人が凶徒を打ち散らしたとのこと，目出たい．

（千葉市中央区）を退いてしまったのである。千葉の重臣に原胤房・胤茂（筑後守）と円城寺尚任（下野守）がいて、原胤房は公方に出仕できるような存在で、対する円城寺は上杉と親しかった。公方派と上杉派の戦いが始まると、千葉胤直はどちらに加担しようか去就に迷うが、円城寺の勧めに従って上杉方になることを決断する。ところがこれに反発した原胤房が、三月二十日に千葉城に攻め込んだのである。千葉胤直はこらえきれずに城を出て、多胡《たこ》城や志摩《しま》城（多古町）を拠点にしながら対抗することになる。

千葉胤直が上杉方になった理由はよくわからないが、過去のいきさつが大きく関係していたのではないかとも思える。もともと千葉胤直は鎌倉公方足利持氏に仕え、近臣のような存在になっていた。そして持氏と上杉憲実が争ったときにも、持氏に味方してその軍勢の中心に立つ。ところが京都から幕府軍が関東に攻め入り情勢が一変すると、胤直は結局持氏を見限り、軍勢から離れて上杉陣営に加わってしまった。さらに将軍義教の命を受けて鎌倉の永安寺にいた持氏のところに攻め入り、持氏を自害させた。致し方ない事情があったとはいえ、主君にあたる公方の滅亡に深くかかわってしまったという過去は、胤直にとって消し去り難いものだったと推測される。現在の公方である足利成氏にとってみれば、父親の仇の一人だったわけで、公方方になったとしても立場は危ういと考え、上杉に加担する道を選んだのではないかと思えるのである。

しかし公方成氏と親しく、陪臣でありながら御所への出仕も認められていた原胤房にとってみれば、主君のこの選択は許しがたいものだった。この方向で進んでいけば、円城寺の力が増して自らの立場が危うくなると考えた胤房は、事態を打開するために主君の居城を攻めるという実力行使に出、成功を収めたのである。

四月五日の外城攻略ののち、公方方の諸将は小栗城を囲みながら、戦いを続けていたが、やがて下野の那須《なす》持資《もちすけ》（越後守）が小栗の陣中に参上し、軍勢の中心に立つことになる。古河にいた公方成氏は、「御幡」を那須に与え、この幡を表に出して軍勢を指揮するよう指示を出した。五月一日づけの御内書で成氏は、「大将になりたいと内々に望む者もいるが、すでにあなたに御幡を下付した以上は、ほかの人を大将にしたりはしない」と那須持資に約束している。このころには宇都宮等綱も小栗の陣に参上するだろうというしらせも届いていた。

上野で上杉方とのにらみあいを続けていた岩松持国にも成氏から「御幡」が下付された。栄誉にあずかった持国は、すぐさま御礼として太刀と馬を進上し、成氏からはお返しの太刀が下された。こうして岩松も一方の大将として正式に認められたのである。閏四月二十九日のこと、成氏は岩松あての御内書で粗忽《そこつ》に進軍したりしないよう諭し、重臣の野田持忠からも副状が出されたが、この副状の宛先は「岩松殿　大将御陣」と書かれていた。

五月十一日、成氏の兄弟にあたる定尊《じょうそん》（雪下殿《ゆきのしたどの》）が鎌倉から足利（栃木県足利市）にやってきた。鶴岡八幡宮別当の地位にあった彼は、成氏の戦いを支援するため、わざわざ前線に来たのである。成氏は岩松持国あての御内書で定尊の足利入りを伝え、今後は定尊と相談しながら事に当たるよう指示している。このときも野田持忠が副状を出しているが、そこには「大井播磨守が坂を越え、安中《あんなか》左衛門の知行分に陣を据えたということをうかがいました」と書かれている。かつて成氏を庇護していた信濃の大井氏も動き出して、上野国に入っていたのである。

小栗城の攻略も終盤戦を迎えていた。成氏は古河を出て結城に陣所をとり、小栗城の近くに迫った。小山らの諸将の努力もあって、まもなく城は陥落、上杉方の人々は北方の下野国に逃げていった。

戦局の展開

小栗城も守りきれず、上野でもなかなか攻勢に転じることができない情勢が続いて、上杉氏の陣営は苦労を重ねていたが、周囲の状況は彼らにとって不利なものばかりではなかった。とくに京都の幕府が公方成氏の行動を認めず、上杉支援の姿勢を示したことはなにより

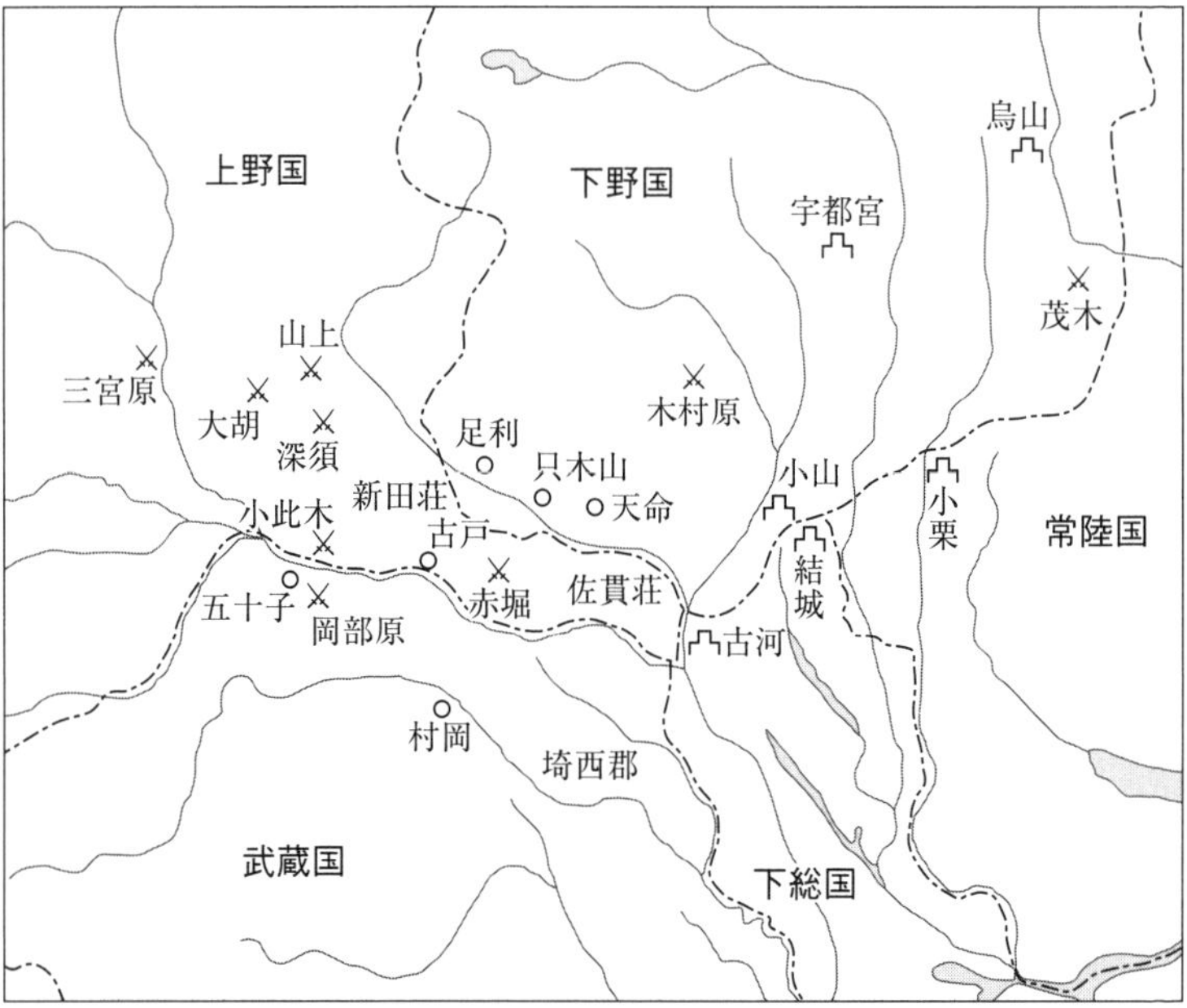

12──小栗城攻めとその前後

の心の支えとなった。管領細川勝元を中心とする幕閣は上杉氏に好意的だったし、将軍の足利義政（義成から改名）も、ようやく政治に関わりはじめたという若々しい情熱もあってか、成氏追討に意欲を示し、四月には駿河守護の今川範忠に関東退治の「御旗」を下して、鎌倉に向かって進発させた。京都にいた上杉房顕《ふさあき》（憲実の次男の龍春）は、憲忠なきあとの主君として関東に招かれ、上杉陣営のトップの座に置かれた。そして小栗城陥落ののち、長尾景仲を中心として軍勢がまとめあげられ、北武蔵の上杉藤朝《ふじとも》などの上杉方が下野の天命《てんみょう》と只木山（栃木県佐野市）の要害に籠って、再び兵を挙げることになる。

小栗陥落のとき結城にいた成氏は、五月

晦日に小山に移り、西に進んでいく姿勢を示した。六月八日には上野の三宮原（群馬県吉岡町）で戦いがあり、越後上杉氏の被官たちが討死したり負傷したりしている。上野の情勢は岩松によって逐一報告され、すぐに出発する予定だと、成氏は御内書で繰り返し伝えた。六月十三日、成氏は小山から西に進んで天命に陣取り、二十四日には足利まで進んだ。この時期の成氏は西に向かって進軍しており、公方を上野に迎えたいという岩松持国の念願は叶えられるかに見えた。

ところが七月になって成氏は足利から引き返し、九日には小山に戻ってしまう。成氏が東に転じた理由はよくわからないが、宇都宮等綱の離反が明らかになるなど、東の方面で不穏な情況が起きており、これに対応するため小山に引き返さざるをえなくなったのかもしれない。下野の宇都宮等綱は成氏に味方して小栗に参陣するという姿勢をみせていたが、突如として方針を変えて、成氏に反旗を翻したのである。このころには京都の将軍義政が成氏討伐の指令を出していることは広く知られるようになっており、大名たちのもとにも将軍の御内書が届けられていた。目の前の鎌倉公方には従わざるを得ないが、本来の主君にあたる将軍が公方討伐を宣言している以上、将軍の意向も無視できない。このような中、関東の大名たちは去就に迷いつづけ、上杉方に転じるものもあらわれてきたのである。

下野国には古くからの大名たちが並び立ち、争いを続けてきた。このとき小山は当初から公方の陣営におり、那須も陣所に参上して、一方の大将をつとめるまでなっていた。小山や那須が活躍して公方に優遇される中で、宇都宮氏の当主であった等綱は不満を強めていったのかもしれない。また下野

13——千葉氏系図

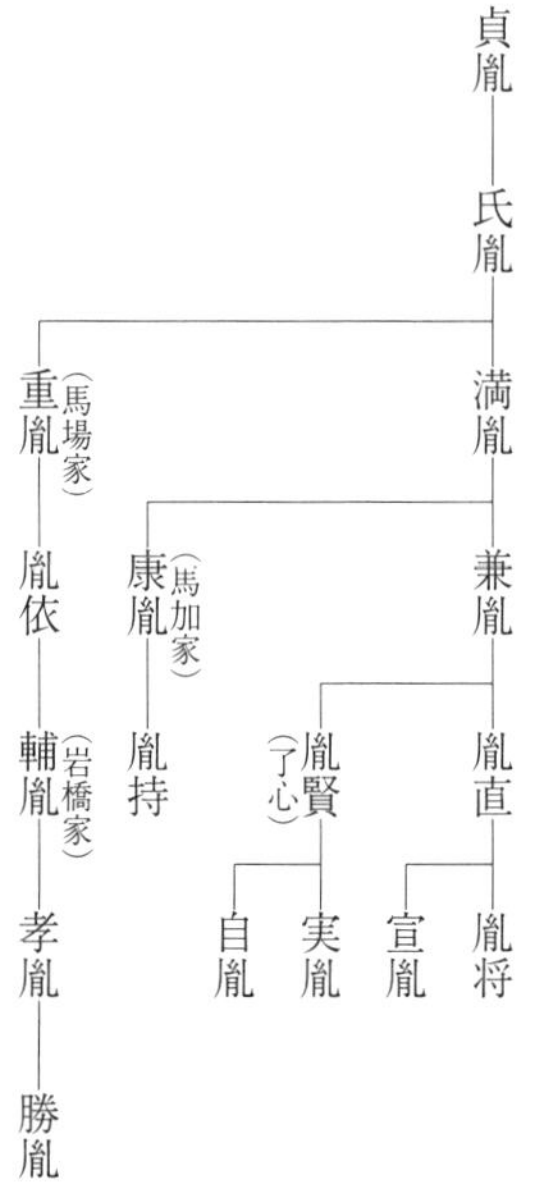

東南部にいる茂木《もてぎ》筑後入道《ちくごにゅうどう》も公方に反旗を翻し、那須持資と戦いを続けた。さらに結城一門の山川兵部少輔や、常陸の真壁兵部大輔も上杉方につき、成氏は困難に直面したのである。

一方、南の下総ではあらたな展開があった。原胤房に攻められて千葉胤直が千葉城を追われ、大胡・志摩城に逃れたことは前述したが、千葉氏の一門にあたる馬加《まくわり》（千葉県花見川区）の千葉康胤《やすたね》（入道常輝《じょうき》）が原に味方して、胤直と戦うことを宣言、康胤は千葉宣胤（胤直の子）のいる多胡城を攻め、原胤房は胤直のいる志摩城に攻め込んで、ともに城を陥落させたのである。多胡城陥落は八月十二日で、十五歳だった千葉宣胤は城を出たのち阿弥陀堂で自害し、円城寺藤五郎直時をはじめとする十四人がこれに殉じた。そして三日後の十五日、志摩城も陥落して胤直は自害し、円城寺因幡守らの家臣も殉死をとげた。千葉胤直・宣胤父子の滅亡によって千葉の本宗家は断絶し、一門の康胤が千葉介の地位を継承することになるが、胤直の甥にあたる千葉実胤《さねたね》・自胤《これたね》兄弟（胤直の弟了心の子、了心は多摩城で自害）が市川城に籠って反抗を続け、千葉家は二つに分かれることになる。

下総の千葉では公方方が勝利を収めたが、これも影響してか、下野など北の方面でも情勢はとりあえず公方方優勢に動いていた。下野の宇都宮等綱は南に向かって攻め込んできたが、小山持政の軍勢がこれを木村原（栃木県栃木市）で迎え撃ち、その進軍をくいとめた。十月十五日のことである。まもなくすると宇都宮等綱の子息の明綱《あきつな》を伴って、重臣の芳賀伊賀守《はがいがのかみ》や紀・清両党の面々が成氏の陣所に参上して、このたびのことについて弁明を試み、等綱の赦免を願い出た。宇都宮氏の家中も一枚岩ではなく、成氏に反抗しようとする当主に対して、芳賀伊賀守をはじめとする家臣の多くは批判的で、当主の子をかつぎあげながら独自の行動に及んだものと思われる。ただ父親の等綱は強気で反抗姿勢を改めず、宇都宮の城を出て奥州の白川（福島県白河市）に逃れていった。

長尾景仲らの上杉勢は、武蔵北部の埼西《きさい》郡（埼玉県加須市の近辺）に集結して兵を挙げたが、武田信長・一色宮内大輔らの公方方がここに押し寄せ、十二月の三日と六日の二回にわたって戦いが繰り広げられ、結局は公方方が勝利を収めた。まもなく天命と只木山にいた上杉勢も、こらえきれずに退散し、成氏の勝利が確定した。

紆余曲折を経ながらも、古河やその周辺での戦いは公方派有利に展開しており、埼西郡から東は公方派の勢力圏に収まることになった。古河を拠点としながら、公方成氏は着実に自らの勢力を扶植していったとみることもできる。しかしこうした事態が進む中で、本来の拠点であった鎌倉は幕府の軍勢に押さえられてしまう。六月十六日、今川範忠の軍勢が鎌倉に攻め入り、留守役の木戸・大森・印東・里見といった面々は、山々に隠れて防戦しようとしたが、所詮かなわず退散を余儀なくされた。

鎌倉を押さえた今川軍は、その後もここに留まることになる。

受け取られない陳弁状

あわただしい一年はこうして過ぎた。この年の七月、年号は康正《こうしょう》と改められたが、公方成氏と彼に従う人々は、新たな年号を受け入れず、享徳年号を使用しつづけた。京都に対する自立の姿勢を、こうした形で示したのである。

康正二年（享徳五年、一四五六）になってもめまぐるしい状況は続いた。上野の状況はあいかわらず緊迫していて、公方成氏は正月七日の御教書《みぎょうしょ》で、十一日に上野に向かって出陣することが決まったと岩松持国に伝えた。ところがいつものように出陣は延期され、成氏は十六日に御内書を書いて、「なんとかしてすぐに出発できるようにするつもりだ」と決意を述べている。「すぐに出陣する」と成氏は言い続けたが、上野への動座はなかなか実行されなかった。

下総では新たな動きがあった。前述したように、千葉胤直の甥にあたる実胤・自胤兄弟が下総の市川城（千葉県市川市）に籠って、千葉（馬加）康胤に対抗していたが、簗田出羽守らの公方方の軍勢に攻められて、正月十九日に市川城は陥落、実胤は武蔵の石浜（東京都台東区）、自胤は赤塚（板橋区）に逃走してしまう。このころ美濃の郡上《ぐじょう》（岐阜県郡上市）にいた東常縁《とうのつねより》が将軍義政の命で本貫地である下総東荘《とうのしょう》（千葉県東庄町）に入り、公方方の千葉康胤や原胤房と戦いを展開していた。こうした上杉方の巻き返しを阻止するために、公方成氏も市川城の攻略を試み、とりあえずの成功をみたのである。

正月の下旬になると、武蔵にいた上杉勢が利根川を越えて出てくるという噂が広まり、岩松持国は直ちに古河の成氏のもとに注進した。知らせを聞いた成氏は、上杉勢の動きを阻止するために、利根川の端にある古戸《ふると》(群馬県太田市)まで軍勢を進めるよう岩松に命じ、さらに佐貫荘《さぬきのしょう》(館林市)に陣を寄せるよう指示を出した。二月二十六日、上野の深須(前橋市)・赤堀(伊勢崎市)・大胡・山上(前橋市)で合戦があり、公方方の赤堀時綱が討死している。三月三日には下野の茂木《もてぎ》(栃木県茂木町)で戦いがあり、那須持資の戦功に報いるため、成氏は使節を陣所に派遣して感謝の意を伝えた。上野でも下野でも戦いが続いており、戦線は膠着状態になってゆく。

このような中、成氏は細川勝元にあてて長文の書状を認め、これまでの経緯を説明して、逆賊の汚名を晴らしてほしいと頼みこんだ。「関東のことについて、何度も言上いたしましたが、ご返事が来ないので、あらためてお願いすることにしました」という書き出しで、今に至るまでの経過について陳弁を試みている。「上杉憲忠は多年に及び権勢を振って、寺社の荘園などを取り上げて一揆の武士たちに与え、功績のある人の所領を没収して、自分に従う家臣たちに給与している。こんなことが日を追って倍増したので、使者を遣わして折檻しようとしたが、全く従わず、憲忠や上杉持朝の郎従たちが充満して、道を塞いだりして悪事を働く。こうした状況が長く続いていたのだ」と、事のおこりを説明する。そしてそのあと、江の島に出たあとの戦いの事情を述べ、これが一段落したあと、長尾景仲が上野に下向して挙兵の準備をしたので、致し方なく憲忠を誅殺したのだと、管領殺害の理由を記している。

こうした事情説明のあと、京都の将軍や幕府に対して異心はないので、この思いを将軍に披露してほしということが、漢文調の文章でつづられる。「賞罰を明らかにするのは、為政者のつとめなので、罰を下したところ、深くお咎めを受けてしまいました。悲しいことです。たとえ根拠のない成敗だったとしても、臣下のほうを優遇するというのはありえないことです。京都に対して野心を抱くことなど、全くないのに、多くの佞人たちがいろいろ言い出したため、隣国の軍勢を差し向けられました。ほんとうに恨めしく思います。文籍（中国の書物）に青い蠅が白い色を汚しているという喩えがありますが、その通りのことです。ほんとうに異心のないことは、蒼天もきっとご存知のことと思います。このことを以前何度も申し上げたのに、まだお聞き届けいただけていません。とにかく淳直の使節を派遣してただき、関東のようすを目で見てほしいと思います。このことをよろしくご披露ください」。

幕府への使節となったのは、鎌倉瑞泉寺の住持だった。幕閣の人々の心を動かしてもらうために、高名の僧侶が使節に選ばれたのだろう。しかし成氏の願いも空しく、細川勝元ら幕府の人々は、書状を黙殺して返書も出さなかった。任務を果たせないまま、使僧は鎌倉に帰っていった。

上野と下野での戦いはあいかわらず続き、情勢は固定化していった。下野では那須持資が在陣を続け、上野では七月末に戦いがあった。そして九月十七日、武蔵北部の岡部原（埼玉県深谷市）で公方と上杉方の激戦が展開された。戦いは公方方の勝利だったが、一方の大将の鳥山が討死するなど、公方方にも多くの損害が出た。公方方にしても上杉方にしても、決定的な勝利を得られないまま、にらみあいを続けることになるのである。

Ⅲ 長期化する対陣

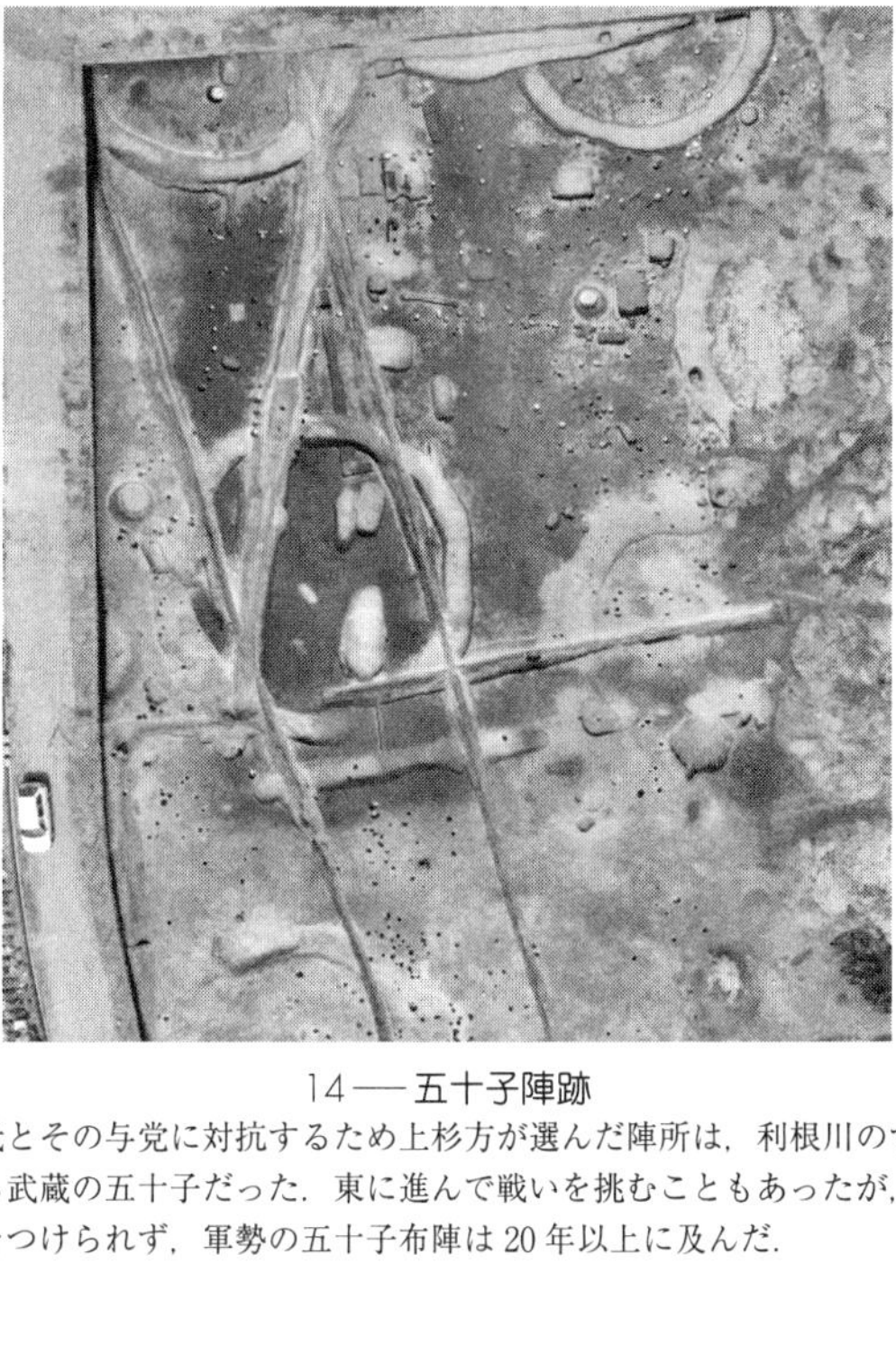

14――五十子陣跡
足利成氏とその与党に対抗するため上杉方が選んだ陣所は，利根川のすぐ南に位置する武蔵の五十子だった．東に進んで戦いを挑むこともあったが，なかなか決着をつけられず，軍勢の五十子布陣は20年以上に及んだ．

1　上杉方の攻勢と挫折

岩松持国の転向

度重なる足利成氏の陣弁をはねつけた幕府では、関東の安定のためには将軍の一門を派遣する必要があるという考えでまとまり、人選が進められた。長禄《ちょうろく》元年（享徳六年、一四五七）四月のころには将軍義政の兄弟の中から選ぶことが決まり、奥州の白川直朝にあてて、そういうことになったので忠節を励むようにとの御内書が下された。やがて義政の庶兄で香厳院《きょうごういん》にいた青年が「関東主君」として下向することが決まり、七月十六日、管領の細川勝元は奥州の石川宗光に書状を出してこのことを伝え、みなで談合して忠節を尽すようにと指示している。

寺院の喝食《かつしき》だった青年は、まもなく還俗して足利政知《まさとも》と名乗り、十二月十九日、左馬頭《さまのかみ》の官途を与えられた。足利一門の渋川義鏡《しぶかわよしかね》が補佐役に選ばれ、二十四日に政知と義鏡は京都を出て近江の園城寺《おんじょうじ》（滋賀県大津市）に陣を取った。しかしそのまま進軍することはせず、しばらくこの地に留まることになる。

新たな公方はなかなか来なかったが、成氏退治のために将軍の兄弟が派遣されるという情報は関東の大名たちのもとにも伝わり、これまで成氏に従っていた大名の中にも動揺が走るようになる。長禄二年（享徳七年、一四五八）の閏正月十一日、成氏は小山持政に長文の書状を遣わし、その功績を讃え上げた。「江の島動座の一件以来、今度の一乱に至るまで、長年の間、武術といい戦功といい、あなたの功績は自余に抽んでていました。真実感悦の至りで、言葉にもなりません。関東のことですが、もしも思い通りに治まったならば、みなあなたの功績だと思って下さい。このように忠貞が他に異なっているので、兄弟の契りを結びたいと思います。当家と子孫に対してなおざりにすることはありません。もしこの誓いを違えたときには、八幡大菩薩の報いを受けるでしょう」。長年にわたる小山の功績を持ち上げて、兄弟の契りを結んでもかまわないと述べているわけだが、小山がこれまで通り自分に従ってくれる見込みがついていれば、こんな書状を出す必要もないと考えることも可能である。周囲の情勢の転換の中で、頼みの綱の小山も将軍の命に従って離反してしまうかもしれないと、成氏は心配していたのだろう。

成氏の不安は現実のものになる。小山と同じようにこれまで自分のために奔走してきてくれた、あの岩松持国が、将軍の命令に従うと宣言してしまったのである。三月二十七日、将軍義政は岩松持国と子息の次郎・三郎にあてて、「成氏誅伐の件だが、味方に馳せ参じて忠節を抽んでたならば、賞を与えることにしよう」と書かれた御内書を出した。京都にいた渋川義鏡と朝日教忠《のりただ》（政知を補佐した奉行）からも副状が出され、これらはまとめて上野新田の持国のもとに届けられた。そして五月十五日、持国は将軍の命令を受け入れて請文を提出、自身の転向を鮮明にしたのである。

15── 堀越御所跡

岩松持国に転向を促したのは、対立関係にあった一門の岩松長純《ながずみ》と、その家臣の横瀬《よこせ》国繁《くにしげ》だった。将軍義教の庇護を受けて成長し、結城合戦の寄手にも加わっていた長純は、公方方と上杉方の戦いが始まると、京都を出発して上杉方の陣営に加わり、軍勢の一方の中心に立っていたのである。公方方の主軸として活動していた岩松持国とは敵対関係にあったが、戦いが膠着化する中、将軍の権威を背景にしながら持国に働きかけ、上杉方への転身を勧めることになる。そして実質的にこの交渉を担ったのが、長純の重臣の横瀬国繁だった。国繁は持国の重臣の伊丹《いたみ》伯耆守《ほうきのかみ》に話をもちかけ、持国の心を動かすようにしむけて、計画を実現させたのである。五月二十日のこと、岩松長純は持国にあてて書状を書き、やがて下向するはずの足利政知との関係を仲介すると約束したが、同じ日に横瀬国繁も伊丹伯耆守に長文の書状をしたためて、きちんと協力しあうよう求め、「万一、首尾よくいかないようだと、私たち二人にとって、末代まで困ったことになります。きちんと話をまとめていただくことが肝要です」と念を押している。公方方から上杉方への転向という一大事は、横瀬と伊丹の両人が連絡をとりあいながら、秘密裡に進めていったものだったのである。

足利政知に従い、上杉に加担することを決めた岩松持国にとって、いちばんの課題は、内乱の中で失いかけていた所領を回復することだった。幕府方に転向することによって、所領支配をたしかなものにしたいと考えた持国は、新田荘内の本領と闕所になっている場所を書き上げた注文を作って、足利政知のもとに提出した。このころには政知も関東に入っていて、伊豆の堀越《ほりごえ》（静岡県伊豆の国市）にいたらしいが、持国の書いた所領注文は、岩松家純《いえずみ》（長純の改名）の手によって伊豆の政知のもとに届けられた。渋川義鏡を中心とする伊豆の公方府で審理がなされ、持国が父親から受け継いだ新田荘内の所領については問題ないし、世良田《せらた》の跡と鶴生田《つるうだ》の寺領は持国に進納するが、それ以外の箇所については判物を持っている人もいるので、すぐには答えられないということで話がまとまった。こうした審理の状況は、岩松家純と横瀬国繁によって、詳しく持国のもとに伝達された。

羽継原の戦い

将軍義政が大名たちに御内書を発して味方になるよう指示を出し、兄の政知を下向させたことで、政治情勢は幕府と上杉方有利に動きはじめており、岩松のように無二の公方方から幕府方に転じるものもあらわれた。岩松持国の転向の理由はさまざまあるだろうが、上野の敵方を必死に押しとどめていたにもかかわらず、一度も助けにきてくれなかったことに憤りを募らせていたのかもしれない。

ただ幕府や上杉方も問題を抱えていた。関東に向かった公方の政知は、伊豆の堀越に留まって、箱根を越えて進み出ることはなかった。鎌倉はすでに中心都市の機能を失っていたし、上杉氏の陣営との関係も完全に良好というわけではなかったから、京都の幕府との連絡もとりやすい伊豆の地を拠点

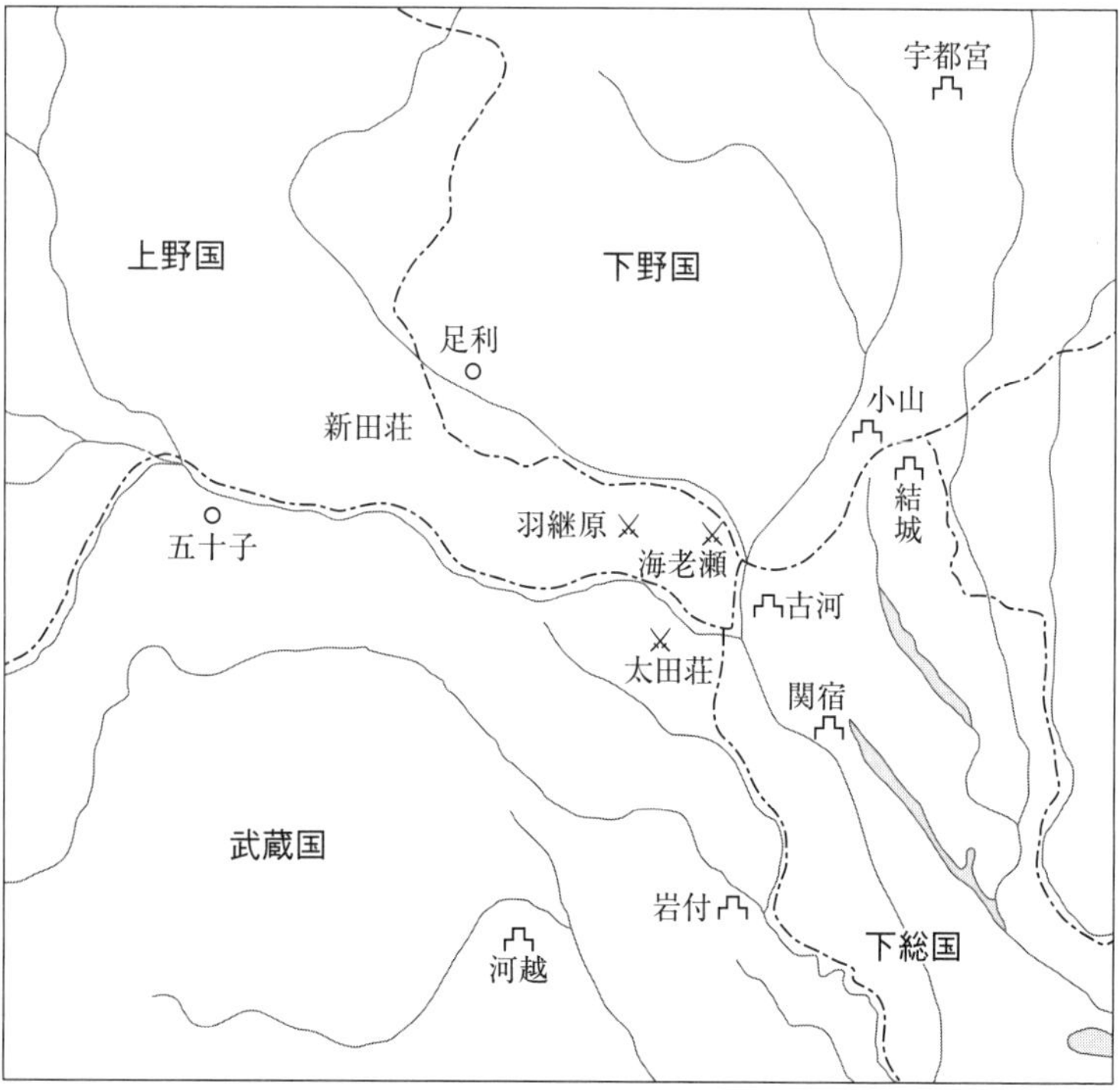

16――羽継原の戦い

に選んだのかもしれないが、古河の成氏とその一派にしてみれば、脅威となるべき存在が遠方に留まったことは幸いだったといえる。さらに義政によって関東出兵を命じられた斯《し》波《ば》義敏《よしとし》が、結局命令を無視する行動に出たことも、幕府にとっては悩みの種だった。斯波義敏はいったん京都から出陣するが、まもなく方向を北に転じて、重臣の甲斐常治《かいじょうち》の拠点である越前の敦賀城《つるがじょう》（福井県敦賀市）を攻め、大敗を喫したのである。義敏は甲斐と対立を深めていて、甲斐の力を抑えつけることが何よりの課題だったわけで、関東征伐などははじめからやる気がなかったのである。

情勢は有利に展開しているとはいえ、頼みとする幕府の軍勢もなかなか現れない中で、上杉氏の陣営にもあせりが見えていた。長禄三年（享徳八年、一四五九）になると渋川義鏡が軍勢を率いて五十子《いかっこ》（埼玉県本庄市）の陣に入り、北からは越後の上杉房定が国人たちを引き連れて現われ、上杉方は勢揃いすることになる。満を持した形で上杉勢は古河に向かって進み、対する成氏方はこれを迎え撃った。十月十四日に武蔵の太田荘（埼玉県加須市・羽生市付近か）、翌十五日の朝に上野の海老瀬口《えびせぐち》（板倉町）、夕刻に佐貫荘の羽継原《はねつぐはら》（館林市）で戦いがあり、とくに羽継原では激戦が展開された。

戦いの末勝利を得たのは成氏方だった。敗れた上杉房顕の軍勢は五十子の陣に退却し、上杉持朝は本拠地の河越（埼玉県川越市）に逃れ、渋川義鏡と岩松家純は浅草（東京都台東区）まで退いてここに陣をとった。総勢で挑んだ戦いは惨敗に終わったが、京都へは上杉方が勝利したという知らせが届けられた。京都東福寺の大極《たいきょく》の日記（碧山日録《へきざんにちろく》）によると、勝利を告げる書状が京都に届いたのは十一月十四日で、越後守護の上杉房定が七百騎を率いて大河を渡って攻め込み、敵兵二千余人が死傷したというのがその内容だったようである。

伊豆堀越の足利政知のもとにも知らせが届き、戦いで働いてくれた武将たちに感状が出されることになる。岩松持国にも感状が出され、自身戦功を励み、ことに子息の宮内少輔《くないのしょう》（かっての次郎）が負傷したことについては感嘆に堪えないので、京都に注進するつもりであると、渋川義鏡が書状で約束している。岩松宮内少輔の戦功については、岩松家純から幕府に注進がなされ、十二月二十六日には

表2　足利義政の感状

	宛　所	月　日	奏　者	戦功の内容
1	上杉兵部少輔（房顕）	4月21日	飯尾左衛門大夫元種	去年，武州・上州で度々合戦の時，被官人数輩が討死・負傷.
2	上杉民部大輔（房定）	（同日）	同	去年，上州の所々で合戦の時，被官人数輩が討死・負傷.
3	上杉中務大輔	（同日）	同	去年10月，上州羽継原合戦の時，軍功を致す.（上杉房定が注進）
4	上杉三郎	4月21日	同	去年10月，上州羽継原合戦の時，自身負傷.（上杉房定が注進）
5	上杉右馬頭	（同日）	同	去年10月，上州羽継原合戦の時，軍功を致し，被官人数輩が討死.（上杉房定が注進）
6	上杉宮内大輔	（同日）	同	去年10月，上州羽継原合戦の時，軍功を致し，被官人数輩が討死.（上杉房定が注進）
7	上杉播磨守	（同日）	同	去年10月，上州羽継原合戦の時，軍忠を致し，被官人数輩が討死・負傷.（上杉房定が注進）
8	上杉修理亮	（同日）	同	去年10月，上州羽継原合戦の時，軍功を致し，被官人日山左京亮が負傷.（上杉房定が注進）
9	毛利宮内少輔（房朝）	4月21日	同	去年10月，上州海老瀬口・羽継原合戦の時，軍功を致し，被官人数輩が討死・負傷.（上杉房定が注進）
10	矢部弥三郎	（同日）	同	去年10月，上州羽継原合戦の時，軍功を致し，親類・被官人数輩が討死・負傷.（上杉房定が注進）
11	本庄三河守	（同日）	同	去年10月，上州羽継原合戦の時，軍功を致し，親類・被官人数輩が討死・負傷.（上杉房定が注進）
12	長尾信濃守（頼景）飯沼弾正左衛門尉（頼泰）	（同日）	同	去年10月，上州海老瀬口・羽継原合戦の時，軍功を致し．被官人数輩が負傷.
13	石河遠江入道	（同日）	同	去年10月，上州海老瀬口・羽継原合戦の時，軍功を致し．被官人数輩が討死・負傷.
14	飯沼孫右衛門尉	（同日）	同	去年10月15日，上州海老瀬口合戦の時，父が討死.
15	野沢弥六	（同日）	同	去年10月15日，上州羽継原合戦の時,

				父が討死.
16	三潴帯刀左衛門尉	（同日）	同	去年10月15日，上州羽継原合戦の時，父が討死.
17	池田太郎四郎	（同日）	同	去年10月15日，上州羽継原合戦の時，父が討死.
18	吉沢小太郎	（同日）	同	去年10月15日，上州羽継原合戦の時，父が討死.
19	中山左衛門三郎	（同日）	同	去年10月15日，上州羽継原合戦の時，父が討死.
20	渡辺孫次郎	（同日）	同	去年10月15日，上州羽継原合戦の時，父が討死.
21	大石九郎	（同日）	同	去年10月14日，武州太田荘合戦の時，父が討死.
22	浅羽大炊助	（同日）	同	去年10月14日，武州太田荘合戦の時，父が討死.
23	神保伊豆太郎	（同日）	同	去年10月14日，武州太田荘合戦の時，父が討死.（上杉房顕が注進）
24	尻高新三郎	4月28日	同	去年10月15日，上州佐貫荘羽継原合戦の時，父が討死.
25	後閑弥六	（同日）	同	去年10月15日，上州佐貫荘羽継原合戦の時，父が討死.
26	大類五郎左衛門尉	（同日）	同	去年10月15日，上州佐貫荘羽継原合戦の時，父が討死.
27	伊南山城太郎	（同日）	同	去年10月15日，上州佐貫荘羽継原合戦の時，父が討死.
28	行方幸松	（同日）	同	去年10月15日，上州佐貫荘羽継原合戦の時，父が討死.
29	長尾肥前守（房景）	4月28日	同	去年10月，上州海老瀬口・羽継原合戦の時，忠功を致し，被官人数輩が討死・負傷.
30	長尾尾張守（忠景）	（同日）	同	去年10月14日，武州太田荘合下合戦の時，忠功を致し，被官人数輩が討死・負傷.
31	長尾新五郎（景人）	（同日）	同	去年10月15日，上州佐貫荘羽継原合戦の時，忠節を致し，被官人数輩が討死・負傷.
32	芳賀忠兵衛尉	（同日）	同	去年10月15日，上州佐貫荘羽継原合戦の時，軍功を致し，親類・被官人が負傷.

33	二階堂小滝四郎	（同日）	同	去年10月15日，上州佐貫荘羽継原合戦の時，軍忠を致し，被官人渡辺主計助が負傷．
34	高浦加賀守	4月28日	飯尾加賀守之清	去年武州太田荘合戦の時，忠節を致す．
35	豊島弥三郎	4月28日	同	去年武州太田荘合戦の時，忠節を致す．
36	長南主計助	4月28日	同	去年武州太田荘合戦の時，忠節を致す．
37	長尾四郎右衛門尉（景春）	（同日）	同	去年武州・上州所々で合戦の時，自身負傷し，被官人数輩が討死・負傷．
38	二階堂須賀河藤寿	（同日）	同	去年10月，上州佐貫荘羽継原合戦の時，父治部少輔が討死．
39	小山常陸介	4月28日	同	去年10月，上州佐貫荘羽継原合戦の時，軍功を致し，親類・被官人数輩が討死・負傷．（上杉房顕が注進）

宮内少輔あての御教書（管領細川勝元の奉書）が出されることになる。

上杉房顕や上杉房定も、自身に従って働いた武士たちの名前をとりまとめて幕府に注進し、寛正《かんしょう》元年（享徳九年、一四六〇）四月には将軍義政の感状が数多く発給されることになる。長尾景仲の孫にあたる長尾景春《かげはる》（四郎左衛門尉）も、この一戦で負傷して、被官人が討死したり負傷したりしたことを注進し、義政から感状を与えられている。感状を書き終えた義政は、伊豆の政知あてに御内書を書き、上杉房顕の注進に従って武士たちに感状を出したので、心得ておくようにと指示を出した。

実際には敗北だったにもかかわらず、上杉方の諸将は合戦に勝利したと京都には報告していた。武士たちの要請に応えて、各人に感状を出してほしいと将軍に申請し、将軍義政もこれに応えて多数の感状を作ったのである。大軍を派遣することが困難な中で事態を打開するためには、味方になってくれている武士たちの心をとりあえず引きつけておくことが必要で、そのためには多くの感状を書くこともいとわなかったということだろう。義政もできる限りの努力はしていたが、古河の成氏を討伐することはなかなかできず、情勢は流動的になっていくのである。

抹殺される当主たち

京都の幕府に対しては多くの武士たちの功績を注進し、それなりの成果があったようにつくろう努力をしてみたが、実際の戦いは上杉方の敗北だったという現実は消し去ることのできないものだった。そして上杉方の武将たちの中にも動揺が生まれることになる。とくに公方方の中核だった過去を清算して上杉方に転じた岩松持国にとってみれば、自身の決断が正しかったかどうか、あらためて思い直してみるようになったとしても不思議ではない。そもそも上杉方に転じたのは、優勢にみえた上杉方が勝利を収めて、多くの権益を与えてくれることを期待したからで、敗北してしまっては元も子もなかったのである。

このように考えたのだろうか、いつしか持国はもとの主君である古河の成氏と連絡をとりあい、機会をみて公方方に復帰しようと試みるようになる。上野の敵軍を阻止しつづけた功績は甚大だから、ここで帰参したとしても赦してもらえるという腹積もりもあったことだろう。しかし持国の転向を仲介した岩松家純や横瀬国繁にしてみれば、持国の公方派への復帰は、なんとしてでも阻止しなければならないことだった。

寛正二年（享徳十年、一四六一）五月十四日、京都の将軍義政は、岩松家純にあてて一通の御内書を出したが、その文面は「岩松右京大夫（持国）父子のことだが、成氏に内通したことが露顕したので、沙汰《さた》をしたと、上杉兵部少輔（房顕）からの注進が到来した。神妙なことである」というものだった。ここには「沙汰をした」としか書かれていないが、持国父子が成氏に内通したことが明らかになったので、これを誅殺したということだろう。五十子の陣にいた上杉房顕によってこの功績は幕府に伝えられ、将軍の感状が出されることになったのである。

持国には次郎（宮内少輔）と三郎という子息がいたが、このとき父とともに討たれたのは宮内少輔のほうだったらしい。三郎成兼《しげかね》（のち左京亮《さきょうのすけ》）は健在で、このあと古河の成氏に従って活動したらしいから、持国の抹殺には成功したものの、岩松家純は岩松家の家督の地位につくことはできなかった模様である。

寛正三年（享徳十一年、一四六二）には下総の結城家で事件がおきた。暮れも押し迫った十二月二十九日、当主の結城成朝が二十四歳の若さで死去してしまうが、どうもこれは病死ではなく、雪打ちにみせかけた暗殺劇だったようである。もちろん当時の古文書などにはみえないが、『結城系図』には「民間の説」として、家臣たちが相談して、遊興のついでに「雪打論」と号して殺害したといわれていると書かれており、『結城家之記』という書物にも、大雪のときに「雪打」に擬して成朝を殺したという記事がみえる。雪玉を投げつける遊びのように見せかけて、意図的な殺人を実行したようなのである。

家臣がこのようなことをした理由について、記録の内容は一致しない。『結城系図』によれば、成朝はもともと山川氏の出で、山川は結城氏朝を裏切った仇なので、氏朝恩顧の家臣たちがまとまって事に及んだとみえる。一方の『結城家之記』には多賀谷祥賀・祥永兄弟が登場し、兄の祥賀は成朝に忠節を尽したが、弟の祥永は幼少の成朝を蔑み、機会を狙って成朝の殺害を決行したと書かれている。いずれも一理ありそうだが、成朝が山川氏の出であるというのは根拠に乏しく、また多賀谷兄弟が反目していたというのも、ほんとうかどうかわからない。

結城氏は公方派の中心として活躍したが、多賀谷祥永・祥賀兄弟は管領上杉憲忠を討ち取った張本人で、公方成氏と深いつながりをもっていた。当主の成朝はまだ幼く、結城家の行動をリードしていたのは多賀谷だったと思われるが、やがて当主が成人して独自の政治的判断をするようになったのではあるまいか。京都の将軍義政は結城成朝に対しても直接御内書を出し、味方になって成氏討伐に加わるように指示しているが、成朝もこれに心を動かされ、幕府に従う姿勢をみせるようになっていく。しかし管領を討った経歴のある多賀谷兄弟にとって、主君が上杉派に転じることは、自身の存在を危うくする、許容できないものだったのだろう。証拠はなく確言はできないが、成朝謀殺の首謀者は多賀谷兄弟だったと考えるのがいちばん自然なのではあるまいか。

当主の殺害は成功するが、こうした極端な行動はさすがに周囲の理解を得られなかったとみえ、結城一門の山川景貞が事態をまとめあげ、彼の子息の基景が結城家の当主になった。そしてこの基景が若年で死去すると、成朝の兄長朝の子にあたる氏広が擁立され、当主に収まることになるのである。

岩松や結城などのように、情勢によって転向をみせた大名もいたが、おおかたの武士たちは、公方方か上杉方のいずれかに加わって活動し、諸勢力の陣容もしだいに固まっていった。公方方の中心はもちろん古河の成氏で、簗田《やなだ》氏や野田氏などの近臣たちがこれを支え、小山・結城・那須・小田といった外様の大名が、公方の命に従って軍事行動を進めていた。

2 太田父子の台頭

分立する上杉陣営

このように公方方の配置はわかりやすいが、これに敵対する側にはさまざまな人がいて、全体を把握するのはなかなか難しい。全国的にみれば、軍団の頂点にいるのは将軍義政だが、彼自身は関東には下向せず、庶兄の足利政知が将軍の代理として派遣されていた。しかし政知は箱根山以東には進まず、伊豆の堀越を拠点と定めて、独自の政治を進めていった。そして関東管領の上杉房顕とその関係者は、関東の中央部、利根川南端の五十子に集結し、ここを陣所としていた。伊豆の堀越と武蔵の五十子という、ふたつの拠点が並び立っていたのである。

もっとも上杉方の武将たちがすべて五十子にいたわけではない。鎌倉が幕府軍に押さえられたことで、公方成氏は南方の拠点を失い、相模国の一帯と武蔵国の大半は、上杉側の人々が押さえることに

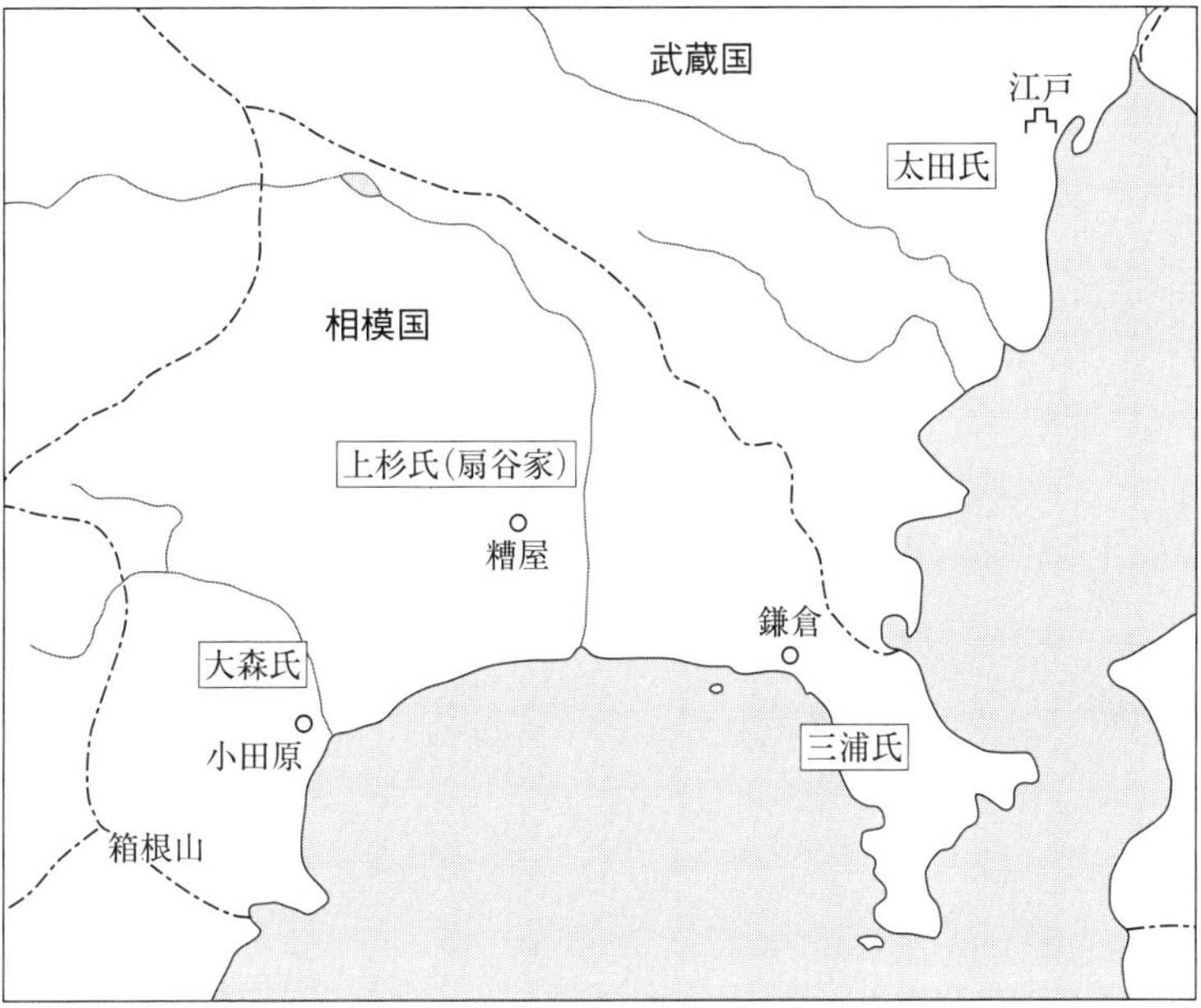

17――相模国の勢力配置

なった。このうち相模国のまとめ役となり、守護の地位にいたのは扇谷家の上杉持朝で、相模の糟屋（神奈川県伊勢原市）をひとつの拠点としていたが、武蔵の河越も扇谷家の根拠の一つで、持朝は関東南部の要所を押さえながら勢力を扶植していったということができる。そして扇谷家の重臣として活躍した太田道真（資清）と、子息の左衛門大夫（のちの道灌）も、武蔵の江戸（東京都千代田区）をはじめとする独自の拠点を持っていた。

関東管領もつとめた山内家のいちばん重要な基盤は、北方の上野国だった。山内上杉家は長く上野の守護をつとめており、地域の武士たちも組織していた。そして山内家の重臣として活躍した長尾氏の拠点も上野国に存在した。この時代に長尾氏の中核にいた長尾景仲（入道昌賢）は、上野北部の白井《しらい》（群馬県渋川市）を本拠としていたし、その子息にあたる長尾忠景は上野の惣社《そうじゃ》（前橋市）を本拠とする惣社長尾家を継いでいた。このように長尾氏の勢力は上野とその周辺にひろがっていたが、長尾忠景が神奈川（横浜市神奈川区）を領していたように、関東南部の拠点を押さえる場合もあった。

上杉の一門やその被官以外の、大名といえるような人々もいくらかいた。相模東部の三浦半島には鎌倉以来の伝統を誇る三浦氏がいて、半島を中心にしながら勢力を広げていた。また相模西部には小田原（神奈川県小田原市）を拠点とした大森氏がいて、関東の西の防備を担っていた。相模国のありさまを全体的にみてみると、東に三浦、西に大森という由緒ある大名がいて、糟屋をはじめとする中央部を扇谷上杉氏が押さえ、さらにその重臣の太田氏が実際の国務を担っているというような状況だったのである。

伊豆にいた政知の政権は、関東の統治者という位置をとりあえずは持っており、扇谷上杉氏のように近隣にいる人々は、なにか問題が起きたときには伊豆の政知の判断を仰ぐことになっていたようである。ただ関東中央部にある五十子の陣まで政知の影響力が及ぶことはなく、伊豆の政権と五十子陣の人々の関係は疎遠なものだったと考えられる。古河の成氏に対抗する陣営はトップのもとにまとまっていたわけではなく、上野から伊豆に至る広い範囲にさまざまな人々が並び立ち、それぞれが独自に勢力拡大を進めていたのである。

このように幕府方・上杉方の面々の思惑はさまざまだったから、おのずと問題が発生し、場合によってはへそを曲げて、戦線から離れてしまう人も出てくることになる。まず行動を起したのが扇谷家の上杉持朝だった。持朝は上杉一門の長老的立場にあり、軍勢の中心にいて活躍してきたが、なにか面白くないことがあったのか、周囲の人々に背を向けて、引き籠ってしまう。史料には持朝に関して「雑説がある」としか書かれていないので、何をしたのかはわからないが、政務を投げ出して、場合によっては敵方になるとでも言ったのかもしれない。この情報は京都に届き、寛正三年（一四六二）三月、将軍義政は持朝あてに御内書を出して、関東のことについて尽力してほしいと頼み、伊豆の政知あての御内書では、持朝の所領などについては相違ないように下知せよと指示している。

義政が政知に持朝の所領のことについて指示していることから、所領にまつわる問題がからんでいたことが推測されるが、持朝が地域の武士たちに兵粮料として渡していた土地の支配がうまくいっていなかったようで、訴えを受けた将軍義政は、十二月になって政知に御内書を出して、持朝配下の武士たちが以前のように所領を支配できるようにせよと指示を出している。こうした所領支配がどのように妨害されたかは明らかでないが、あるいは伊豆の政知につながる人々によって奪われていたのかもしれない。

上杉持朝の動きに連動したのか、相模の大名たちも戦線離脱の動きをみせた。相模東部を押さえていた三浦時高は、突如として隠遁を表明し、将軍義政から御内書で慰留されている。相模の西部をまとめていた大森氏頼・実頼父子は、将軍からも頼りにされていて、義政は関東経略について相談したいから、上洛してほしいと大森氏頼に頼んでいるが、氏頼はなかなか動かず、寛正五年（享徳十三年、一四六四）には当主の大森実頼が隠遁してしまう。相模の大名たちはおしなべて問題を抱え、不協和音が絶えなかったのである。

太田左衛門大夫の登場

相模から武蔵南部に及ぶ一帯には、扇谷上杉氏と重臣の太田氏、三浦や大森といった領主たちが並び立っていたが、このなかでもめだった影響力を持っていたのが太田だった。当時のこの地域のことは、文書も少なくよくわからないが、鶴岡八幡宮の供僧《ぐそう》である珍祐《ちんゆう》（香象院《こうぞういん》の院主）が書き残した記録（香蔵院珍祐記録）から、鎌倉やその周辺のようすをわずかにうかがうことができる。そしてこの記事の中に、太田のこともよく出てくるのである。ちなみに鶴岡八幡宮の供僧たちは進止《しんし》供僧と外方《とかた》供僧に分かれており、香象院の珍祐は外方供僧の一人で、外方の衆会の記録を書き残したが、これは単なる議事録に留まらず、事件の詳細や彼自身の所見なども盛り込んだ、読み応えのあるものになっている。

長禄三年（一四五九）十一月、羽継原の戦いで上杉方が敗北したことは前述したが、ちょうどこの時期の珍祐の記録に「太田左衛門」という人物があらわれる。鶴岡の社領だった武蔵国佐々目郷《さ さ め ごう》（埼玉県戸田市）の白鬚神田をめぐって、平川左衛門二郎という武士と、二位房という僧侶が争っていて、このうちの二位房が「太田左衛門」にたのんで吹挙状《すいきょじょう》（推薦状）を書いてもらったという話である。

ここにみえる「太田左衛門」は太田左衛門大夫、のちの太田道灌とみてよかろう。道灌は永享四年(一四三二)の生まれだから、このとき二十八歳ということになる。父親の太田道真は健在だったが、子息の左衛門大夫も江戸城を拠点としながら、それなりの政治力を持つ存在になっていたのである。鶴岡八幡宮の社領の代官として誰を任命するかといったことは、領主である八幡宮のほうで決めていいはずだが、なかなか補任してもらえないときには、太田のところに訴えようとする人もいた。そして太田左衛門大夫も、こうした依頼を受け入れて、吹挙状を書いてやったりしていたのである。

翌長禄四年(一四六〇)の春、鶴岡八幡宮の境内で盗犯事件が起きる。小別当のもとにいる彦太郎という下部《しもべ》の米俵が、何者かによって盗まれたのである。彦太郎に俵を預けていた仁木方の田中という者が社頭に乗り込んできて、供僧たちの壇所や部屋を捜索すべきだと「太田方の内の者」に訴えた。やがて「太田方の内の者」が主導して、小別当や横地・高木といった人々が社頭に入り、壇所や部屋を残らず捜索した。

この「太田方の内の者」が誰かは、この記録には明記されていないが、太田道真や左衛門大夫につらなる武士が、鶴岡八幡宮の近くにいて仕切っていたことがうかがえる。そして今回の一件についても、別当や供僧の了解を得ないで、壇所や部屋の一斉捜索を行ったのである。捜索の結果、宮下部二人が捕えられたが、断りもなく壇所や部屋を検分された供僧の側は憤懣やるかたなく、供僧二人が太田のところに赴いて訴えるべきだということになった。ただこのとき太田は河越に出ていて、路銭もかかるので、結局とりやめになったようである。

同じ年の秋、社領の代官職をめぐって、またもめごとがおきる。問題となったのは鎌倉にほど近い、相模国深沢郷（鎌倉市）内の台・洲崎の代官職だった。狩野五郎という武士と、如意院という僧侶のどちらを代官にするかをめぐって、供僧たちが分裂してしまったのである。はじめは如意院方が十一人、狩野方が九人だったが、九人のうち三人が心変わりして、十四人と六人という形になった。こうなったら太田のところに行って決めてもらうしかないということになり、別当も了解して、十四人方からは正覚院、六人方からは珍祐が代表として太田のもとに赴くことになる。

太田道真と左衛門大夫の父子は、鎌倉からわざわざやってきた供僧たちを迎え入れ、話を聞いた。最初に正覚院が意見を述べ、そのあとで珍祐が自身の主張を開陳した。二人の話を聞いたあと、太田は返答する。「両村の代官職は狩野五郎に預けて、供僧たちは仲直りをしなさい」。

珍祐の弁舌が功を奏したのか、鶴岡八幡宮の内部では劣勢だった側の主張に太田父子は理解を示し、このような決断をしたのである。この回答は八幡宮の別当のもとに届けられるが、もともと十四人方とつながっていた別当は納得せず、こんなことなら両村の支配からは手を引くと、太田のところに訴え出た。一種のストライキのようなものだが、太田のほうも「どうして神領をお捨てになるのですか」と言っただけで、前の裁断を撤回することはなかった。そういうことで狩野五郎が代官として業務を始め、六人の供僧だけが年貢を受け取ることになる。

今回の紛争に太田は直接関与していないが、八幡宮の別当や供僧たちは、内部対立を収めることができず、上位の権力者である太田の裁断を仰ぐことにしたのである。そして太田道真と左衛門大夫の父子も、自身の立場をわきまえたうえで、一定の決断をしていたことがわかる。太田の裁断がそのまま受け入れられたわけではないが、鶴岡八幡宮の側としても自力では紛争を解決できず、上位権力を必要としていた。そしてその役割を果たしたのは、上杉でも長尾でもなく、太田父子だったのである。

南関東の統治者

太田道真と左衛門大夫の父子は、南関東においてもっとも頼りになる存在として、地域の人びとから認められていた。そのためさまざまな訴えを受理し、時には裁断を下すこともあったのである。このような政治権力は、地域の人たちにとって必要な存在で、ありがたいものだったと思われるが、反対にこうした権力者に命令されて、さまざまな負担を負わされるということもあった。太田父子の場合も例外ではなく、地域の統治と自身の勢力確保のために、独自の命令を下すことも多くみられた。

深沢郷内の代官職を巡って八幡宮の供僧が争い、太田のところに訴え出ていた、ちょうどこの時期、太田が佐々目郷に段銭を賦課したことが、八幡宮の内部で問題になっていた。前記したように佐々目郷は八幡宮の社領であるが、ここに段銭をかけると太田が言い出し、八幡宮の別当や執行《しぎょう》も断ることができず、配下の者が佐々目郷に入って、百姓から段銭を取り立てた。困った百姓たちは、百貫文のうち七十貫文はすぐに納めるから、あとの三十貫文は来年に回してほしいと申し出た。分割払いにしてほしいというわけだが、太田はこれを受け入れず、一度に全額納めるようにとあらためて命令した。

佐々目郷の百姓たちは、領主である鶴岡八幡宮（供僧たち）に年貢を上納していたが、広域の統治者である太田から、段銭を出すように命令されたのである。鶴岡八幡宮は歴史のある権門だから、その所領に対しては段銭賦課が免除されるということもありえたが、このときには太田の命令を拒絶できず、徴収に協力せざるを得なかった。「こうした役負担を免除される場所もあるはずだが、みんなが太田方を恐れているので、どうしようもない」。香象院珍祐は記録の中でこう述べている。

同じく八幡宮の所領である相模国村岡郷（藤沢市）にも太田の命令で段銭が懸けられていて、八幡宮の側も抵抗できずにいた。このほかには史料がないが、相模から武蔵南部一帯の広い範囲にわたって、郷や村にまんべんなく段銭が賦課されていたものと思われる。足利成氏との戦いは続いていて、いろいろと費用がかかるので、こうした広域の課税をしようとしたのだろう。もともと段銭賦課をしていたのは室町幕府で、やがて諸国の守護も独自にこうした役を領国に賦課するようになる。太田道真・左衛門大夫父子は、実質的な守護として地域の統治にかかわり、このような広域の課税を行えるまでになっていたのである。

上位の統治者として八幡宮を指導しながら、太田父子は八幡宮の所領の内部経営にも関与し、支配を強める動きもみせる。八幡宮領の中でも最大の規模をもつ佐々目郷の管理にも太田は関わりはじめ、やがてここを預かることになる。寛正二年（一四六一）の春、太田が佐々目郷の百姓たちから夫馬を借用したことが八幡宮で問題になり、執行は百姓が困ってしまうからやめてもらうよう太田に頼もうとする。ところが珍祐はこれに反対する。「所領を預けた以上は、夫馬を借りるというのは世間の法例だ。あれこれいう筋合いではない」。

同じ年の秋には武蔵の関戸《せきど》(東京都多摩市)の代官職のことが問題になり、太田左衛門大夫が自身この代官職をほしいと言い出した。鎌倉街道と多摩川の交差する要所にあたるこの地を押さえることが、勢力保持のために必要と考えたのかもしれない。このときには別人に代官職を与えることがほぼ決まっていたので、八幡宮の側では太田の申し出を断ることになるが、珍祐はこの判断に対しても懸念を持ち、記録にこうしたためた。「今度の一乱で、当社(八幡宮)の別当や供僧が無事でいられたのは、ひとえに太田の指南のおかげだ。どうしてその恩を忘れることができようか。今後もなにかあったら太田に尋ねて相談しなければならないのに、こうしたことをしたのでは、あとが心配だ」。

足利方と上杉方が戦いを始め、鎌倉公方が古河に移ってしまったことは、八幡宮にとっても大事件だった。こうした混乱の中で、どうすればその存在を保てるか、別当も供僧たちも不安でたまらなかっただろうが、この窮地を救ってくれたのが、ほかでもない太田道真だったのである。鶴岡八幡宮をはじめとする地域の社寺などとかかわりあいながら、太田は人々の信頼を得、勢力を伸ばすことに成功する。

このころ太田道真は隠居したいと言い出し、「山入」に転居したと、珍祐の記録に書かれている。

「山入」の場所は明記されていないが、道真が武蔵国入西《につさい》郡越生《おごせ》（埼玉県越生町）の龍穏寺にいたことは確かだから、隠棲の地は越生とみてよかろう。道真も政界から完全に引退したわけではなく、この後も活動を続けているが、とりあえず子息の左衛門大夫が太田家の当主として名実ともに表舞台に出ることになる。三十一歳のときである。

寛正五年（一四六四）八月のこと、伊勢の大神宮の所領だった相模の大庭《おおば》御厨《みくりや》（神奈川県藤沢市）・堤郷（茅ヶ崎市）と武蔵の飯倉御厨（東京都港区）の三か所に対して、堤防修理のための米をきちんと納めるようにしてほしいという内容の、大神宮の庁宣《ちょうせん》がもたらされたが、このうち大庭御厨のことについては、太田左衛門大夫あてに書状で命令が伝えられた。翌寛正六年三月にも神宮の神官である荒《あら》木田《きだ》氏経《うじつね》が太田左衛門大夫あてに書状を書いて、大庭御厨を神宮がきちんと支配できるようにしてほしいと頼んでいる。武士たちが大庭御厨の中を押領して、上分の年貢を払わない状態が続いているので、なんとかしてほしいというのが書状の内容だった。大庭御厨や飯倉御厨などは古くから伊勢の大神宮の所領だったが、このころには年貢もなかなか納めてもらえなくなっていた。そしてこうした状況を打開するために、伊勢の神官は太田左衛門大夫を頼ることにしたのである。遠方の伊勢の人びとからも、太田は地域の統治者として認められていた。

四年後の応仁《おうにん》三年（一四六九）正月、荒木田氏経は太田道真と左衛門大夫にあてて書状を出し、神領の回復を訴えているが、大庭御厨にかかわる記事の中に、「その後、国の事御成敗候。然る間、神宮に返付せらるべき事に候」という一文がみえる。「国の事御成敗」ということになったので、大庭御厨を神宮に返付してほしいという内容だが、太田父子が相模国のことを「御成敗」する立場にいると、氏経が認識していることがここからわかる。「国の事御成敗」の内容はわからないが、相模の守護、もしくはこれに準ずる立場にいる者として、太田父子が公的に認められるようになっていたのではないかと思われる。

寛正六年の書状の宛先は「太田左衛門大夫」だが、今回は道真と左衛門大夫の二人の名前が宛名に記されている。詳しいことはわからないが、いったん越生に引退した道真も、このころには復帰して、相模の国務にも関わっていたのではないだろうか。

3　決着のつかない対陣と戦い

長尾景信の時代へ

長禄三年（享徳八年、一四五九）十月の羽継原の戦いは、公方方・上杉方ともに全力を尽くした総力戦で、勝敗にかかわらず、終ったあとの脱力感は大きかった。体制を整えて戦いをはじめる気力を人々は失い、古河と五十子の両陣営がにらみ合いながら在陣する時代が長く続くことになる。上杉氏の陣営内部で武士たちの対立が表面化したのも、公方方との戦いが一段落して、それなりの平和がもたらされたからなのかもしれない。

18——長尾氏系図　『群馬県史』資料編3（中世）所収の系図などをもとに作成

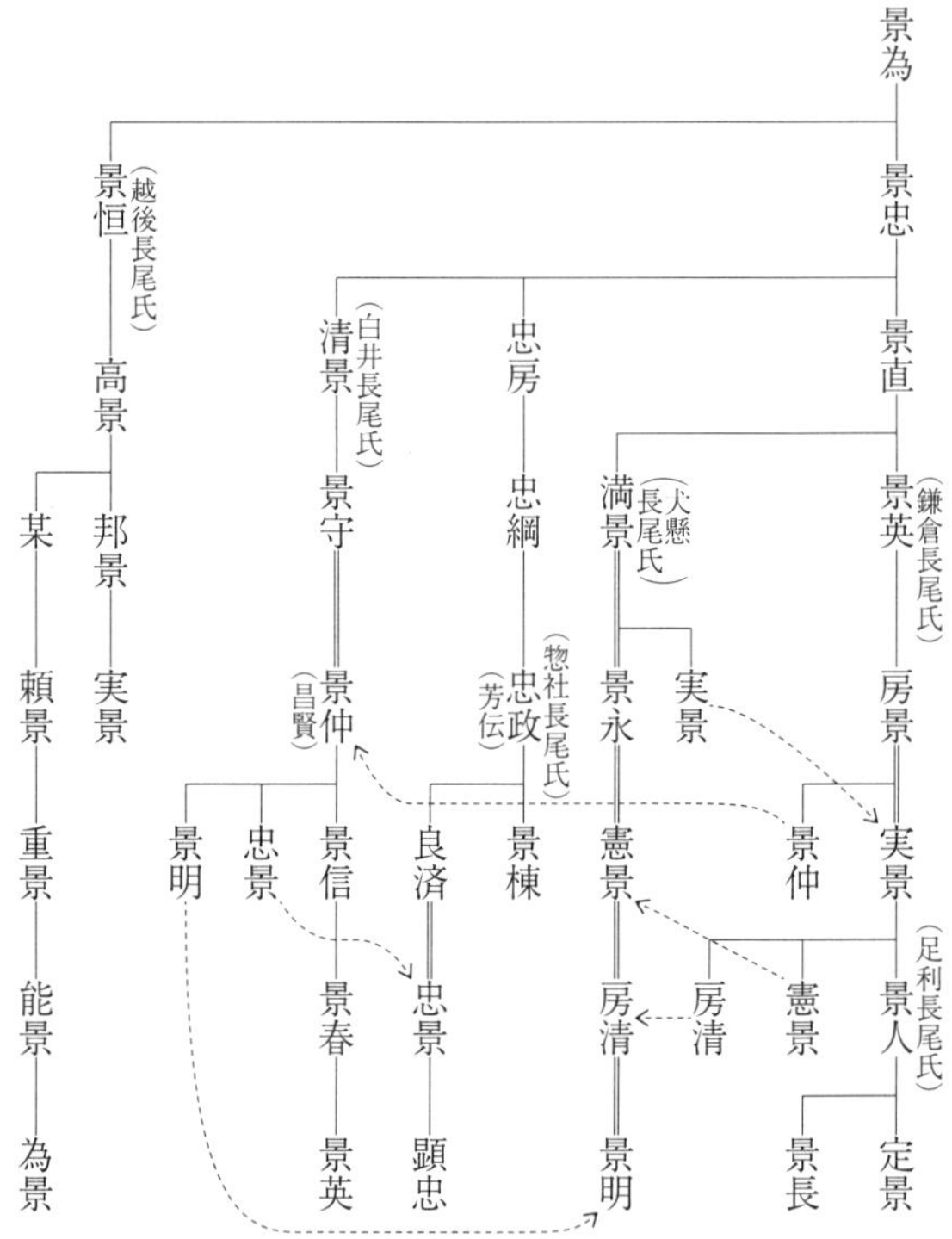

長い在陣を続ける中、五十子の上杉氏の陣営では、世代交代が進んでいた。長く上杉勢の中核にいて指揮をとっていた長尾景仲（入道昌賢）が、寛正四年（享徳十二年、一四六三）八月に死去し、子息の景信が山内家の家宰の立場に立って、上杉陣営のリーダーとして活動を始める。景信は白井長尾氏の当主で、これと並ぶ家格を持つ惣社長尾氏当主は、景信の実弟にあたる長尾忠景だった。長尾景仲亡き後、景仲と忠景の兄弟が長尾一門の中心に立つことになる。

羽継原合戦から五年の間、公方方も上杉方もめだった軍事行動を起さなかったが、寛正六年になると、ともに新たな行動に出ることになった。六月には伊豆の政知のもとにいた上杉政憲が、軍勢を率いて出発、箱根山を越えて相模に出てきた。一方、古河の成氏も動き出し、九月には武蔵に入って、

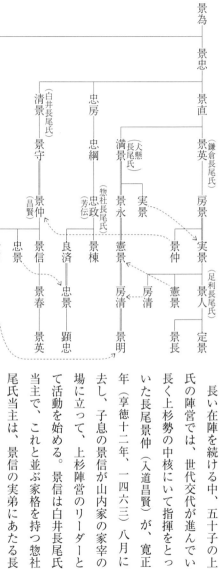

太田荘（埼玉県久喜市の近辺）に陣を取った。このことは幕府に注進され、知らせを受けた将軍義政は、駿河の今川義忠や甲斐の武田信昌といった大名たちに、上杉を救うために出陣するよう命を下した。しかし今川も武田も動かず、戦線は膠着状態になる。

こうした中、上杉方の将帥だった上杉房顕が、五十子の陣で死去してしまう。文正《ぶんしょう》元年（享徳十五年、一四六六）二月のことだった。房顕はまだ若く、実子がいなかったから、跡継ぎを誰にするかが直ちに問題になった。上杉方を率いていた長尾景信は、越後守護上杉房定の子息の一人を迎えることにしたいと考え、陣中にいた房定に頼みこんだ。ところが房定は申し入れを断り、先行きは不鮮明になった。困った景信は、京都の幕府に事情を注進して、幕府のほうから房定に働きかけてほしいと頼んだ。十月になって将軍義政の御内書が出され、細川勝元と畠山政長も書状を書いて、子息の一人を房顕の後継者にすることを了承してほしいと依頼した。

五十子の陣中では岩松家純が動いた。家純に従って活躍していた松陰《しょういん》という僧侶が書き残した『松陰私語《しょういんしご》』という書物には、家純や周囲の人々の動きが詳しく書かれているが、このときの家純の活躍もその中にみえる。長尾景信から房定の説得を頼まれた家純は、房定の陣所に使者を遣わしたり、書状を送ったり、あるいは直接赴いて訴えたり、手を尽して説得につとめた。そしてある日、房定が家純のところに来て、いろいろと事情を語ったが、「もし受け入れてくれなければ、このままここに居座るぞ」と家純に言われて、房定もしかたなく了承した。『松陰私語』はこのように記し、家純の功績を強調している。

上杉房顕の後継者になったのは、上杉房定の次男の龍若だった。長男の定昌は越後守護家の後継者だし、上野の白井城にいて軍勢をまとめていたので、その弟が山内家に入ることになったのである。このとき龍若は十三歳、まもなく元服して上杉顕定《あきさだ》と名乗り、関東管領として上杉方のトップの座に立つことになる。

幕府の分裂とその影響

上杉房顕から顕定への代替わりにあたって、細川勝元と畠山政長が上杉房定にあてて書状を書いたことは前述したが、当時管領の職にあったのは畠山政長で、細川勝元は政長を支援しながら幕府政治の中心に立っていた。管領職をつとめてきた細川・斯波・畠山の三家のうち、一門の分裂をまぬがれたのは細川だけで、斯波と畠山は深刻な内部対立をかかえており、そのため細川勝元の地位はゆるぎないものになったのである。

斯波家では当主の義健《よしたけ》が若くして死去したのち、一門出身の斯波義敏が当主となったが、重臣の甲斐常治と争い、関東討伐の命令も無視したことを将軍義政に咎められ、没落を余儀なくされた。そして渋川義鏡の子がかわりの家督にすえられた（斯波義廉《よしかど》）が、義敏が義政から許されて復権することもあり、情勢はめまぐるしく変化した。畠山家でも持国の養子の政長と、実子の義就《よしひろ》が争いを続け、なかなか決着がつかない状況になっていた。そうした中で、中国地方東部を拠点とする山名持豊《もちとよ》（宗《そう》全《ぜん》）が発言力を増し、しだいに大名たちのまとめ役になっていく。

こうして細川と山名という二人のリーダーのもとに大名たちが結集し、おのずと派閥が生まれることになる。斯波と畠山の両家でも、斯波義敏と畠山政長が細川勝元に従い、斯波義廉と畠山義就が山名宗全を庇護者とあおぐ形になった。そして応仁元年（享徳十六年、一四六七）、京都を舞台に大名たちの戦いが展開されることになる。

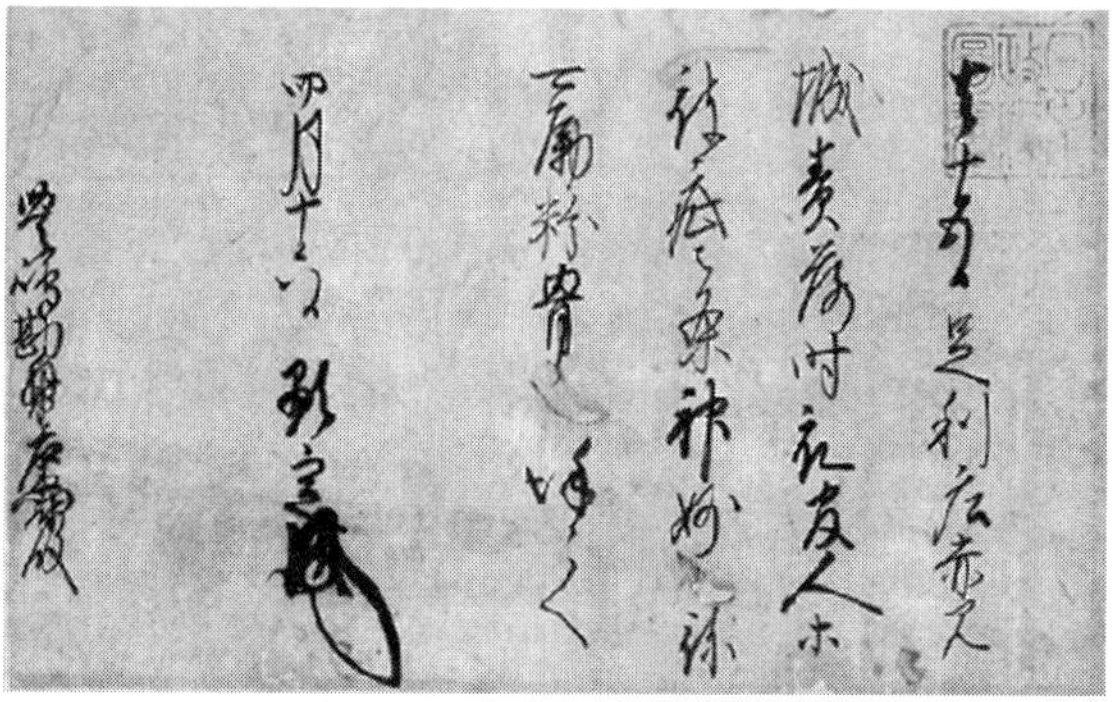

19── 上杉顕定感状

最初のきっかけは、畠山義就が京都に乗り込んできたことだった。このときの管領は畠山政長だったが、突然管領を罷免されて、ライバルの義就が復権を遂げた。もちろん政長もおとなしくひきさがらず、上御霊社のところで政長軍と義就軍の戦いがくりひろげられた。このときは義就が勝利していったん収まるが、政長の庇護者にあたる細川勝元は各地から与同者を集め、一方の山名宗全の陣営にも大名たちの軍勢が集まってきた。そしてしばらくすると京都で本格的な戦いが始まる。五月二十六日に両軍の戦いの幕が切られ、細川勝元は将軍義政の御所を抱え込むことに成功して勝元邸に陣をすえ、一方の陣営は西方にある山名宗全の邸宅を陣所とした（そのため細川方を東軍、山名方を西軍と呼ぶ）。

こうした状況の中、山名宗全のもとに結集した大名たちは、遠く関東の足利成氏にあてて書状を書き、同盟を結ぼうとした。応仁二年四月十一日に成氏が岩松左京亮（成兼）にあてて出した書状に「こちらの要望に応えて、都鄙の御和睦を申し沙汰するという内容の、義兼と畠山・山名の書状が到来した」という一文がみえるのである。ここにみえる「義兼」は「義廉」の誤りで、斯波義廉のこと、「畠山・山名」は畠山義就と山名宗全とみてよかろう。一方のグループの中心にいるこの三人が、それぞれに書状を書いて、「都鄙御和睦」の仲介をすると申し出たのである。

これまでみてきたように、将軍の足利義政は成氏の行動に理解を示さず、彼を逆徒と認定して、上杉方を支援し、あらたな公方を送り込んできていた。成氏にしてみれば不本意なことだったが、こうした心情をとらえて、私たちが和睦の仲介をしますと、積極的に働きかけてきたわけである。細川勝元や畠山政長は上杉方とつながっていたから、彼らと対抗するために、上杉と争っている古河公方を味方にひきこもうとしたのだろう。

汚名返上のチャンスが到来したと勇気づいた足利成氏は三年ぶりに出陣し、上野国に進んだ。五十子の上杉の側もこれに対抗しようと兵を出し、毛呂島《もろしま》（群馬県伊勢崎市）の地で合戦がくりひろげられた。十月八日のことである。夕刻の戦いで長尾景信の率いる上杉方が勝利を収め、とりあえず危機を回避したが、成氏は北に進んで下野の天命《てんみょう》（栃木県佐野市）に陣を据え、盟友の那須持資を招き寄せた。野陣をしながら那須は兵を進め、やがて成氏のもとに参陣、さらに命を受けて野陣を続けた。

成氏はさらに進んで勧農城（足利市）に布陣する予定だったが、結局延期となり、十二月十四日にこのことを那須に伝えた。下野まで出てきたものの、さしたる成果もみられないまま、成氏も古河に帰ることになる。

古河城の攻防戦

ともすれば押されぎみの上杉陣営だったが、彼らにとって喜ばしい情勢の変化もあった。長らく上杉方の中心にいて協力してきた岩松家純が、対抗する勢力を押さえて、新田荘とその周辺を確保し、新たに築いた金山《かなやま》城に入ったのである。岩松持国が滅びたあとも、その子の左京亮成兼が健在で、成氏方として活動していたが、やがて彼の動きは史料にみられなくなる。詳しい事情はわからないが、成兼とこれにつらなる勢力を抑えて、岩松家純がようやく当主の地位を手にしたということではないかと思われる。父親の満純が公方持氏に反抗して討たれてから、五十年の雌伏の時期を乗り越えて、家純はついに復権を果たしたのである。そして彼は新たな拠点として金山城を築き、文明元年（享徳十八年、一四六九）八月、この新しい城に入った。

文明三年（享徳二十年、一四七一）になると、状況が大きく動いた。この年の三月、成氏方の武士たちが大挙して、南に向かって進軍し、箱根山を越えて伊豆の三島に攻め入った。標的は堀越公方の足利政知で、政知の軍勢は劣勢だったが、上杉の被官の矢野安芸入道が政知に味方して攻めかかったので、成氏方の先手の小山や結城の軍勢は敗れて相模に退き、さらに上杉顕定の家臣の宇佐美孝忠との戦いに敗れて、千葉・小山・結城といった公方方は古河に帰っていった。

この一連の戦いは、『鎌倉大草紙』にみえるだけで、ほかに史料がなく、こうした事実があった確証はない。ただ当時の戦いのありようを考えてみれば、遠くまで一気に攻め込むというのはよくあることだし、こうした話を創作したというのも考えにくいので、成氏方の一部が決起して長征に及んだということはありえたと考えるのが自然であろう。

しかし無謀な試みは失敗に終り、かえって上杉方を勢いづかせる結果になった。好機到来とみた長尾景信は、子息の長尾景春、実弟の長尾忠景や、武蔵・上野の一揆たちを率いて、下野の児玉塚（栃木県栃木市）に陣を据えた。上杉側から先手をとったのは久方ぶりだったが、佐野の一党が早速味方になると申し出た。ただすぐに上杉方になるというわけではなく、公方成氏の軍勢が近くにきたタイミングを狙って裏切るという算段をつけていた。

ところがかねて約束していたはずの佐野の一党が、突然陣所から離れて佐野城に籠ってしまう。いままで通り成氏に従う姿勢を明らかにしたのである。危険を察した長尾景信は、すぐに軍勢を引いて只木山に布陣し、いっしょにいた岩松軍が佐野城を攻めている間に、勧農城を通って無事五十子まで帰り着いた。

勢いに乗った成氏とその軍勢は、足利荘まで進軍し、さらに前に出て、上野国新田荘の八幡河原や、佐貫荘の岡山原に陣を据えた。利根川をはさんで、五十子のすぐ前まで迫ってきたのである。上杉方にとっては危機的状況だったが、金山城に籠った横瀬国繁らの活躍によって事態を打開することに成

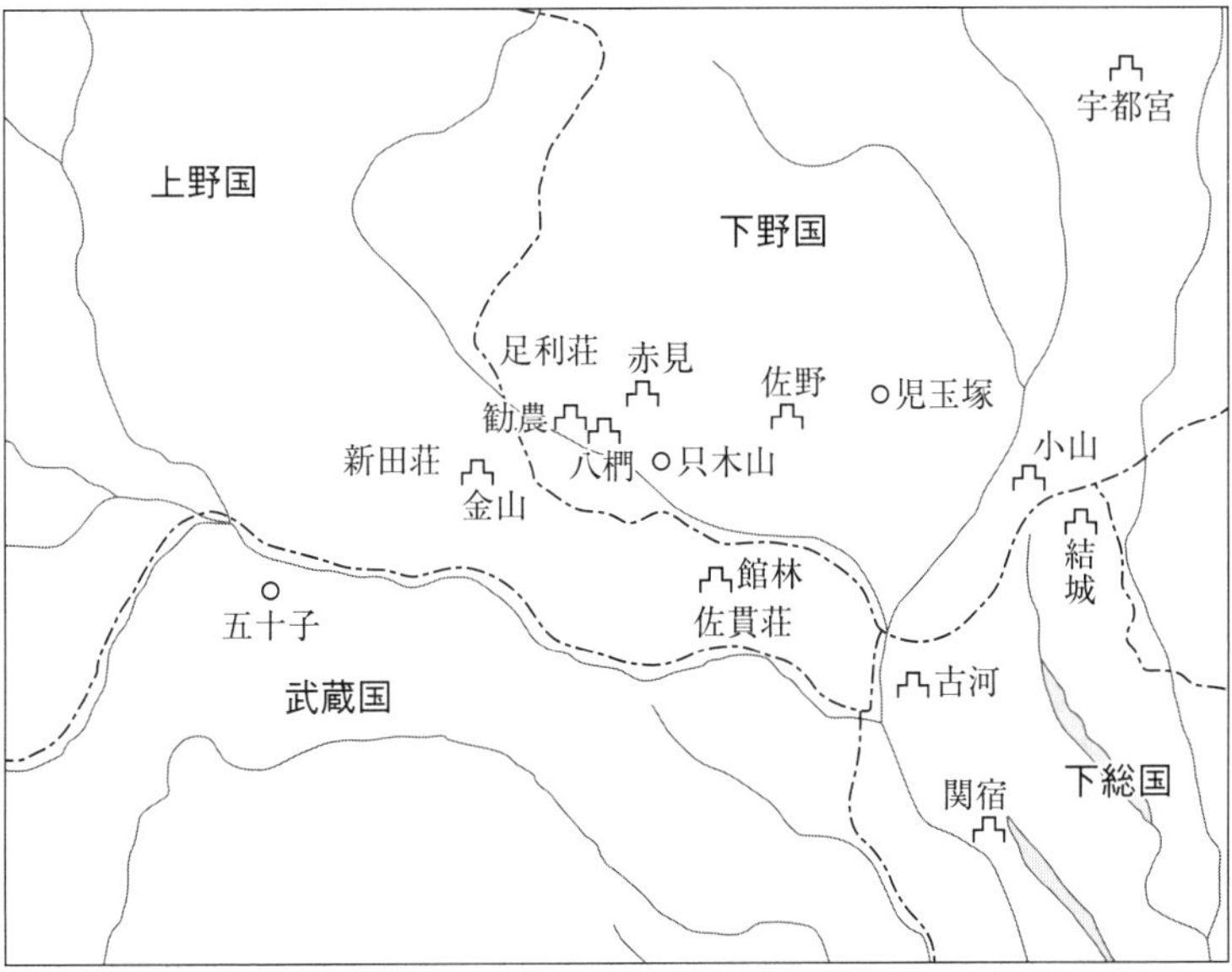

20――文明３年の戦い

功する。児玉塚から五十子に撤退するときに、長尾景信が横瀬と面談して、金山城に籠って成氏方を牽制してほしいと頼み、これに応えて七十日以上も城に籠ってがんばったので、成氏も足利に帰っていった。『松陰私語』はことの次第をこう書き記している。

いったん敵軍の目の前に迫ったものの、成氏も結局軍勢を引かざるを得ず、再び上杉方が攻勢に転じることになる。四月十五日、上杉勢は足利荘の赤見城を陥落させ、さらに進んで佐野荘内の八椚城も攻略した。五月二十三日には館《たて》林《ばやし》城に攻め入り、城主を降伏させたが、このときには太田左衛門大夫も軍勢に加わっている。長らく成氏方の中心にいた小山持政や、小田太郎・佐野愛寿といった面々も、このころには上杉方に転じ、長尾景信らの上杉軍はかつてない

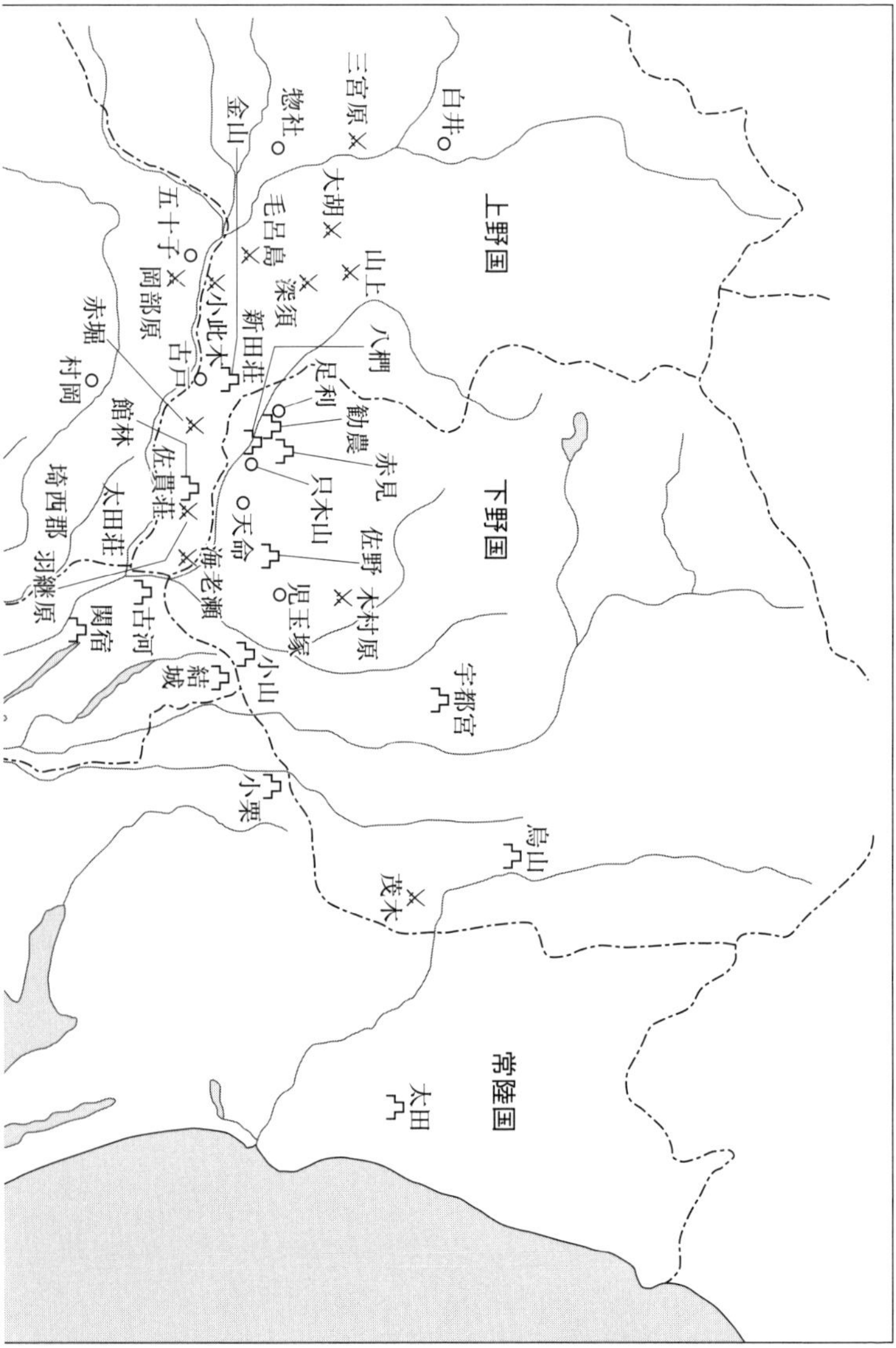
上野国
下野国
常陸国
白井
三宮原
惣社
金山
大胡
毛呂島
五十子
山上
深須
新田荘
小此木
岡部原
赤堀
村岡
古戸
八椚
足利
勧農
赤見
只木山
館林
佐貫荘
埼西郡
太田荘
天命
佐野
羽継原
海老瀬
児玉塚
木村原
関宿
古河
小山
結城
宇都宮
小栗
烏山
茂木
太田

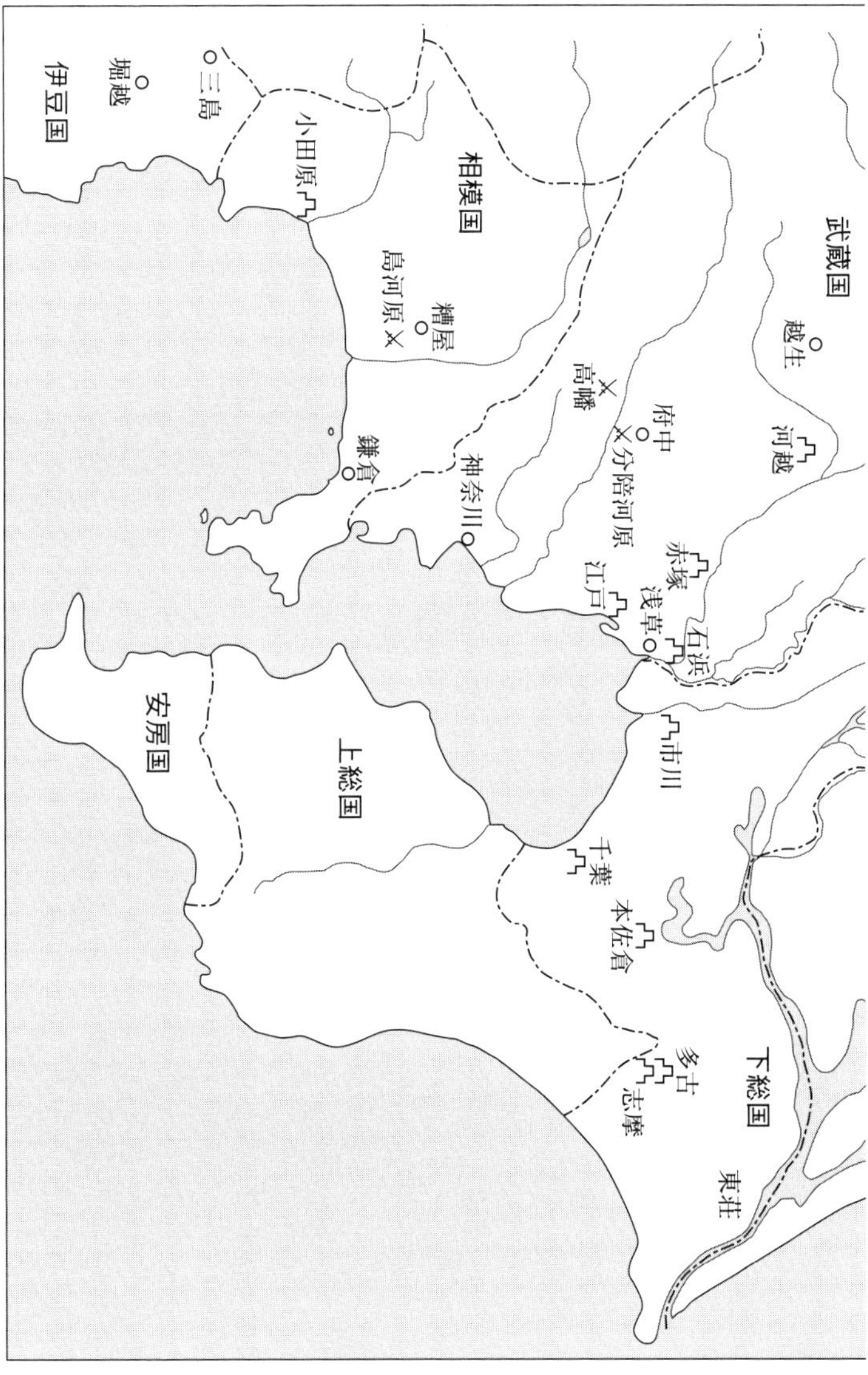
武蔵国
越生
河越
府中
分陪河原
高幡
赤塚
浅草
石浜
江戸
神奈川
鎌倉
相模国
糟屋
島河原
小田原
三島
堀越
伊豆国
市川
千葉
本佐倉
多古
志摩
下総国
東荘
上総国
安房国

21 ―― 享徳の乱関係地図

勢いをもつに至った。

ついに軍勢は敵方の本拠である古河城に押し寄せた。城方の武士たちもよく戦ったが、大軍に攻め入られていかんともしがたく、ついに城は陥落、成氏はなんとか脱出して、本佐倉（千葉県酒々井町）の千葉孝胤《のりたね》を頼って落ち延びた。六月二十四日のことである。

敵の本拠を押さえて、長尾景信ら上杉方は喜びに沸いたことだろう。ただ肝腎の成氏の身柄を確保できず、その逃亡を許してしまったことは、禍根を残す結果となった。千葉孝胤のもとに逃れた成氏は、孝胤や結城・里見・武田らの支援のもと、勢力を盛り返し、八月には陣中に御旗を立てて、劣勢挽回の戦いを進めることを周囲に示した。年明けて文明四年（享徳二十一年、一四七二）春、成氏は行動を開始し、軍勢が古河城に迫った。勢いのある公方方はたやすく城を取り戻し、成氏も晴れてもとの館に帰ることになる。

せっかく奪い取った古河城を、上杉勢は簡単に手放さざるを得なかったのである。羽継原の敗戦のときと同じような虚脱感を、上杉陣営の人びとはひしひしと感じていたことだろう。古河公方の成氏とこれに与同する勢力の力量はただものではなく、幕府の権威をもってしても彼らを殲滅することは不可能だと、上杉側の人びとも認識するようになる。戦いの勃発から十七年が経過し、ことの発端を経験した人々も多くはこの世を去っていた。そして彼らの後継者たちにとってみても、何のために戦っているのか、よくわからないような状況になっていたのである。

Ⅳ　長尾景春の反乱

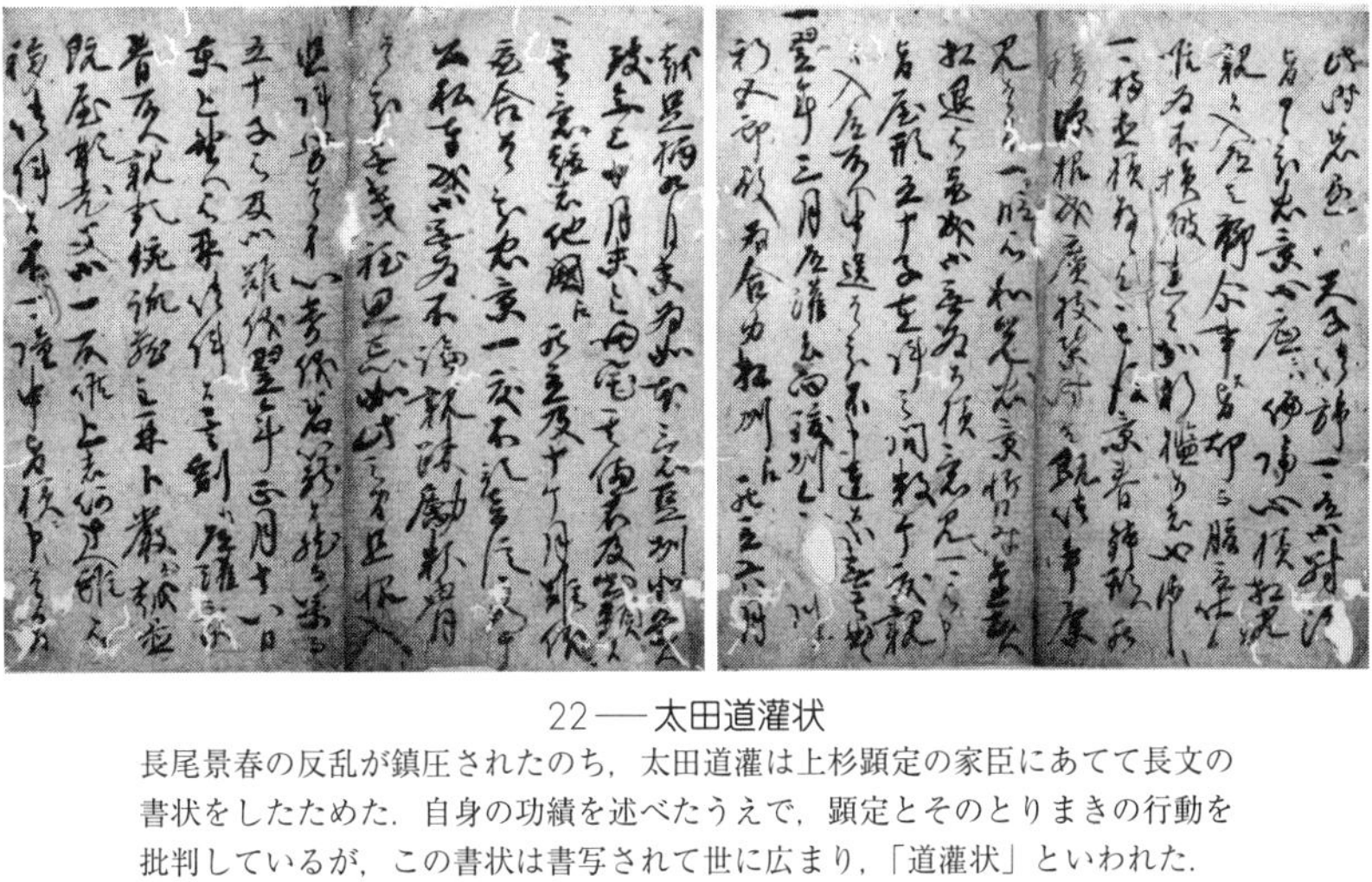

22――太田道灌状

長尾景春の反乱が鎮圧されたのち，太田道灌は上杉顕定の家臣にあてて長文の書状をしたためた．自身の功績を述べたうえで，顕定とそのとりまきの行動を批判しているが，この書状は書写されて世に広まり，「道灌状」といわれた．

1　景春の決起と武蔵・相模の戦い

長尾景春と太田道灌

足利成氏が古河城を回復した翌年の文明《ぶんめい》五年（享徳二十二年、一四七三）六月、上杉陣営のリーダーだった長尾景信が死去した。父のあとをついで、十年の間山内上杉家の家宰《かさい》をつとめ、武将たちのまとめ役として責務を全うしたうえでの逝去だったといえる。景信の死去によって、山内家の家宰職を誰が継承するかが問題になったが、寺尾入道と海野佐渡守《うんのさどのかみ》が相談して、景信の実弟で惣社長尾氏の当主である長尾忠景（尾張守）が家宰職を継ぐことが決まった。

山内家の家宰職は景仲—景信と白井長尾氏で継承されてきたが、景仲の前に惣社長尾氏の忠政が家宰として政治を仕切っていた時期もあり、惣社長尾氏の当主で、年齢的にも一門の長老格である忠景が家宰になるのは、特別不思議なことでもなかった。しかし長尾景信の嫡男で、父とともに戦いに参加した経験をもつ長尾景春（右衛門尉）は、父のあとを継いで家宰になれなかったことに不満を抱き、独自の行動をとりはじめるようになる。

扇谷上杉家でも家督の交代があった。上杉持朝は応仁元年（一四六七）九月に死去して、孫にあたる政真《まさざね》（顕房の子）が当主になっていたが、文明五年の十一月、政真は二十二歳の若さで落命してしまう。『鎌倉大草紙』には、成氏方が五十子《いかっこ》の陣に攻め寄せたとき、大将として防戦し、討死してしまったと書かれているが、関連史料がなく、確かなことはわからない。まだ若年で子息がいなかったので、叔父にあたる定正《さだまさ》（持朝の子）が扇谷家の家督を継ぐことになる。このとき定正は二十八歳だった。

扇谷上杉家の家宰の地位にあった太田左衛門大夫はこのとき四十二歳、年配の家宰が若い当主を支える形になったのである。翌文明六年（享徳二十三年、一四七四）、太田左衛門大夫は居城の江戸城で和歌の会を開き、自らも和歌を詠んだが、この歌合の記録には「道灌」の名がみえる。これが「道灌」の名のみえる最初の史料で、この時期には入道して道灌と名乗っていたことがわかる。ちなみにこのときの歌合は、伊勢から関東に出てきていた心敬《しんけい》を判者として行われたもので、十七人が会に参加し、道灌の弟の太田資忠《すけただ》や、堀越公方の重臣である木戸孝範《たかのり》もその中にいた。

文明七年（享徳二十四年、一四七五）になると、長尾景春が不可解な動きを始める。五十子の陣でもめごとがおきたので、太田道灌もかけつけようとするが、景春は何度か使を遣わして、こちらに来る必要はないと主張した。それでも道灌が前に進もうとすると、景春は自身道灌のもとに訪れ、「御屋形（上杉顕定）や典厩《てんきゅう》様（越後上杉家の上杉定昌）に話が洩れないよう計略を廻らしている最中だから、あなたに来てもらっては困る」と言い出した。景春が何事かをたくらんでいることを知った道灌は、そのまま五十子の陣中に赴き、飯沼左衛門尉（上杉定昌の家臣）にこのことを知らせたが、飯沼も景春とつながっている様子だった（ここからの記述は、のちに太田道灌が高瀬民部少輔にあてて書いた長文の書状によるところが多い。この書状の写は「太田道灌状」として伝えられた）。

このままでは一大事になると考えた道灌は、長尾忠景や父親の太田道真に向かって意見を述べた。「景春はもとより無器用で、傍輩や被官で狼藉をはたらく人が増えている。このままでは困ったことが起きるだろうから、天子の御旗を差しかけて退治するべきです」。しかし長尾忠景は気に入らないようなそぶりを示し、父親の道真は「そんなことを拙速にするべきではない」と腹を立てた。道灌の提案は受け入れられなかったのである。

年明けて文明八年（享徳二十五年、一四七六）、長尾景春は軍勢を率いて五十子の陣を離れ、南方の鉢形城《はちがた》（埼玉県寄居町）に籠った。荒川を扼《やく》する絶好の地を、自身の拠点として選んだのである。景春の勢いはあなどれないと感じた太田道灌は、長尾忠景をいったん引退させて、景春と和睦するのが得策だという考えを具申しようと、何度も親の道真に訴えたが、とりあってもらえずにいた。

最初は景春を討伐すべきだと主張していた道灌も、景春が鉢形に籠るに至って、考えを改めたのだろう。長尾忠景が家宰職を継いだことがそもそもの原因なのだから、この際忠景に引退してもらって、景春の不満を解消するのが得策と判断し、なんとかしようと努力を重ねたわけだが、結局は徒労に終わってしまう。そして道灌の懸念は現実のものとなるのである。

太田道灌は五十子の陣中のことを気にかけていたが、駿河で起きたもめごとを解決するため、いったん江戸城に戻った。この年の二月に駿河守護の今川義忠が遠江で戦死すると、幼少の子息龍王丸を擁する一派と、一門の今川（小鹿）範満を推す人々とが争いを始め、堀越公方が調停のために重臣の上杉政憲を駿河に差し向けた。そして道灌も上杉（扇谷）定正の名代として現地に赴くことになったのである。三月に江戸を出発した道灌は、しばらく相模にいて、六月に足柄峠を越えて駿河に入り、ここで調停工作を行って、なんとか和睦をとりまとめ、九月末に伊豆北条（静岡県伊豆の国市）の足利政知のもとに参上し、十月になって江戸に帰った。ちなみにこのとき今川龍王丸を擁する一派の中心にいたのは、その母方の叔父にあたる伊勢新九郎（のちの伊勢宗瑞《そうずい》）だった。確証はないが、太田道灌と伊勢新九郎は顔をつきあわせて交渉を重ねたのではないかと思われる。

五十子陣の崩壊

江戸城に帰った道灌は、このまま城に留まり、五十子の陣には行かなかった。九か月もの間遠方に出て苦労を重ねたのに、長尾忠景からは書状の一通ももらえなかった。上杉陣営のまとめ役の忠景も、なにかとうるさく自己主張する道灌を敬遠していたのかもしれないが、冷たい仕打ちに道灌もへそを曲げていた。そうこうしているうちに、ついに事件が起きてしまうのである。

文明九年（享徳二十六年、一四七七）正月十八日、長尾景春はついに決起、鉢形を出て五十子の陣に攻め寄せた。不意をつかれた上杉陣営は防戦かなわず、真夜中に北に向かって逃走を始めた。大将の上杉顕定は上野国の阿内《あうち》（前橋市）に陣取り、越後上杉家の上杉定昌は自身の本拠である白井（渋川市）まで退いた。そして扇谷家の上杉定正は細井口（前橋市）に陣を布き、岩松家純は金山城（太田市）に籠ることになる。

異変を知った太田道灌は早速行動を開始する。使者を鉢形の景春のもとに遣わして、これ以上の行動を慎むようにと申し入れ、景春もこれを受け入れた。しばらくすると景春のほうから大石石見守が使者として道灌のもとを訪れ、今後のことを相談してきたので、「こんな大事をしでかしたのだから、このまま鉢形にいるのは得策ではない。他国に退いて謝罪するならば、私も協力しよう。他国に行くのがいやだったら、相模国に赴いて、当方（扇谷上杉家）を頼って訴えてくれれば、なんとかしてやってもいい」と道灌は答えたが、使者の大石は納得しなかった。このあとも道灌は景春を説得しようとしたが、なかなか受け入れてもらえず、景春と戦わざるを得ないと覚悟を決めることになる。

五十子の陣を襲ってみたものの、今後どうなるか見通しも立たず、景春も不安を抱いていたようである。そこで頼りになる道灌に相談をもちかけたのだろう。道灌としても、景春に対して特別の不満があるわけでもなく、彼が改心して歩み寄りをみせることを期待していた模様である。道灌が嫌っていたのは長尾忠景のほうで、景春には好意的なところもあったようなのである。しかしいったん勝利を収めてしまった以上、景春としてもここで引き下がるわけにもいかない事情があった。二人の交渉は結局いきづまり、互いに戦い合うことになってしまう。

長尾景春の決起を聞いて、古河の足利成氏も動きをみせた。長年にわたってにらみあいを続けていた上杉の陣営が内部分裂を起こしたわけで、成氏としては願ってもないチャンスが到来したわけである。彼は早速北武蔵の安保氏泰に書状を遣わして、何が起きているかを尋ね、安保もすぐに注進状を書いて状況を報告した。また成氏は南武蔵の豊島《とし ま》勘解由《かげゆ》左衛門尉《ざえもんのじょう》にあてて感状を遣わし、簗田河内守と相談して作戦を立てていることを賞賛している。豊島は景春方の中心人物の一人だったが、古河公方の重臣の簗田と連絡をとりあっていたのである。

江古田原の戦い

扇谷家の上杉定正と太田道真・道灌父子にとって、武蔵の河越と江戸は最重要の拠点だったが、豊島氏の勢力圏は、河越と江戸の中間点にあたっていた。豊島勘解由左衛門尉と弟の平右衛門尉は、それぞれ別のところに城を築いて、河越と江戸のあいだの道をにらみつけ、両者の連絡がとれないようにした。豊島兄弟が築いた城がどこなのか確証はないが、道灌の書状（「太田道灌状」）の記述からみて、勘解由左衛門尉が石神井《しゃくじい》城（東京都練馬区）、平右衛門尉はその東にある練馬《ねりま》城を拠点にしたものと思われる。

このままではたいへんだと考えた太田道灌は、相模国にいる配下の武士たちに、南から多摩川を越えて、豊島勘解由左衛門尉の居城（石神井城か）に攻め入るようにと命令をだした。ところがちょうど大雨が降って多摩川が洪水になり、軍勢たちは川を越えることができず、作戦は失敗してしまう。

前にみたように、太田父子は相模国のまとめ役をつとめていたから、相模の武士たちの多くは道灌

23――石神井城跡

に従っていたようだが、中には長尾景春につながる者もいて、あちらこちらで一斉に火の手を揚げた。まず景春の被官人の溝《みぞ》呂木《ろぎ》という武士が、自身の居所に要害を構えて決起し、同じく景春の被官の越後（越知）五郎四郎も、小磯（神奈川県大磯町）に山城を築いて立ち上がった。彼らは景春の「被官人」、つまり景春と主従関係を結んでいる武士だったが、直接の従者でなくても、景春の「傍輩」として支援している者もいて、その一人の金子掃部助《かもんのすけ》も小沢（愛川町）というところに要害を作って景春方の一角を担った。こうした要害のうち、溝呂木の要害と小沢要害は相模の北部、相模川（馬入川）の中流のあたりにあり、小磯城は相模川の河口近く、海のそばの山に築かれた城だった。そして溝呂木の要害や小沢要害という北の要害と、南の城の小磯城の間に、扇谷家の拠点である糟屋の館（伊勢原市）は位置していた。河越や江戸と並ぶ上杉（扇谷）方の拠点である糟屋をにらみつける形で、相模の景春方は決起したのである。

このままでは危ういと察知した太田道灌は、配下の武士たちに景春方の籠る要害を攻めるよう指示を下した。そして三月十八日、軍勢が溝呂木のいる要害に攻め寄せ、溝呂木はかなわないと悟って自

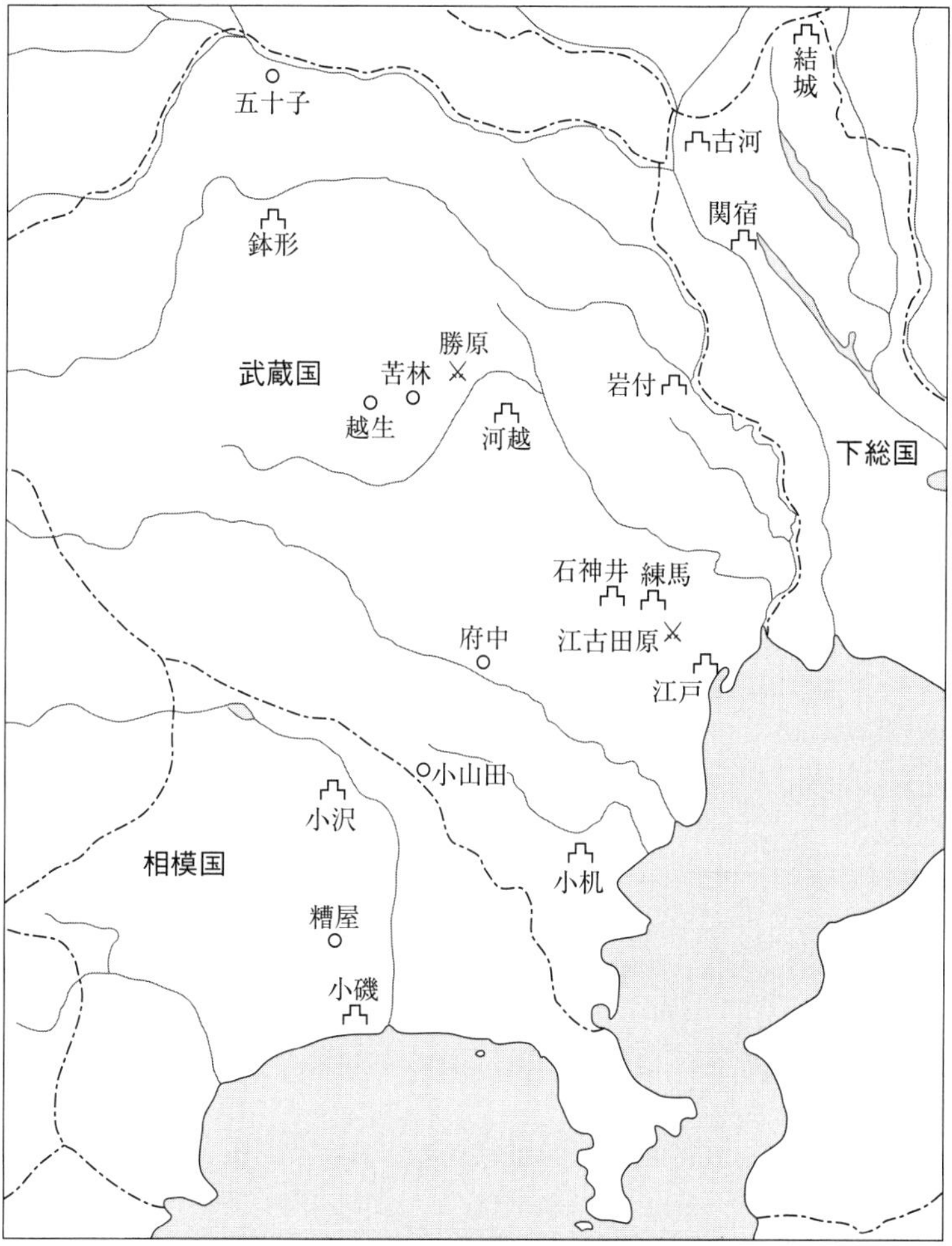

24—文明9年、武蔵・相模の戦い

ら要害に火を放って行方をくらました。勢いにのった太田方の軍勢は南に進んで、その日のうちに小磯要害に押し寄せ、越後五郎四郎を降参させた。その後軍勢は小沢城に向かうが、長陣は困難で、戦いはいったん休止ということになった。

道灌とその配下の武士たちの機敏な対応によって、相模の危機はとりあえず乗り越えたが、石神井城・練馬城の豊島や、小沢城の金子らに対抗するために、兵力をどのように配置するべきかをめぐって、早速議論が交わされた。扇谷家の当主の上杉定正は、上杉顕定とともに上野国の阿内にいたので、武蔵や相模はここに残った一門や家臣たちによって守らざるをえなかった。そして河越城には上田入道と太田資忠（道灌の弟）が入り、江戸城には道灌だけでなく、上杉朝昌（定正の兄弟）と三浦義同《よしあつ》が入って守りを固めることになった。

いったん休んでいた小沢城の攻撃も再開されたが、景春方も手をこまねいていたわけではなく、吉里という武士をはじめとする景春の与党が、武蔵の府中を押さえ、ここから南に進んで小山田（東京都町田市）のあたりを荒らしまわって、小沢城を援護しようとした。また矢野兵庫助を中心とする景春方の一団が苦林《にがばやし》（埼玉県毛呂山町）に陣取って、西から河越に迫る動きをみせた。河越には上田入道や太田資忠らがいたが、このままでは危ないと、先手をとって苦林の敵陣の近くまで進み、相手をおびき出したのちに、勝原（坂戸市）の地で合戦をして勝利を収めた。四月十日のことである。

四月十三日、太田道灌は軍勢を率いて江戸城を出発し、豊島平右衛門尉の籠る要害（練馬城か）に矢を射込み、近辺を放火した。とりあえずの威嚇をしたうえで、江戸に引き返そうとしたが、豊島の側は反撃に打って出る。兄の豊島勘解由左衛門尉が石神井城から出て、平右衛門尉とともに道灌の陣に襲いかかって来たのである。急を知った道灌は、直ちに軍勢の向きを変えて、豊島の軍勢に立ち向かった。そして江古田原《えごた》（東京都中野区）の地で激戦が展開されることになる。

戦いは太田勢の勝利に終り、豊島平右衛門尉をはじめとして数十人が討ち取られた。豊島勘解由左衛門尉は石神井城に逃げ込み、道灌は翌日から石神井城に迫って圧力を加えた。かなわないと悟った勘解由左衛門尉は、和睦をしたいと申し入れ、十八日になって道灌と対面したが、「要害を取り壊すように」と要求されて、和睦を撤回してしまう。こうした豊島の動きを見据えたうえで、道灌は攻撃を開始し、二十八日には外城を攻め落とした。そしてその日の夜、豊島勘解由左衛門尉は城から脱出し、いずこともなく去って行った。

25—江古田古戦場の碑

道灌と豊島が対面した四月十八日に、金子掃部助の籠る小沢城が、太田方の軍勢によって攻め落とされた。豊島の敗北と小沢城の陥落によって、武蔵南部と相模における景春方の動きはなりをひそめた。扇谷上杉家と太田道灌は、とりあえず危機を乗り越えたのである。

針谷原の戦い

河越や江戸にいた上杉方が優勢に戦いを展開していた頃、上野に退いていた上杉顕定や上杉定正も、ようやく勢いを盛り返し、利根川を渡って武蔵に乗り込み、五十子の陣所に戻ろうとした。太田道灌もかけつけて、上杉の軍団に加わっていたが、長尾景春も敵方の動きを察し、鉢形から出て五十子と梅沢（埼玉県本庄市）に陣を据えた。大将の顕定は清水川の河畔に陣取っていたが、早めに決着をつけようと考えた太田道灌は、鉢形と敵陣の間にある次郎丸に軍勢を動かし、顕定も自身出陣した。これを見た景春方は、鉢形に引き返そうとしたが、上杉軍は用土原に向かって攻めかかり、合戦がくりひろげられた。結果は上杉方の勝利に終り、上杉軍は鉢形城のすぐそばの富田に陣取った。

この戦いのことは道灌の書状に詳しく記されていて、日付は五月十四日だったとそこにはみえる。ところが『松陰私語』には五月八日に武蔵の針谷原で合戦があったと書かれていて、道灌の書状に見える戦いとの関係が問題になる。「山内（顕定）と河越（定正）が同心し、景春には上野の一揆の長野左衛門尉為兼が同心した。その日の合戦で、山内方では大石源左衛門尉、景春方では長尾左衛門尉が討死し、双方の死者は数えきれなかった。顕定は勝利したので鉢形に入り、景春は敗れた。定正は江戸城に入った」というのが『松陰私語』にみえる合戦の記事である。

針谷原の戦いについてはほかにも史料がある。九年後の文明十八年（一四八六）に万里集九《ばんりしゆうきゆう》が太田道灌のために作った「静勝軒銘詩」の中に、この戦いのことがみえるのである。「道灌公は、ひとたび怒れば馬に鞭を当てて南から進み、軍勢を率いて、川を渡って出て行った。そして、針原（もとの名は針買という）で激しく戦った。鉾《ほこ》先や鏃《やじり》には血がこびりつき、雷のような響きは、その威勢を添えた。道灌公は勝関《かちどき》をあげたが、なおも休まず、敵を追って鉢形の塁を囲んだ」と万里は道灌を讃える詩の中で書いていて、この合戦が記憶に残る激戦だったことがうかがえるが、重要なのは道灌もこの合戦に参加して、勝利に貢献したと認識されていることである。

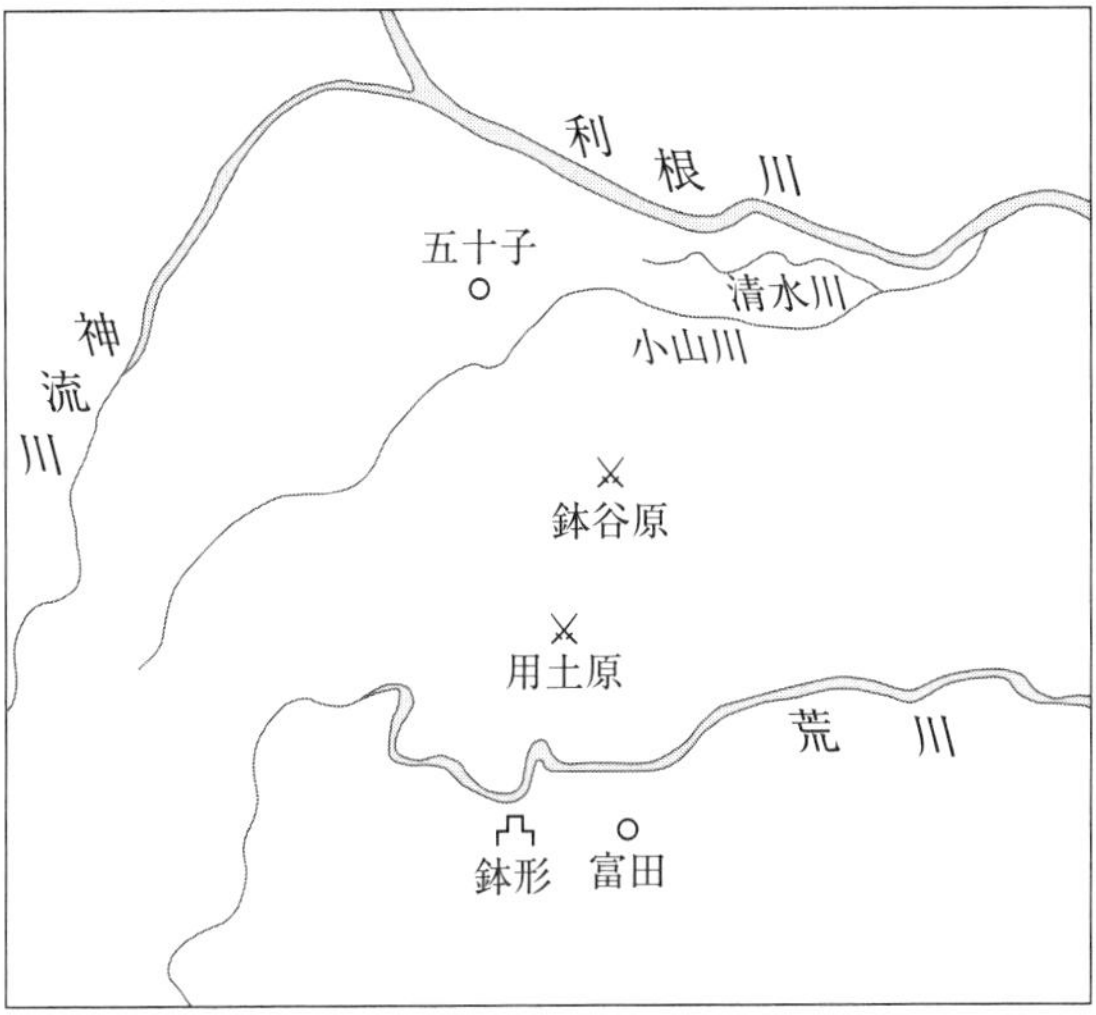

26――針谷原の戦い

この針谷原は現在の深谷市針ヶ谷のあたりだろうが、鉢形城と五十子の中間点にあり、道灌の書状にみえる合戦の場とも符合している（用土原は針谷のすぐ南にあたる）。『松陰私語』にみえる針谷原の戦いは、道灌書状にみえる合戦と同じものとみるのが妥当であろう。もし針谷原の戦いが別に存在したとすると、ここに参加していた道灌が自身の書状にそのことを書かないのは不自然だからである。『松陰私語』では五月八日、道灌書状では十四日となっていて、日付があわないのが気になるが、『松陰私語』はかなりあとになってまとめられたものなので、道灌書状にみえる五月十四日のほうが正しいのではないかと思われる。

勝利を収めた上杉軍は富田に陣取ったと道灌の書状にみえるが、『松陰私語』では顕定は鉢形に「馬を入れた」と書かれている。「馬を入れる」というのは入城の意味だから、景春方を破った上杉軍は、敵の本拠の鉢形城を占拠し、大将の顕定が城に入ったということになるが、道灌の書状には残党が鉢形に入ったように書かれており、万里集九の詩にも道灌が鉢形城を囲んだとみえるから、このとき上杉顕定が鉢形に入ったという『松陰私語』の記載はまちがいだと、今のところは考えておきたい。後述するように、古河公方と講和したのち顕定は鉢形城に入り、ここを居城としている。鉢形城にはいずれ顕定が入ることになったわけだが、『松陰私語』の作者はこのあたりの経緯をよく知らず、合戦勝利のすぐあとに城に入ったように書いてしまったのではあるまいか。

2　太田道灌の活躍と苦悩

足利成氏の参戦

針谷原の戦いは上杉方の勝利に終り、長尾景春は苦境に陥った。五十子のあたりも奪回され、敵の軍勢に鉢形城の近くまで攻め込まれる状況になったのである。ところがまもなく情勢は転回し、景春にとって有利な展開をみせることになる。以前から景春と連絡をとりあっていた古河の足利成氏が、大軍を率いて出陣し、景春を支援するために東から軍勢を進めてきたのである。

公方の軍勢に迫られて、上杉方は窮地に陥った。成氏方との戦いのときにはいつも助けてくれていた新田の岩松家純も、子息の明純と仲違いして、自身古河に赴いて成氏と対面し、これに従う姿勢をみせていた。明純が父親に無断で上杉顕定や長尾忠景と連絡をとり、所領にかかわる判物をもらったことに、父の家純が腹を立てたというのが事のいきさつだったが、かつての朋友も敵方に回ってしまうことになったのである。

古河を出発した成氏は、利根川を遡って、上野の滝・島名（群馬県高崎市）のあたりに陣地を取った。『松陰私語』によれば、成氏に供奉した軍勢は八千余騎だったという。岩松の手勢もその中にいた。大軍に迫られた上杉陣営では、どう対応するかをめぐって相談がなされた。顕定と定正がともに南に進んで、河越や江戸に入るのがいいという意見や、顕定は北の上野に行き、定正は南の河越に帰るのが適切だとの主張などが出されたが、太田道灌は顕定と定正がいっしょに上野に移るのがいいと意見を述べた。道灌の意見に賛同したのは、上田上野介《こうずけのすけ》ただ一人だったと、のちに道灌は書状の中で述べている。

いろいろの意見が出されたが、結局大将の顕定は上野に入り、白井を陣所に定めた。白井には顕定の実兄にあたる上杉定昌が、越後の軍勢を率いて駐留していたので、とりあえずの陣所としては適当と考えたからだろう。ちなみに白井はかつて長尾景春につながる一門（白井長尾氏）の本貫地だったが、このころには越後の軍勢に押さえられていた。反乱を起こしたことによって、景春は一門の出身地に対する影響力を失ってしまったものと思われる。

古河公方とその与党は滝・島名に陣取り、対する上杉方は白井にいて、しばらくにらみあいが続いた。長陣が続くと離脱者が出てくると考えた上杉顕定は、九月二十七日になって行動を起こし、自ら軍勢を率いて白井を出た。このとき太田道灌も白井にいて、大将が自身出陣するのは適当でないと引きとめたが、顕定は出陣してしまい、道灌もしかたなく片貝（前橋市）まで兵を進めた。

十月二日、道灌が荒巻や引田あたりを見廻っていたところ、長尾景春が多くの軍勢を率いて押し寄せ、その背後には結城・那須・佐々木・横瀬といった成氏方の軍勢の姿もあった。こういうこともあるだろうと予測していた道灌は、塩売原（前橋市）に登って陣を取った。対陣は四十日に及んだが、十一月十四日になって景春や成氏方は陣所を引き払って退却した。そして上杉顕定はさらに進んで漆原（吉岡町）に布陣し、天皇から拝領した御旗を陣所に立てた。

成氏・上杉の講和と道灌の転戦

足利成氏と上杉顕定は、南と北に向かい合って対陣を続けたが、互いに長陣は難しく、なんとか事態を収拾したいという思いが強くなっていった。そして成氏の重臣の簗田河内守と、上杉方の使者である長井左衛門尉・寺尾上野介が連絡をとりあって、和睦交渉が進められる。そのときの切り札になったのが、成氏と幕府との和議だった。古河の成氏にとって、京都の足利義政の赦しを得たいというのは長年の宿願だったが、上杉方は義政と成氏の和睦が実現するよう努力するから、こちらを信用して戦いをやめてほしいと頼んだのである。要請を受け入れた成氏は陣所を払って引き返し、武蔵の成田（埼玉県熊谷市）をあらたな陣に定めた。文明十年（享徳二十七年、一四七八）正月二日のことである。

27—小机城跡

こうして上杉陣営は危機を脱した。上杉定正は河越に入り、太田道灌もこれに従ったが、道灌はすぐに豊島勘解由左衛門尉と戦うために軍勢を進めた。石神井城から逃走していた勘解由左衛門尉は、いつのまにか姿を現わし、江戸の近くの平塚（東京都北区）に城を築いて籠っていたのである。道灌の軍勢が迫ってくるのを知った勘解由左衛門尉は、城から脱出して南に逃れ、道灌はいったん江戸城に入ったのち、丸子（東京都大田区）まで進んで豊島の軍勢を攻め立てた。勘解由左衛門尉は南に逃れて小机《こづくえ》城（横浜市港北区）に籠り、道灌は城の近くに迫って圧力を加えた。

三月になると長尾景春が動き出す。河越には上杉定正と太田道真がいたが、景春は浅羽（埼玉県坂戸市）に陣を取って河越に迫った。また景春与党の吉里が軍勢を率いて大石駿河守のいる二宮（東京都あき

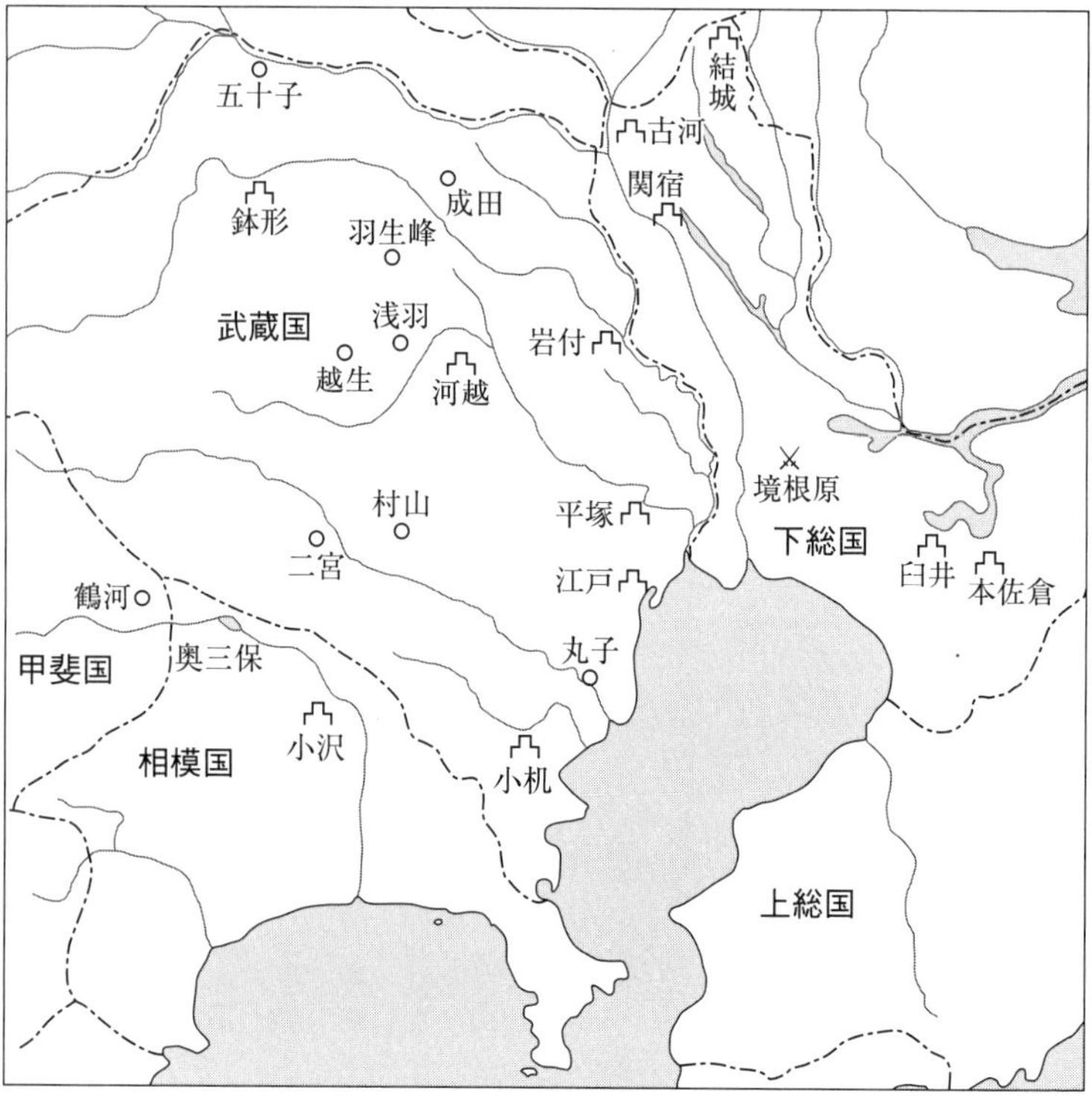

28── 文明10年の戦い

る野市）に進み、小机の豊島を救援しようとした。河越にいた定正と道真は、事態を打開しようと、三月十日に浅羽の陣に攻めかかり、景春方を追い散らした。敗れた景春は成氏のいる成田の御陣に参上し、千葉孝胤と相談したのち、いっしょに進んで羽生峰（羽尾峰、埼玉県滑川市）に陣取った。

足利成氏は上杉方と交渉して、いったん兵を引いたが、方針を完全に転回させたわけではなく、あいかわらず景春を支援しており、成氏の与党である千葉孝胤も、景春の力強い味方だった。

成田に陣を置きながら、戦況がどのように推移するか、成氏は注意深く見守っていたのである。

太田道灌は小机城の攻略を進めていたが、弟の太田資忠が小机の陣所から出て、はるばる河越にかけつけ、長尾景春と戦うため羽生に向かった。上杉定正も出陣して景春の陣所を攻撃し、景春と千葉孝胤は敗れて、成氏のいる成田御陣に逃れていった。こうして景春の決起は失敗に終ることになる。道灌は長く小机城の攻略にあたっていたが、四月十日にようやく城を陥落させ、さらに二宮城を攻めて大石駿河守を降伏させた。相模でも金子掃部助がまたまた小沢城に籠って決起したが、軍勢に攻められて、自ら城を放棄して逃げ出した。小机にいた豊島勘解由左衛門尉の消息は不明だが、この後の活動はみられない。名族豊島氏はここに滅亡したのである。

景春方の拠点は次々に陥落していたが、残党たちは山間地にあたる奥三保（神奈川県相模原市緑区）に籠って抵抗を続けていた。太田道灌は武蔵の村山（東京都武蔵村山市・瑞穂町）に陣を据えて、弟の太田資忠らに奥三保の景春方を討伐するよう指示を出した。命令に従って資忠らは奥三保に向かい陣を取るが、これを知った相模の本間・海老名や、甲斐の住人の加藤といった面々が陣所に押し寄せ、戦いがくりひろげられた。六月十四日のことである。搦手《からめて》にいた資忠の活躍もあって太田方は勝利を収め、村山の道灌のもとに伝令が派遣された。夜中に知らせを受けた道灌は、次の日の未明に出陣して、はるまる甲斐までかけつけ、加藤のいる要害に攻め寄せて、鶴河（山梨県上野原市）のあたりを放火させた。

味方の勝利を知った道灌は、すぐに出陣して、まっしぐらに甲斐まで攻め入り、敵方を攻め立てたのである。そのフットワークの軽さには驚嘆せざるを得ない。道灌の弟の資忠も、小机の陣からはるか北の羽生峰まで駆け抜け、続いて村山から奥三保まで攻め込み勝利を挙げるという活躍をみせた。道灌とその配下の武士たちの活躍によって、相模の反乱は鎮圧されることになったが、道灌は休む間もなく河越から出て北に進み、荒川を越えて、鉢形と成田の間に陣を取った。

景春方の敗色が濃くなる中、成田にいた足利成氏も、そろそろ引き時と考えるようになった。長尾景春が文句を言うかもしれないが、上杉との和睦をとりあえずは認めて、古河に帰ろうと決めたのである。景春が抵抗するかもしれないと危惧した成氏は、簗田中務少輔持助を太田道灌のもとに遣わして、景春の動きを抑えてほしいと頼みこんだ。道灌はこれを了承して景春の陣地に軍勢を出し、景春が退散したのをみはからって、成氏は利根川を渡って古河に帰っていった。七月二十三日のことである。

成氏とその軍勢は去り、景春の動きも抑えられて、上杉陣営はとりあえず一息つくかたちになった。大将の顕定の居所をどこにするかがまず問題にされたが、太田道灌の提案が容れられて、鉢形城を居城とすることに決まり、顕定はここに入って周囲ににらみをきかせることになった。上杉軍がいつ鉢形城を押さえたかは明らかでないが、成氏が軍勢を引いたのを見て、城にいた景春方もあきらめて逃走し、顕定らの上杉方が難なく城を接収することに成功したということではなかろうか。

思い起こせば、鉢形城は長尾景春の拠点で、ここから出てきた軍勢によって、上杉顕定は痛い目にあわされていた。北武蔵を押さえるには絶好の場所だったわけだが、この地の重要性を認識していたのは景春ばかりではなく、顕定や道灌など、上杉陣営の人々も同様だった。かつて自分に叛いた臣下が本拠とした場所を、顕定はあらたな拠点と定め、長くこの地に居住することになるのである。

長尾景春の敗北

足利成氏が古河に帰り、上杉顕定が鉢形に入って、情勢は落ち着きをみせたが、戦いは終わったわけではなかった。長尾景春は再起の機会を狙っていたし、千葉孝胤は本拠である下総の本佐倉（千葉県酒々井町）に帰って、あくまでも上杉に対抗する姿勢をみせたのである。

随所で述べてきたように、千葉氏の内部事情は複雑で、本佐倉の千葉孝胤と、武蔵の石浜（東京都台東区）・赤塚（板橋区）にいる千葉実胤《さねたね》・自胤《これたね》兄弟が対立していた。千葉（馬加）康胤が本家の千葉胤直を滅ぼしたのが分裂のきっかけで、康胤の系統を引き継ぐ孝胤が古河公方に従い、もとの本家につながる実胤・自胤が上杉方になるという形で、にらみあいを続けてきたのである。長尾景春の反乱に際して、千葉実胤は大石石見守の誘いに乗って、公方成氏に帰順しようとしたが、弟の自胤はあくまでも上杉方に従い、江古田原の戦いでも活躍をみせていた。このようなこれまでの経緯と、千葉自胤への対抗上、成氏が上杉に歩み寄りをみせたとしても、孝胤としては上杉と戦う姿勢を崩すことができなかったということではないだろうか。

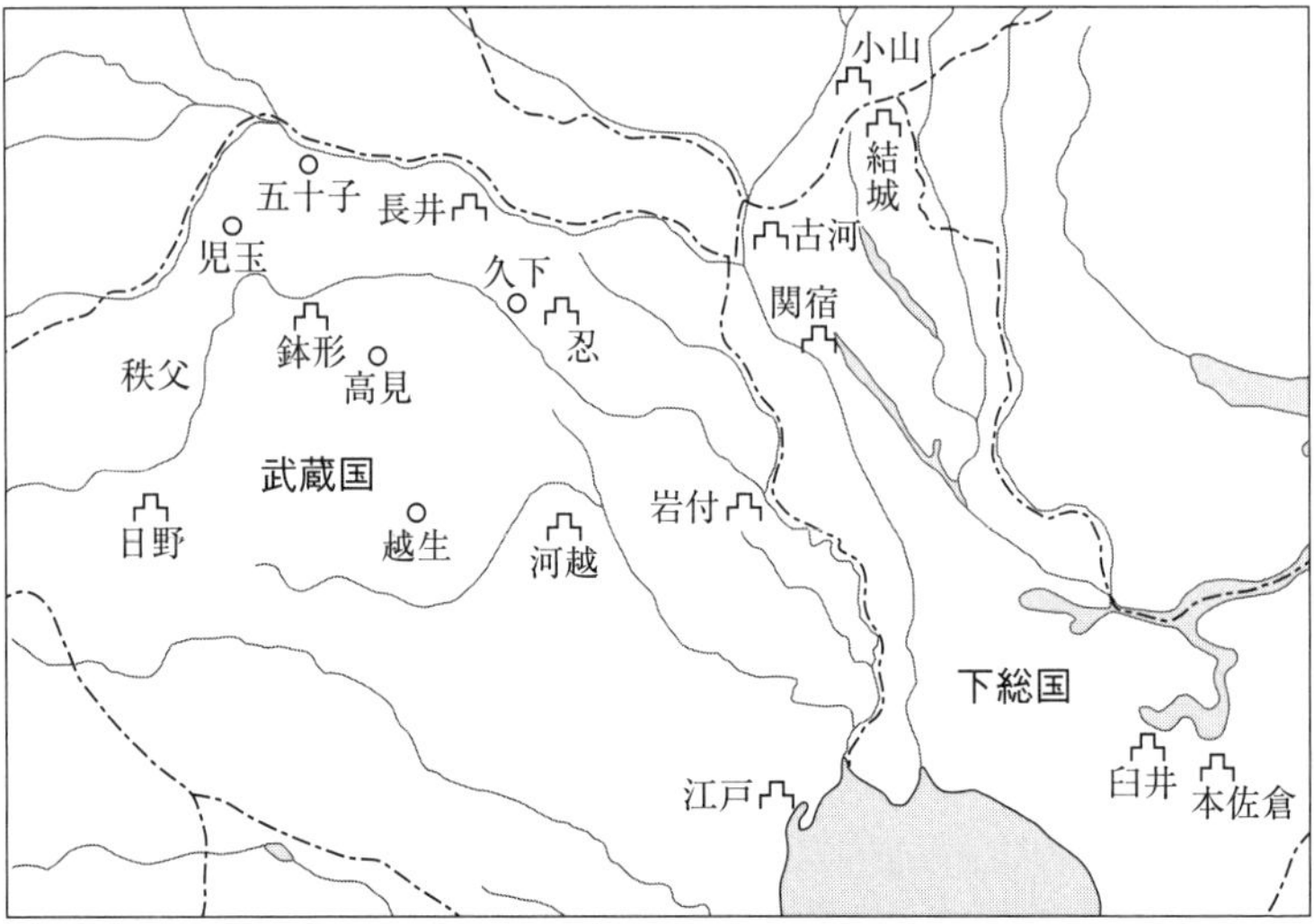

29—文明11・12年の戦い

あくまでも抵抗する千葉孝胤を放置しておくわけにもいかず、上杉顕定は軍勢を派遣し、十二月十日、下総の境根原（千葉県柏市）で合戦がくりひろげられた。結果は上杉方の勝利だったようで、孝胤は退いて臼井城（佐倉市）に籠った。年明けて文明十一年（一四七九）、顕定を大将とする上杉軍は臼井城を取り囲んだ。太田道灌もその中にいたが、長陣を続けるのは難しく、帰国せざるを得ない状況になってしまった。道灌が武蔵に帰ったあと、太田資忠の率いる軍勢が臼井城を陥落させたが、このときの戦いで資忠は討死してしまう。

秋になると長尾景春が行動を開始する。利根川南岸の長井城（埼玉県熊谷市）に移り、さらに西に進んで秩父に籠ったのである。秩父と長井という二つの拠点を押さえて、鉢形にいる顕定に対抗しようとしたのだろう。上杉の陣営では秩父と長井のどちらを攻めるべきか議論になったが、太田道灌はまずは長井城を攻めるのがいいと主張し、十一月二十八日、江戸城を出発して北に進んだ。はじめは長井城までいく予定だったが、忍城《おし》（行田市）のまわりの動きが怪しいという知らせを受けて、久下（熊谷市）まで軍勢を寄せて、成田下総守を援護した。

文明十二年（一四八〇）の年明け早々、長尾景春は児玉（本庄市）で蜂起する。上杉定正と太田道灌はそれぞれ軍勢を率いて景春の陣に迫り、夜襲をしようとしていたところ、景春は夜中に退散した。正月二十日になると、景春は決起して越生（越生町）に攻め込んだ。越生は太田道真の本拠の一つだったが、たまたまここにいた道真は、兵士を率いて景春の軍勢に立ち向かい、これを撃退した。このあと太田道灌は長井城の攻略に取り掛かり、和睦交渉がまとまって、城主が降伏して一件落着となった。

長尾景春は秩父の日野城（秩父市）に籠城していたので、上杉顕定は鉢形を出て秩父に入り、大森に陣を取った。太田道灌も軍勢を率いて一団に加わったが、ちょうどこのころ、古河の足利成氏が、上杉との和睦を取り消して、長尾景春を支援しているという情報が上杉陣営にも流れてくる。幕府との和睦をとりつけると約束したものの、いっこうに動いてくれない上杉側の対応にいらだった成氏は、和睦破棄の姿勢を明らかにしだしたのである。成氏の方針転換は事実のようで、二月二十五日に幕府の重鎮の細川政元にあてて出した書状の中で、成氏は事情をこう述べている。「上杉顕定と上杉定正が和睦のことをとりなしてくれるというので任せていたが、一両年たってもなにもしてくれない。虚言の至りで、どうしようもない。長尾景春が長棟（上杉憲実）の名代として補佐してくれると言ってきた。景春から詳しい注進が届くだろうから、よろしくとりはからってほしい。」

約束を果たしてくれない上杉顕定・定正に成氏が怒っていたのはたしかだろう。そうしたときに、長尾景春がかわりに仲介役を買って出ると言ってきたのである。景春は上杉氏のかわりに公方を補佐すると申し出たわけだが、そのとき「長棟」すなわち上杉憲実の「名代」という形で景春が自らを位置づけているのは興味深い。景春は特定の上杉一門を推戴しているわけではないから、かつての管領だった憲実を持ちだすしかなかったのだろうが、景春は管領と同等の立場で公方の補佐役をつとめようとしていたのかもしれないのである。

成氏の書状の日付は二月二十五日だが、同じ日付で長尾景春も小笠原備後守あての書状を書いている。「古河様」から「御書」が出されたので、和睦が実現するよう「御披露」をお願いしたいというのが書状の趣旨で、小笠原は景春とつながりのある幕府関係者であろう。同日付で成氏と景春の書状が作成されたことになるが、このたびのことを積極的に推進したのは景春で、成氏は景春の意向を受け入れて御書を書いて渡したということなのだろう。景春自身が古河に赴いて成氏を説得し、御書を書いてもらったうえで、自身の書状も認めたということも考えられる。児玉で蜂起し、越生に攻め込んだ一月後にこのようなことが可能か疑問もなくはないが、古河までの距離や交通の便を考えれば充分ありうることかもしれない。

一月後の三月二十日、堀越公方の重臣である上杉政憲が細川政元あての書状を書いているが、ここにも長尾景春のことがみえる。そして前記した文書も含めて六通の文書が、まとめて京都まで届けられたようである。これらの文書は写の形で遺されているが、そこに「長尾方よりの状六通」という注記があるから、長尾景春の関係者が六通を一括して京都に持参したものと推測される。公方成氏の書状を手に入れたのち、長尾景春の使者は遠く伊豆の堀越に赴き、上杉政憲から書状を書いてもらい、そののち上洛を果たしたのだろう。幕府との和睦工作の中心を担うことで復権を果たそうと、景春は必死だったのである。

古河公方の成氏が景春支援に回ったという知らせは、上杉陣営を動揺させた。秩父の陣中にいた太田道灌は、日野要害を攻めるのはあとまわしにして、武蔵の中心部を固めるのがいいと顕定に進言している。この提案は結局認められず、五月になって道灌はいったん江戸に帰るが、すぐに北上して高見（埼玉県小川町）に到り、さらに進んで利根川の端へ向かった。そうしたところ敵が退散したので、道灌は長尾忠景と相談して、新田に向かって利根川を越えるつもりでいたが、いよいよという段になって忠景が行かないと言い出し、計画は頓挫した。忠景が足を引っ張る形になったわけで、そのあと秩父に赴いた道灌は、ことのいきさつを顕定に報告し、不満を吐露している。

景春の与党は各地で活動していたが、大将の上杉顕定は、とにかく本拠の日野城を早く落とすのが肝腎だと考えていたらしい。そしてやはり太田道灌が命令を受けて城の攻略にあたることになる。道灌の尽力によって城は陥落し、数年続いた内乱は収束の時を迎えた。長尾景春は結局敗北したが、しぶとく生き残り、のちに再び決起することになる。

太田道灌の訴え

文明九年正月の五十子陣解体から、文明十二年秋の日野城陥落まで、三年半の間、武蔵を中心に、相模・上野、さらには下総や甲斐も巻き込んだ内乱が展開された。上杉顕定・上杉定正・長尾忠景・太田道真・太田道灌、さらには大石・上田といった上杉陣営の面々は、それぞれの持ち場を固めながら、時には遠方に赴いて戦いをくりひろげた。五十子陣を攻められた顕定と定正は、いったん上野に逃げのび、武蔵や相模でも景春方が挙兵して、上杉方は窮地に陥るが、太田道灌の活躍によって相模や南武蔵は鎮定され、北武蔵でも上杉方が勝利した。その後古河公方成氏が大軍を率いて参戦したため、顕定は上野に退くが、成氏との講和をなんとかまとめて窮地を脱した。そして太田道灌は相模の景春方との戦いに尽力し、顕定は鉢形城を拠点としながら景春方との戦いを指揮した。千葉孝胤の討伐は果たせなかったが、景春の再起の動きも押しとどめて、上杉陣営は勝利を手にしたのである。

南は相模の小磯から、北は上野の白井まで、戦いの及ぶ範囲はかなり広く、武将たちはめまぐるしく各地を駆けめぐったが、なかでも目立ったのは太田道灌の活躍だった。道灌とその配下の武士たちは、江戸や河越を根拠にしながら、東は下総臼井《うすい》、西は甲斐の都留《つる》郡に至るまで、各地を走り廻りながら景春方との戦いを続けたのである。そして彼らの尽力によって、南武蔵から相模に及ぶ一帯は、なんとか安定をとりもどした。南関東の内乱を鎮めた道灌の功績は大きかったといわざるをえない。

しかし、上杉方の大将である上杉顕定や、その家宰の長尾忠景と道灌との関係は、決して円満なものではなかった。特に忠景と道灌の関係は険悪で、ことあるごとに意見の対立をみた。景春が反乱を起こす前から二人は仲が悪かったようだが、共通の敵（景春方）を前にしても、対立関係は解消されなかったのである。後述する書状の中で、道灌は忠景の無能ぶりを書き並べているが、忠景にしてみれば、こうした道灌の態度はがまんできないものだったと推測できる。そして、このことも影響してか、忠景の直接の主君にあたる上杉顕定も、いつしか道灌を遠ざけるようになっていくのである。

景春方最後の拠点の日野城の攻略にあたっても、道灌の功績は大きかったが、勝利が確定するとすぐに、上杉方の内部でもめごとがおきる。今後のことについて、道灌はなにごとか主張したようだが、これに反対する人たちもかなりいた。そして顕定は反対派の意見を受け入れてしまう。「あの者たちにどれほどの功績があるというのか、お聞きしたいものだ」。道灌の怒りは究極の主君にあたる上杉顕定にも向けられてゆく。

この後道灌は河越か江戸に戻ったようだが、十月になって顕定の家臣の高瀬民部少輔が河越にやってきた。上杉定正や道灌に対して、近くに軍勢を出してほしいという顕定の要請を伝える使者だったが、いろいろ問題がおきて、長く河越に滞留することになった。道灌も高瀬のもとに赴いて相談するが、この機会に自分やまわりの人の要求をまとめてみようと思い立ち、高瀬あてに長文の書状をしたためた。十一月二十八日のことである。

この書状は写の形で伝えられていて、前のほうに欠損があるが、大きくみて三つの部分で構成されている。はじめは個別の武士たちについての要望、二つ目は文明六年以来の経緯について、三つ目は今回の内乱にかかわった人々の評価である。

はじめのほうでは、大串弥七郎の出仕がなかなか叶わないことや、小宮山左衛門太郎が困窮していることなど、個別の武士の処遇についての要求が書き並べられていて、最後のところで高瀬が河越に来てからの経緯を書き、上田上野介が不満をもっているのでなんとかしてほしいと頼んでいる。大将の顕定やそのとりまきから冷遇された人々が、道灌のもとに助けを求めて集まっているという状況があり、道灌としても対応を迫られていたものと思われる。

高瀬に対する直接のお願いはここまでなので、書状はこれで終わりとなるのが普通だが、気持ちが高ぶったのか、道灌は筆を休めず、違うバージョンに突入してしまう。これまでの六年間の政治情勢と自身の活躍について、事細かに書き並べていくのである。二十一の場面ごとに、上杉陣営と景春方の動き、自身と配下の武士たちの活躍について、月日を追って書き綴っているが、その内容は詳細を極めている（本書の叙述もその多くをこの書状に依拠している）。基本的には事態の経緯を冷静に追っているが、時には感情の高ぶりを抑えられない記載もみられる。ことに長尾忠景との対立にかかわる部分の叙述は辛辣で、道灌のいらだちを実感することができる。

日野城の攻略に至るまでの自身の功績を述べたあと、最後にまとめの一文を置く。「去年以来は出家の身でしたが、信心に専念することもなく、走り廻っていました。そういうことなので、お褒めに預かることができるかと期待していたのですが、あまりに情けない扱いをされて、不運の至りです。きっと何も考えないで走り廻っていたのがいけなかったのでしょう。深く慚愧《ざんき》しています」。

このようにいったんまとめたあと、書状は第三段に移る。「当方に同心した御奉公衆や当国（武蔵）の一揆、そのほか当方（太田）の家中の者たちの忠節については、いちいち書き上げません」と書き出しながら、今回の内乱にかかわった人々の功績などについて、ひとりひとり具体的に書き並べていったのである。「吉良殿は最初から江戸城にお籠りいただき、その下知によってなんどか勝利を得た」。「木戸三河守（孝範）も江戸城にいて、いろいろ意見をしてくれた」。「千葉自胤は江古田原の戦いで自身太刀打ちしてくれた」。「長井殿は顕定が白井にいたとき味方になり、自身太刀打ちして、家臣も多く討死した。その働きが理解されていないようなので、よく調べてほしい」。「渋川左衛門佐殿（義鏡）は白井の御留守をつとめ、相模や鎌倉においても自身太刀打ちして、家臣を多く失った。それなのに、名字の地である渋川荘が知行できていないのは、みっともないことだ」。……武将たちの功績を書き並べながら、これに報いる配慮がなされていないことを批判しているわけだが、なかには辛辣な評価を受けた者もいた。「河村大和守のことだが、あいつはどこでも一つも戦功を挙げていない。先年白井で味方が難儀になったときには、暇も言わずに逃げ帰った。それなのに、こんな人の

表３　太田道灌書状にみえる武将たち

人　名	功　績　な　ど
吉良殿様（成高）	最初から江戸城に御籠り．その下知で城中の者たちが何度か勝利を得た．
木戸三河守殿（孝範）	江戸に在城し，兵儀以下のことを意見してくれた．
白井次郎左衛門尉（木戸の被官）	道灌と同心して，白井で堪忍．
千葉実胤	葛西に越して公方様（足利成氏）と通じようとしたが，千葉孝胤が出頭していたので許容されず，美濃に落ちる．
千葉自胤	江古田原合戦のとき，刑部少輔（上杉朝昌）とともに馳せ加わり，自身太刀打ち．上野に（上杉顕定が）御下向のとき，江戸城に籠る．家風もたびたび合戦で活躍．
宅間讃岐守殿（上杉憲能）・本郷入道殿	河越より御移りのとき，道灌に頼まれ，河越に在城．
左衛門佐殿（上杉憲清）・六郷五郎殿（上杉能香）	修理大夫（上杉定正）と同心して上野に下向．
長井殿（広房）	（顕定が）白井に御座のとき，味方になり，所々で自身太刀打ちし，家臣が多く討死．
筑地・藍原・神保（長井殿の代官）	白井に参陣．
三浦介（義同）	数か度合戦．（当方とは近い親類）
渋川左衛門佐殿（義鏡）	白井の留守をつとめ，相模や鎌倉辺の所々で自身太刀打ちし，家臣が少々討死．
板倉美濃守（渋川殿の被官）	最初から道灌に同心して，所々で合戦．有土原（用土原）合戦でも手を摧き，白井にも御供．奥三保・下総境根原合戦のときも戦功を上げる．
一色陸奥守殿	江戸城に向かったものの，妨害にあい，方々で堪忍．渋川殿と同心に御働き．
大森信濃守（氏頼）	最初から味方になり，江古田・有土原・相模奥三保・下総境根原・臼井城下の合戦で戦功を上げる．
河村大和守	何方においても戦功なし．白井難儀のとき，断りもなく逃げ下る．
松田左衛門尉（頼秀）	河村と合宿していたが，残留して忠信を尽くす．

ことを重んじられているのは、嘆かわしい限りです」。

長々と書き連ねたあと、「あなたから事情をお聞きしましたが、関東が静謐になることは、きっと難しいと思います」と書き出し、顕定の家中がもめていて、当然のことを決断できないのが問題ではないかと続け、とにかく人を選んで任せるのが大切だという形でまとめて、以上のことについて「御意」を得たいと結んでいる。高瀬にあてた書状だが、その内容を主君の顕定に披露してほしいと、道灌は頼んだのである。

都鄙和睦の成立

長尾景春が古河公方の成氏と幕府の和睦実現のために奔走していたことは前述したが、成氏の意向を受けて動いたのは景春だけではなかった。上杉顕定や定正が何もしてくれない中で、成氏がいちばん期待を寄せたのは、越後にいる上杉房定で、早い時期から幕府へのとりなしを依頼している。房定は顕定の父で、関東の戦いにも関与していたが、京都の足利義政や幕府の面々ともつながりをもち、かなりの信頼を得ていたので、取り次ぎ役としては申し分なかった。文明十一年の十二月に、房定は成氏の意向を幕府に注進しているが、なかなかうまくいかないのをみて、文明十二年七月、成氏はあらためて房定に書状をしたため、和睦のために尽力してほしいと頼んでいる。

成氏の書状を受け取った上杉房定は、十月五日に細川政元と細川政国《まさくに》にあてて書状を書き、京都の義政への披露を頼んだ。成氏の熱意が伝わるようにと、その書状の現物を使者(徳林西堂)に持たせて、京都に派遣したのである。長尾景春の使者も同じころにいろいろの文書を持って京都に向かっていたが、下総の結城氏広も斡旋の役を買って出て、成氏から書状を受け取り、文明十三年三月に細川政元・政国に書状を書いて、使者を京都に遣わした。

成氏の意を受けて和睦工作にかかわったのは、上杉房定・長尾景春・結城氏広の三人で、それぞれが使者を京都に派遣して、関係する文書を提出した。こうした書状のまとめ役になったのは細川政国で、七月十九日、彼は受け取った書状をまとめて幕府に進上し、文書の写を作成している。

越後の上杉房定は、成氏の強い要請を受けて、仲介役をつとめることになったわけだが、長尾景春は戦いに敗れて苦境に陥っており、自身の立場をなんとか認めてもらおうと、こうした役目を買って出たようである。結城氏広が動いた理由はよくわからないが、景春が成氏にとりいろうとする中で危機感を覚え、これまで成氏を支えてきた大名たちの代表として行動しようと考えたのかもしれない。しかし、景春は結局拠点を失って没落してしまい、結城氏広も文明十三年の三月に死去していて、効力を発揮したのはやはり上杉房定の斡旋だった。

文明十四年(一四八二)の十一月二十七日、足利義政は成氏との和睦を受け入れ、伊豆の足利政知と越後の上杉房定にあてて御内書をしたためた。政知あての御内書には「和睦のことだが、長く(成氏が)懇望していると、上杉民部大輔房定が注進してきたので、了承することにする。政知のことについて不足のないよう申し合わせると、房定が申しているので、問題はないだろう」、房定あての御内書には「左兵衛督《さひょうえのかみ》（政知）の身上に不足がなければ同心するから、うまくゆくよう努力せよ」と書かれていた。

成氏の所行を謀叛と決めつけてから、もう三十年近い歳月が過ぎていて、義政としても争いを続ける気もなくなっていたのだろうが、問題になるのは伊豆の足利政知の処遇だった。成氏にかわる公方として入部してきた政知にとってみれば、成氏の赦免は自らの存在そのものを揺るがしかねないことで、反発もありえると、義政も心配していた。和睦には同意するが、政知の身上に不足がないようにすることが条件だと、義政は主張したのである。

もちろん仲介者の上杉房定もこのことは承知していて、政知に伊豆国を与えることで問題を解決しようと考え、こうした案をすでに幕府に示していた。義政御内書と同日に出された伊勢貞宗（幕府の重鎮）の房定あての書状には、「御和睦のことだが、豆州様（政知）に伊豆国を進上して、うまく実現するようにと、四郎殿（上杉顕定）に指示するということなので、御注進の通りに披露しました。また、古河様（足利成氏）からも特別に御料所を（政知に）進めるということですが、とにかくそれでかまわないとの（義政の）上意でございます」と書かれている。上杉顕定が伊豆国を政知に進上し、成氏からも御料所を政知に与えるという形で政知を納得させようと房定は考え、京都の義政もこれを受け入れたのである。

上杉房定の斡旋によって、足利義政と足利成氏の和睦はここに実現をみた。房定の命を受けて京都

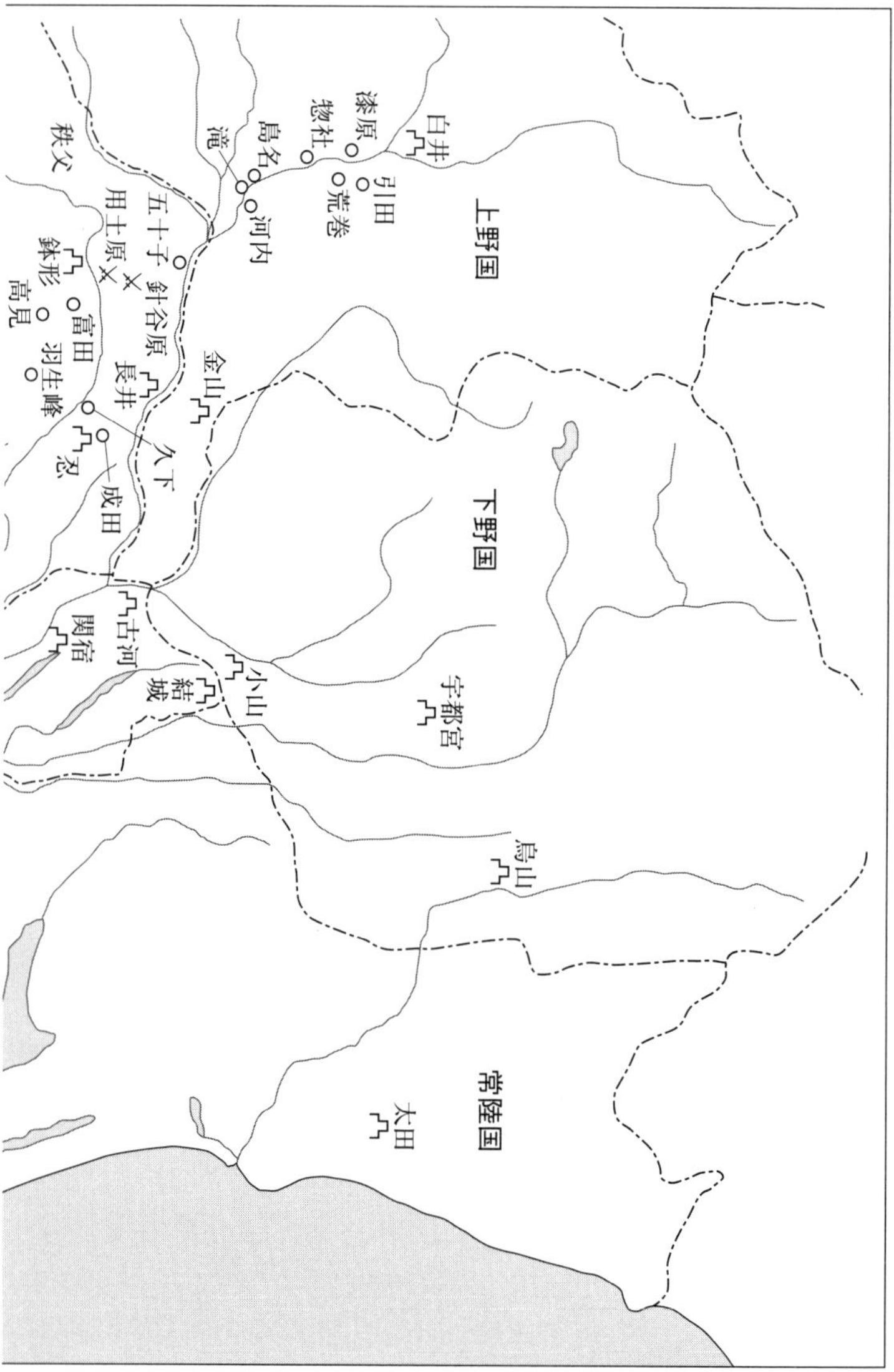
上野国
白井
漆原
惣社
引田
荒巻
鳥名
滝
河内
秩父
五十子
用土原
針谷原
鉢形
高見
富田
羽生峰
長井
金山
久下
忍
成田
下野国
古河
関宿
結城
小山
宇都宮
烏山
常陸国
太田

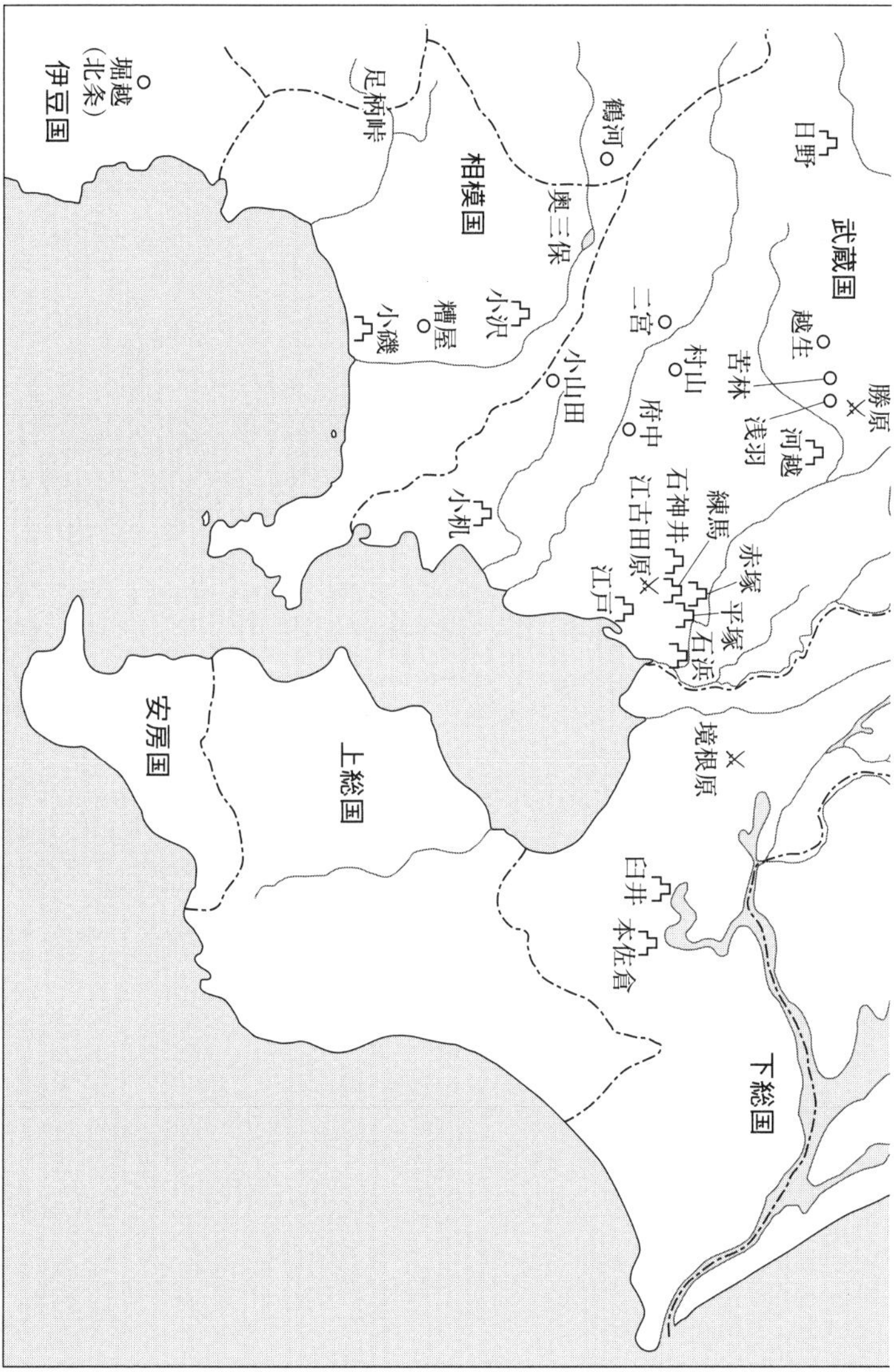

30——長尾景春の乱関係地図

に上り、幕府との交渉にあたったのは、越後府中（新潟県上越市）円通寺の岳英《がくえい》という僧だったが、彼はこのたびの功績を認められて、鎌倉の建長寺の住持に任命されることになった。年明けて文明十五年（一四八三）六月、古河の足利成氏は、上杉房定にあてて書状を書き、感謝の気持ちを伝えた。

足利義政や幕府の面々から逆賊と断ぜられながら、足利成氏は上杉方との戦いを続け、古河を中心に独自の権力基盤を築き上げた。そして三十年の歳月を経て、ようやく汚名返上を実現したのである。上杉顕定や上杉定正に対する不信感は残っていたが、顕定の実父の房定が和睦実現のために尽力してくれたこともあり、結局は上杉陣営との戦いをとりやめることになった。長く続いた足利と上杉の争いは、ようやく幕を閉じたのである。

V 太田道灌の力量

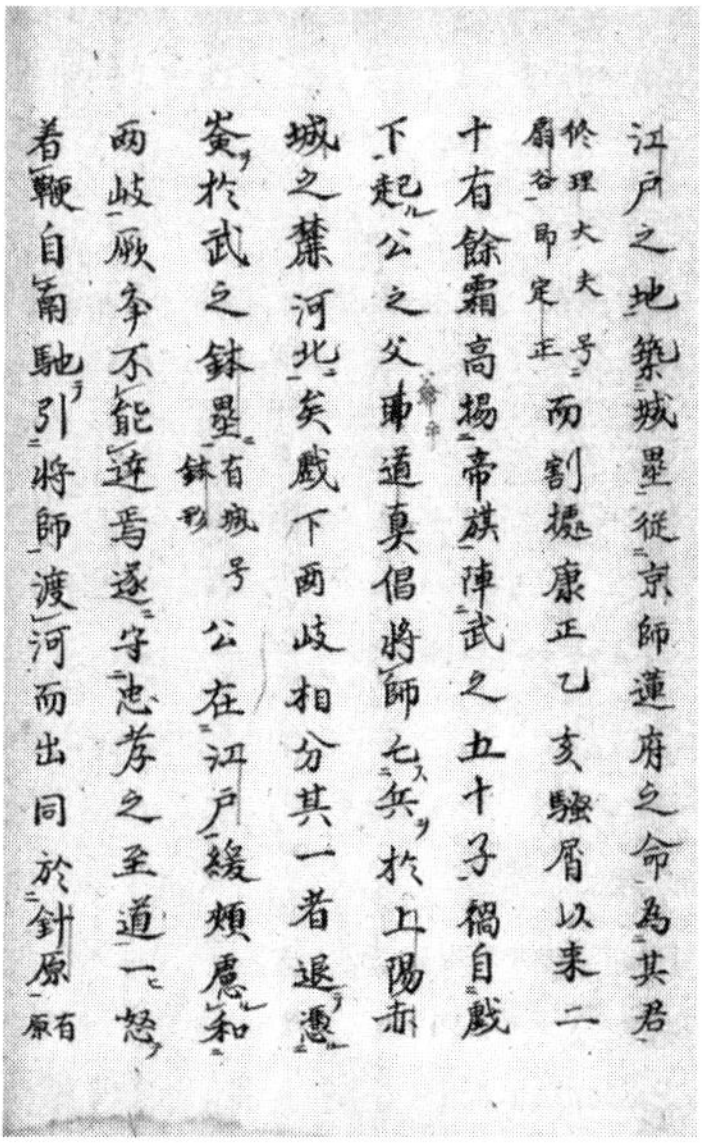
江戸之地築城塁従京師蓮府之命為其君
修理大夫号扇谷即定正而割據康正乙亥験暦以来二
十有餘霜高揚帝旗陣武之五十子禍自戯
下起公之父車道真倡将師乞兵於上陽赤
城之蕪河北矣戯下両岐相分其一者退憑
崟於武之鉢塁有城号鉢形公在江戸綫煩慮和
両岐厥争不能避焉遂守忠孝之至道一怒
着鞭自甫馳引将師渡河而出同於針原有原

31――『梅花無尽蔵』

漢詩文の達人であった万里集九は，美濃から遠路江戸に至り，太田道灌のもとに身を寄せる．万里が作った道灌を讃える詩文は，板に書かれて江戸城内の静勝軒に掲げられた．万里の詩文集「梅花無尽蔵」に全文が収められている．

1　江戸城の風雅

江戸城での歌合

文明六年（一四七四）六月十七日、江戸城で歌合が行われた。城主の太田道灌が主催したもので、和歌や連歌の達人として尊敬を集めていた心敬《しんけい》が招かれて、判者もつとめた。歌合というのは、二人が対になって和歌を詠み、判者が勝敗を決めるもので、このときは二十四番の対決がなされた。和歌の題材ははじめから決まっていて、一番から八番までは「海上夕立」、九番から十六番までは「深山納涼」、十七番から二十四番までは「連夜待恋」だった。

歌合に参加したのは十七人で、三首詠んだ人が十四人、二首詠んだ人が三人いた。そのメンバーを列記すると次のようになる。

心敬
平盛
道灌…太田道灌
孝範…木戸三河守
資雄…道灌の甥（資忠の子）

音誉…増上寺の長老
珠阿
資俊…大山大和守
好継
卜厳
宗信
恵仲
長治
快承
資常…道灌の弟か
瑞泉坊
資忠…道灌の弟

最初の第一番は心敬と平盛が歌を詠み、第二番では太田道灌と木戸孝範が歌を詠みあった。このように二人ずつペアを組んで歌を詠みあい、そのたびごとに判者の心敬が勝負の判定をしたのである（優劣つけがたいときは「持」にした）。

太田道灌はまず二番で木戸孝範と対決し、続いて十三番で平盛と詠みあい、さらに二十三番で判者の心敬と対している。「海上夕立」「深山納涼」「連夜待恋」の題ごとに、一首ずつ和歌を詠んだことになる。

海原や水まくたつの雲のなみはやくもかへす夕立の雨　（海上夕立）
なをざりのすゞのあみめをならせども嵐の枕秋とだになし　（深山納涼）
かきくどき数へし夜はの心さへいかによはりてことの葉もなき　（連夜待恋）

判者の心敬はこのとき六十九歳。もとは京都東山の十住心院の住持だったが、清巌正徹《せいがんしょうてつ》に和歌を学んで名を高め、さらに連歌の世界でも中心的存在になっていた。文明元年（一四六九）に思い立って関東に下向し、品川に着いて各地を見物し、帰ろうとしたところ、戦乱のため道を塞がれて果たせず、相模大山の麓の石蔵に住んでいた。その名声を聞いた道灌が、歌合への参加を頼み、心敬も老体を推して江戸城に赴いたのである。

太田道灌は当時四十三歳、江戸城を拠点としながら、武蔵南部と相模に勢力を張り巡らし、安定した地位を築いていたが、和歌の道にも関心を寄せ、歌会を開いて自らも歌を詠むまでになっていたのである。このたびの歌合の中心にいたのは、心敬・平盛・道灌・孝範の四人で、スポンサーの道灌はほかの三人と歌を詠みあうことになった。平盛についてはよくわからないが、心敬と同じく和歌や連歌に通じ、これを業とした人だろう。木戸孝範は堀越公方に仕えた武将で、道灌と親密な関係をもち、のちに長尾景春が反乱を起こしたときには、江戸城に入って兵士たちの指揮にあたっている。

この歌合には芝（東京都港区）の増上寺長老の音誉も参加しているが、道灌の弟の資忠・資常、甥の資雄といった一門が名を連ねていることも注目できる。大山大和守資俊も太田一門とみてよかろう（「資」は太田一門が共通に持つ「通し字」である）。道灌だけでなく、一門の武将たちも和歌に親しみ、交流の会に参加していたのである。

静勝軒に掲げられた詩板

江戸城は太田道灌が指揮して築き上げたもので、東は海に面し、西に堀を巡らせた、かなりの規模のものだったが、道灌はその中に三つの建物を作って、日常の生活や、娯楽のための場所とした。南にある静勝軒が中心的な存在で、東の建物は泊船軒、西の建物は含雪軒と名づけられた。

32——太田氏系図

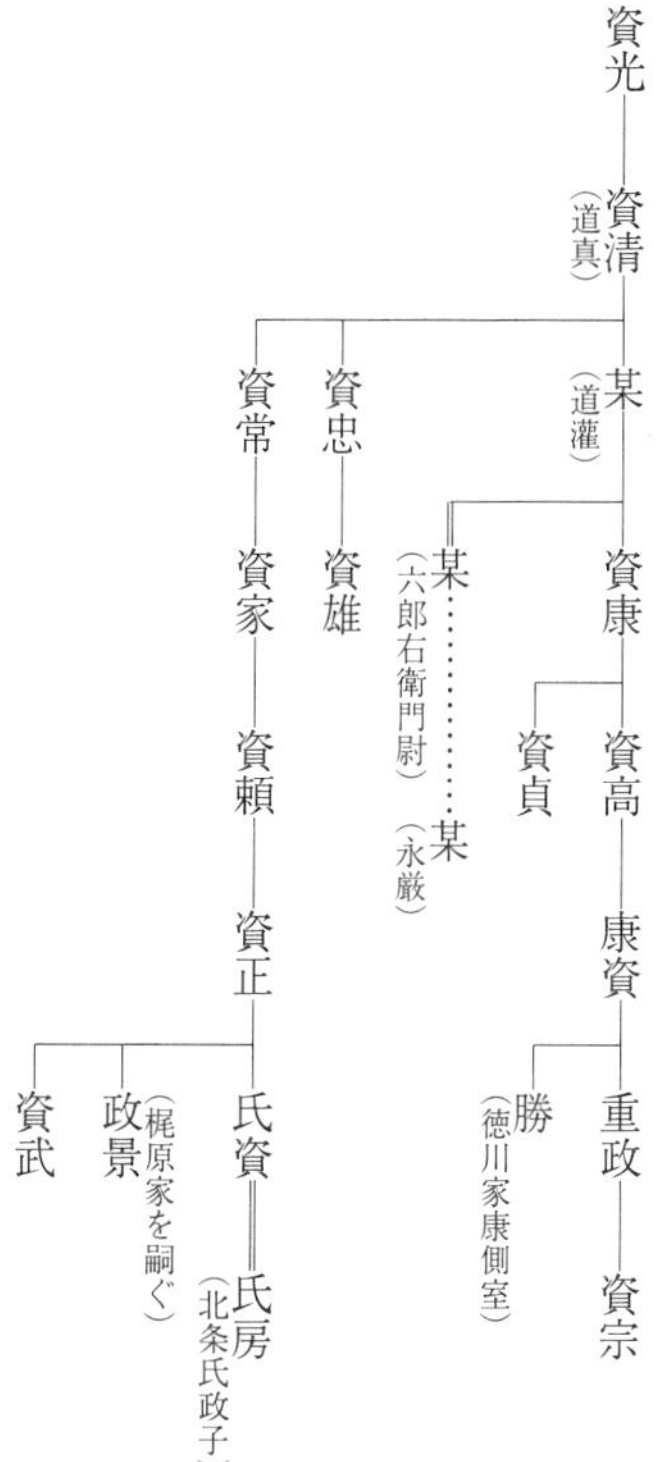

三つの軒を往来しながら、道灌は風雅を楽しんでいたが、京都にいる禅宗の名僧たちから詩を書いてもらって、静勝軒の前に掲げてみたいと思い立ち、やがて行動に移した。文明八年（一四七六）の夏、道灌は使者を京都に遣わして、岩栖寺にいた希《き》世《せい》霊《れい》彦《げん》に詩文を書いてほしいと頼

んだ。希世霊彦は道灌の頼みを受け入れようとしたが、いまだに関東に赴いたことがなく、江戸城のようすも見ていないので、かつて関東に出かけて江戸城も見た経験がある建仁寺の正宗龍統《しょうじゅりゅうとう》に相談をもちかけた。正宗龍統は希世霊彦と古くからの友人だったので、江戸城を見たときのことを思いだして、自分が序文を作ると約束した。こうして正宗龍統が序文、希世霊彦が跋文を作成することになる。詩文がまとめられたのはこの年の八月だった。

正宗龍統の書いた序文はかなりの長文で、「江戸城静勝軒に寄せて題する詩の序」というタイトルがつけられている。「武州の江戸城は、太田左金吾《さきんご》（左衛門）源道灌公がはじめて築いたものだ。関（箱根の関）から東では、道灌公に肩を並べるものはほとんどいない。ほんとうに一世の雄というべきだ」。最初に依頼者の道灌を持ち上げたあと、江戸城のことを詳しく書き始める。「城のある場所は、海と陸のまじわる豊かなところで、船や車が集まってきている。塁の高さは十余丈で、崖が切り立ち、周りを囲んでいる垣の長さは数十里にも及ぶ。その外には大きな堀や溝があって、水路が通り、きれいな沼もある。それから、大きな橋があって、出入口につながり、鉄の門、石の墻《かきね》を通り、石の坂道を登っていくと、城塁に出る。道灌公の三つの軒がそこにあり、うしろに楼閣が見える」。

城から見た光景についても、正宗龍統は詩文でまとめた。「城の東のほうに川があって、曲折して流れ、南の海に注いでいる。商売をする人たちの大小の船が帆を並べ、漁師たちのかざす篝火《かがりび》がちらちら見える。高橋の下で人々は纜《ともづな》を繋ぎ、櫂《かい》を置いて、商売のためにどっと集まってきて、毎日市をなし、安房の米、常陸の茶、信濃の銅といった、各地の特産物が商いされている」。

前半で江戸城やその周囲のことを詳しく述べたあと、静勝軒の「静勝」の意味について言及し、「宇宙の間で、道灌公と争って戦う者は誰もいない。これも公の威愛をみんながよくわかっているからだ」と道灌を讃える。そして最後にこの詩文を書くことになった経緯を述べ、長い序文をまとめている。

希世霊彦の跋文はこれに比べれば短いが、「太田左金吾源公は、関左の豪英である」ともちあげたうえで、江戸城とそのまわりの様子を要領よくまとめて、詩文を依頼された経緯を述べ、文をしめくくっている。正宗龍統から江戸城のことを聞いて、詩文をまとめあげたわけだが、やはり実際に現地を見てきた正宗龍統の序文のほうが、描写が詳細で具体的である。このように正宗龍統が序文、希世霊彦が跋文を作ったが、このほかに横川景三《おうせんけいさん》・天隠龍沢《てんいんりゆうたく》・蘭坡景茝《らんぱけいし》といった名僧たちが、道灌の求めに応じて七言絶句の詩を作った。このようにして作成された詩文は、使者によって江戸城の道灌のもとにもたらされ、これを書きつけた板が、静勝軒に掲げられることになる。

同じ時期、鎌倉の建長寺にいた子純得么《しじゆんとくよう》が、「左金吾源大夫江亭記」と題された詩文を書き上げ、道灌に献上した。道灌の熱心な依頼に応じてまとめたもので、やはり江戸城の風景を叙述し、「静勝」「含雪」「泊船」という言葉のもつ意味について、詩文の形でまとめている。

太田道灌は江戸城を本拠としながら、関東の中で活動していて、京都に赴いたことはなかったようだが、五山などにいる禅宗の僧侶たちの間で流行していた文芸の世界にもあこがれを持ち、詩文を取り寄せて、これを書き記した詩板を自邸に掲げたりしていた。戦乱の中にありながら、自分の拠点の江戸城に文化の華を咲かせようと、いろいろ工夫をこらしていたのである。

禅僧たちの詩文を目にして、道灌は得意満面だっただろうが、まもなく長尾景春が反乱を起こし、道灌も戦いに明け暮れることになる。その詳細は前述したが、文明九年から十二年に至るまでの間、関東の各地を転戦し、上杉方の勝利に大きく貢献したのである。ただ武蔵の鉢形に入った上杉顕定や、そのとりまきとはうまくいかなかったようで、結局江戸に戻って、自らの基盤を固めることにつとめた。すでに出家の身だったが、子息（のちの資康）はまだ若年だったから、なかなか引退とはいかなかったのだろう。

万里集九の来訪

漢詩文の名手として知られた万里集九《ばんりしゅうきゅう》が江戸に訪れたのは、文明十七年（一四八五）十月二日のことだった。美濃の鵜沼《うぬま》にいた万里集九は、九月七日に出発し、二十六日かけて江戸の芳林寺に到着し、翌日に江戸城の静勝軒に赴いて太田道灌と面会した。静勝軒からは隅田川《すみだがわ》や筑波山《つくばさん》が見え、富士の峰も望むことができた。早速万里は詩を作って見事な風景を賞賛した。万里集九は道灌より四歳年長の五十八歳。このまま江戸城に留まって、道灌や周囲の人たちとの交流を続けることになる。

万里集九と道灌との交流は、五年ほど前、文明十二年のころからのものだったようである。道灌の主君にあたる上杉定正が万里のもとに使者を遣わして、鎌倉にある「贋釣亭《がんちょうてい》」を題材にした詩を書いてほしいと頼んだことがあった。「贋釣亭」は扇谷家の出身地である鎌倉の扇谷の地にあった庵で、定正も道灌と同じように、名のある達人に詩文を書いてほしいと依頼したわけだが、それだけでなく、使者が持参した扇にも詩を書いてほしいと頼みこんだ。万里は求めに応じて扇に詩をしたためたが、雪下殿（鶴岡八幡宮の別当）と太田道灌にも、それぞれ扇に詩を書いて渡している。確証はないが、定正の使者は雪下殿と道灌からもいっしょに依頼を受け、扇をかかえながら鵜沼まで行き、詩を書いてほしいと万里に依頼したのだろう。万里と道灌の交際はこのようにして始まり、江戸城の静勝軒を題材にした詩を書いて送ってやったこともあった。こうした中、道灌は万里に江戸に来てもらいたいと思うようになり、万里と交流のある芳林寺の大林正通《だいりんしょうつう》に説得を依頼した。そして道灌の懇望に応えるかたちで、万里は鵜沼を出立し、はるばる江戸までやって来たのである。

道灌にはじめて会ってから六日目の十月九日、上杉定正が江戸城にやってきて、万里も交えて宴席が開かれた。この宴席は定正が設けたもので、道灌はその場で舞を披露した。十三日に定正は陣中に赴き、翌十四日、静勝軒で和歌の会がなされた。二十六日になると、木戸孝範から和歌三首が送られてきて、万里はお返しの詩を作ったが、このときは和歌のおわりの語の音と、詩の脚韻（おわりの語の韻）が同じになるようにするという工夫をこらした。木戸孝範が文明六年の歌合に参加していたことは前述したが、和歌の道にいそしんでいた彼は、万里が江戸に来ていると聞いて、がまんできずに和歌を送り届けたのだろう。

しばらくは江戸にいてくれそうだということで、道灌は万里のために家を建て、万里はここに住むことになる。鵜沼の住居と同じく、この家も「梅花無尽蔵《ばいかむじんぞう》」と名づけられた。道灌や周囲の人々との交遊は続き、鎌倉の建長寺や円覚寺の長老や少年たちを招いて、隅田川に船を浮かべ、詩歌を詠じ笛や鼓《つづみ》を鳴らして楽しんだこともあった。このときの詩文の注記には「隅田川は武蔵と下総の間を流れていて、路傍の小塚に柳の木がある。道灌は下総の千葉を攻めるために、長橋を三つ懸けている」とみえる。人々と交わり、詩を作りながら、江戸城とそのまわりのようすを、万里は注意深く観察していた。

年明けて文明十八年（一四八六）の春、道灌と万里は連れだって「菅丞相《かんじょうしょう》」（菅原道真）の霊廟に詣でた。この霊廟は道灌が建てたもので、廟の前には梅の樹が数百本もあり、二人は梅の花をめでながら、詩や和歌について語りあった。頼りになる庇護者のもと、万里は幸福な日々を送っていたのである。

万里が作った静勝軒の詩

江戸城の静勝軒には、文明八年に作られた禅僧たちの詩文が掲げられていたが、当代随一の詩文家を身近に置くことになったので、やはり詩文を作ってもらいたいと、太田道灌も考えるようになった。そして道灌の求めに応じて、万里集九は正宗龍統や希世霊彦の詩と比べて見劣りしないような文章を作ろうと努力し、「静勝軒の銘の詩ならびに序」と題する詩文を完成させた。文明十八年になってからのことである。

「文の文たる所以《ゆえん》は、武の備えをすることではないか。武の武たる所以もまた、文を要《かなめ》とすることではないか。要となるものが、静かに置かれていれば、その備えは必ず勝を得るものである」。長い序文の冒頭にはこうした文章が置かれる。文と武の両立が大事だということだが、「静勝軒」という号がまさにこの教訓と合致しているというのである。

このあと万里は太田道灌の功績について具体的に述べていく。「太田左金吾公道灌は、先祖は丹陽（丹波）の人で、五六代前の祖先がはじめて相模に来たという。公は武蔵豊島《としま》の江戸の地に城を築き、京都の将軍の命令に従い、その君（上杉定正）のためにこの地を押さえた」と始めて、二十年あまりの道灌の功績を書き上げていくが、その中心を占めるのは長尾景春の反乱に際しての道灌の活躍のことだった。和解を模索しながら、困難と察するといちはやく軍勢を進めて針谷原で敵を破り、古河公方の軍勢が迫ると、いったん上野の白井に退き、再起して敵を破って江戸に帰った。こうした一連の行動を的確にまとめたうえで、「公は戦場を駆けめぐり、多くの戦いで功績を挙げ、万全の勝利を得た。これは天下国家のためにしたことで、私のためではない。江戸城はそのための基本の地だ」と称賛している。

続いて万里は静勝軒と含雪軒の「静勝」「含雪」の意味について、該博な知識をもとに論じ、そのあとで道灌と江戸城のことに言及する。「公は常日頃から、翰墨《かんぼく》（文事や学問）に親しみ、軍陣の中でも法に従い、なごやかさが満ちている。胸の中には見識があって、神農の薬方、軒轅《けんえん》（黄帝）の兵書、史伝や小説、我が国の二十一代集などを、たくさんの箱に入れて持ち歩いている。また家集が十一ある。和歌を内容ごとに分類して「砕玉類題」と名づけたものだ。自ら詠んだ和歌は、人々の間でも有名である」。中国の書籍や日本の和歌集などをたくさん持っていて、いつも勉強している。それに自分でも和歌を作って、それらをまとめて本にするということまでしていた。道灌を讃える文章の一部なので、おおげさなところもあるだろうが、道灌が日頃から書物に親しみ、和歌の道にも長じていたことはまちがいなかろう。

道灌の話のあとには江戸城のことが続く。「倉には立派な品物が並んでいる。城中で穀物を栽培し、貯蔵している。城門の外に市場があり、みな交易して楽しんでいる。薪を背負った人が、柳の綿と交換している。みんな、ここは一都会だと言っている。城中には五つ六つの井戸があって、ひでりになっても水がなくなることはない。城は子城・中城・外城の三重で構成されていて、二十五の石門がある。それぞれに高い橋を懸けていて、崖の高さははかりしれない。弓場を作って、毎日兵士たちが数百人、弓の練習をしている。甲冑をつけて、躍りかかって射る者、肌脱いで射る者、身を伏せて射る者とさまざまだ。なまけた者には罰金を課し、これを貯金しておいて、試射のときの茶代にあてている。ひと月に三回閲兵の儀式があるが、そのありさまは厳格なものだ」。

江戸城の中にいる兵士たちや、城外の市場で商いをする人たちのようすを、万里は見事な筆致で描き出した。この序文の末尾に「江戸城から見た風景については、正宗龍統や希世霊彦の序跋に載っているから、ここでは詳しく述べない」と断り書きがあり、たしかに風景についての叙述はない。万里の視線は江戸城の内外で楽しそうに暮らしている多くの人々に注がれていたのである。

2 道灌謀殺

太田道灌の個性

前述したように、太田道灌が史料の上にはじめて登場するのは長禄三年（一四五九）、二十八歳のときだった。このときにはすでに江戸城にいたらしく、父親の太田道真（資清）とともに政務を担っていた。三十一歳のときに父が引退して、道灌は実質的な当主の地位に立ち、相模から南武蔵の一帯の統治者として、自他ともに認められる存在になっていく。四十六歳のときに長尾景春の反乱に直面するが、配下の兵士をよくまとめ、自身も各地を転戦しながら、三年後には反乱を鎮圧させ、関東に平和をもたらした。若いときから政治にかかわって力を発揮してきた道灌も、やがて五十歳を越え、上杉陣営の長老ともいうべき立場になっていったのである。ちなみに文明十八年（一四八六）当時、上杉顕定は三十三歳、上杉定正は四十四歳、太田道灌は五十五歳である。

江戸城の静勝軒に掲げられた禅僧たちの詩板は、いずれも道灌の功績を讃える内容のものになっているが、道灌の個性をいちばん具体的に伝えているのは、やはり万里集九が作った序文であろう。序文の前半で万里は道灌の戦績を細かく記し、主君に対する忠節を守りながら戦いを進め、勝利を収めた道灌の力量を賞賛している。武人としての才能と活躍を万里は的確に表現しているわけだが、序文の後半になると、書物や和歌に親しむ道灌の姿を描き出す一文がみえる。中国の古典や日本の和歌集など、多くの書物を持ち、いつも手元に置いている。自身も和歌を詠み、これをまとめて和歌集を作っている。こうした道灌の文事へのこだわりを、簡潔な文章でまとめているのである。

前にみたように、万里集九の序文の冒頭には「文の文たる所以は、武の備えをすることではないか。武の武たる所以もまた、文を要とすることではないか。要となるものが、静かに置かれていれば、その備えは必ず勝を得るものである」という一文がみえる。文と武とがあい補いあうことが大切だという教訓を示し、静勝軒の「静勝」の文字がまさにこの教訓と符合していると述べているわけだが、万里が表現したかったのは文字のことだけではないだろう。このあと具体的に述べることになる道灌の行いや業績そのものが、文と武をあわせもつ存在の象徴なのだと万里は認識し、この一文を冒頭に置いたのである。

万里集九はこの序文で江戸城の内外で人々が楽しそうに生活するさまを描いているが、このような城下を築き上げたことも、道灌の功績だと暗に示しているともいえる。江戸という格好の地に城を築き、交易の場として発展させたことは、道灌の偉業としてまずあげられるべきものだろう。江戸の城主として地域の振興につとめ、周囲の一帯を見事に統治しながら、ふだんは文事にいそしみ、いったん乱が起きると、起ちあがって戦いに身を投じ、抜群の才覚で味方の勝利を導き出す。文武両道をあわせもち、豊かな才能に恵まれた人物として、道灌は描き出されている。

万里の詩文から読み取ることのできる道灌の姿は、彼の実像とかけはなれているわけでもなく、その特質をつかんでいるとみてよかろう。ただこの序文は道灌の依頼を受けて作成したもので、道灌のことを褒めまくるのは当然といえなくもない。道灌の人となりを知るためには、古文書のようなほかの史料を見る必要があるだろうが、いちばん参考になるのは、すでに詳しく紹介した道灌自身の長文の書状であろう。

前記したように、高瀬民部少輔にあてられた道灌の書状は、特定の武士の処遇にかかわる訴え、今回の内乱における自身や配下の活動の記述、個々の武将たちの功績の列記という、三つの部分から構成される。あまりに長文なので、もともと三つの文書があったのを、のちの人がまとめて、現在に伝えられたものとみることもできるが、それぞれの部分のつながりは自然で違和感がないから、やはり同じときに道灌が一気に書き上げたものと考えるのが自然であろう。最初のところは欠落していて、正確なところはわからないが、全体で八千字に及ぶ長文である（四百字詰め原稿用紙で二十枚になる）。ちょっとした論文ともいえるもので、これだけの文章をまとめ上げた気力と体力には驚かざるをえない。

書状の文章は論理的でわかりやすく、知識をひけらかすようなところもない。文体からみる限り、明晰な頭脳の持ち主だったように思える。ただ自身の功績を述べるくだりになると、自慢たらしい記述もみえ、長尾忠景に対する批判など、かなり感情的になっているところも多くある。冷静で論理的な思考をしながら、時には感情が高ぶって、余計なことを書いてしまう。そういう人物だったのだろう。

書状の内容からも、道灌の個性をうかがうことができる。長尾景春の反乱にかかわる自身の活動を道灌は詳細にしたためたが、江戸城を拠点にしながらも、状況をみて即座に出陣し、かなりの遠方まで駈けつけて、敵と向かい合っていることが、一連の記事からよくわかる。相模で味方が勝利したというしらせが夜中に来ると、未明には武蔵村山の陣を出て、はるばる甲斐まで進んで敵を破った。これは一例にすぎないが、とにかく道灌の行動は迅速で、エネルギッシュなものだったのである。

道灌の書状を読んでいてとくに目立つのは、長尾忠景との確執だが、作戦をめぐって忠景と道灌が対立し、道灌ががまんできずに独断で動いてしまう場面がよくみられる。武蔵の針谷原の戦いのときには、梅沢を攻めようという忠景の提案に対し、「あそこは切所《せつしょ》だから難しい」と文句をつけ、次郎丸に出ていく作戦を立てて、忠景に無断で出発している。いまがチャンスなのだから、いつまで相談していてもらちが明かないと考え、実行に移したのだろう。忠景が足を引っ張るのがよほど不満だったとみえ、道灌は書状にこう書いた。「こんな時になってもあいつはぶつぶつ言っていた」。

戦いに勝つためには時機をみることが大切で、いろいろ迷っていたのでは好機を逸してしまう。道灌はそう考えて、ときには独断で動いていたのである。そして多くの場合、こうした迅速な行動が功を奏して、戦いに勝利することになる。

書状の後段には多くの武将の功績が書き並べられているが、ここにみえる人々は、道灌と日常的に交流があり、このたびの内乱においても、道灌に協力して働いてくれたわけである。木戸孝範とは和歌の会を共にするなど、特に親しかったようだが、三浦義同とは姻戚関係にあり、千葉自胤や大森氏頼なども道灌の頼りになる味方だった。相模や武蔵南部を中心に、道灌の人脈はひろがりをみせていたのである。

卓越した才能を持つ道灌に心を寄せる人は多く、頼りにされていたことがうかがえるが、一方で反感を持つ人たちも少なくなかったものと思われる。そもそも長文の書状を書いた動機が、鉢形にいる上杉顕定やそのとりまきに対する批判だったわけで、これだけ功績を挙げたのに評価してくれない顕定らに対する不平不満が随所に書かれている。道灌はいつも長尾忠景と争い、その無能ぶりを告発しているが、こうしたことが続けば忠景がいっそう疎遠になっていくのはあたりまえで、その主君にあたる上杉顕定も、いつしか道灌を遠ざけるようになっていったということなのだろう。類まれな才能をもっているが、そのゆえに敵も作ってしまう。太田道灌はそういう人だったのである。

文明十八年の六月、太田道灌は万里集九を伴って越生《おごせ》に赴き、父親の道真に面会、自得軒で詩歌の会が開かれた。道真はいまだに健在で、越生の地で平穏な日々を送っていたのである。太田道真も和歌や連歌の道に通じ、文明元年（一四六九）には河越城に心敬や宗祇らを招いて千句連歌会を開いている。その手腕は道灌の上をいっていたという。

道灌はなぜ殺されたのか

数日越生に留まったのち、道灌は江戸に戻り、ひと月あまりののち、主君である上杉定正に招かれて相模の糟屋の館に赴き、ここで殺害された。七月二十六日のことである。遺骸は館の北の山中にある秋山の公所寺（洞昌院）に運ばれ、荼毘《だび》に付されたという。

上杉定正が道灌を殺害した事情については、三年後の長享三年（一四八九）三月に定正が曾我豊後守にあてて出した長文の書状に書かれている。「太田道灌が山内（上杉顕定）に対して不義を続けたので、やめるように促したところ、承引しなかったばかりか、謀叛を企てたので、すぐに誅伐し、速やかに鉢形（顕定）に注進した。顕定もこちらに合力するため、高見原に出陣してくれたので、ありがたいと思っていたところ、幾程もなく御覚悟を翻されて、太田源六（資康）を甲州のあたりに密かに派遣し、当方を追罰しようという企てがはっきりした。特別の誤りもなく、一二代のうちに当家（扇谷家）は興隆してきた。そして太田父子が山内に逆心を抱いたので、誅伐したところ、定正を退治しようとなさるとは、いったいどういうことか」。

家臣にあたる太田道灌が上杉顕定への反逆を企てたので、自分の手で誅伐したのだと、上杉定正は

34── 太田道灌の墓（洞昌院）

33── 太田道灌の墓（大慈寺）

主張しているわけである。それなりに理解できなくもない内容だが、この書状はほんとうに定正が書いたものか疑わしく、記事の内容をそのまま信用することはできない。定正の書状は写の形で流布したらしく、「上杉定正状」とよばれてかなり有名だったようだが、内容はかなり教訓的で、文飾も多く、当時一般にみられる書状とは趣を異にしている。もとになるものは何かあっただろうが、後世の人が定正に仮託して作り上げた教訓書とみるのが適当と思われる。

定正の書状が信用できないとすると、道灌謀殺の理由を書いた当時の史料は全くないということになる。こうした事件のときにはよくあることだが、首謀者の動機は隠されてしまうのが普通だから、史料にみえないのはあたりまえともいえる。証拠がないので、当時の政治情勢などの周囲の事情から、要因を推測するしかないだろう。

前述してきたように、上杉陣営のトップにいたのは山内家の上杉顕定で、一門の上杉（扇谷）定正はこれに準ずる立場にいた。そして山内家の家宰の長尾と、扇谷家の家宰の太田とが、それぞれの主君を支えながら政治や軍事を担っていたのである。山内・扇谷・長尾・太田という四つの核があったわけだが、長尾景春の反乱と、その失敗によって、こうした状況は大きく変化することになった。長尾景春とこれにつらなる武士たちの勢力はほぼ一掃され、長尾氏の勢威が大きく減退する結果になったのである。家宰の長尾忠景は健在だったが、かつての景仲や景信のような力はなく、長尾一門の勢いは後景に退くことになる。長尾氏の衰退によって、鉢形の顕定、河越の定正、江戸の道灌がともに力を伸ばすことになるが、景春方の拠点を奪取した太田道灌の勢力拡大は、なかでも顕著だったと思われる。こうして上杉陣営の勢力分布は再編され、山内・扇谷・太田が並び立つことになる。

足利成氏や長尾景春という共通の敵がいなくなり、上杉陣営は勝利を収めた形になったが、そのことによって団結して助け合う必要性もなくなり、各自がそれぞれの拠点で独自に勢力を伸ばすことになった。そして山内・扇谷・太田の三者の間に、それぞれ一定の矛盾（対立関係）が生じていったものと思われる。この三者の間の矛盾のそれぞれに注目してみることによって、道灌謀殺の要因が見えてくるかもしれない。

顕定と定正、顕定と道灌、定正と道灌。この三つの関係のうち、どこに最も大きな矛盾があったとみるかによって、このたびの事件の理解も大きく異なる。まずは顕定と定正の争いが重要だったとすると、定正が本家の顕定に対して戦いを挑もうとして道灌に阻止され、目的を果たすために道灌を抹殺したというストーリーが描かれる。また、顕定と道灌の関係を重視すれば、道灌が顕定に対して謀叛を起そうとしたのを、定正が阻止しようとして事に及んだということになる。そして、定正と道灌の間に主要な矛盾があるという考えに基づくと、力を伸ばした道灌を脅威に感じた定正が、いわゆる「下剋上」を阻止するために、先手をとって道灌を暗殺したという話になるのである。

前記した定正の書状の事情説明は、このうちの二つ目にあたり、道灌が顕定に謀叛を企てたのを、定正が阻止したと主張している。顕定やそのとりまきに対して道灌が批判的だったことは、先にみた道灌の書状からもうかがえるから、理解できなくもない説明だが、やはり疑問がなくはない。道灌は鉢形の顕定に対して不満を抱き、長文の書状を提出しているが、顕定に対して謀叛を起そうとしていたとは考えにくいし、わざわざ鉢形まで攻め込んで行くというのも不自然な話である。また後述するように、道灌が殺されたあと、子息の資康は江戸城を脱出して武蔵の平沢寺《へいたくじ》(埼玉県嵐山町)に赴き、顕定がこれを支援することになるが、もしも道灌が顕定に対して謀叛を企てていたとしたら、その子息を顕定が援けるというのも、簡単には理解しがたい。こうした状況を考えると、顕定に対する謀反を阻止するめたに、定正が道灌を抹殺したというストーリーはなかなか成立しがたいということになろう。

それでは一つ目の、定正が顕定に対する戦いを企て、道灌が反対したという話はどうだろうか。河越にいた定正が力を伸ばし、本家筋の顕定から自立してゆく動きはたしかに認められるが、だからといって定正が顕定に戦いをしかけようとするというのは、かなり無謀なことのように思える。

このケースも考えにくいとすると、残るのは三つ目、道灌の勢力伸長を前にして、「下剋上」を恐れた定正が、先手をとって道灌を謀殺したというストーリーになる。家臣が主君に戦いを挑むという現象は、当時はよくあることで、長尾景春がいい例だった。扇谷家の家中に道灌のことを快く思わない人がいて、このままだと扇谷家は太田に乗っ取られてしまうと、定正に進言したのかもしれない。いささか平凡な結論ではあるが、道灌謀殺は太田の「下剋上」を未然に防ぐために主君の定正が行ったひとつの賭けだったというのが、いちばんありうることのように思えるのである。

当方滅亡

道灌の最期については、さまざまな言い伝えもあるが、斬りつけられたとき、倒れながら「当方滅亡」と叫んで息絶えたという話はとくに有名である。このことについては事件から百五十年ほどあとに太田安房守資武が太田備中守資宗にあてて書いた書状の中にみえる。資武は武蔵岩付城主だった太田資正の子で、道灌の弟資常の曾孫にあたる人物だが、彼が書き残した内容は次のようなものである。

道灌が文明十八年丙午、七月二十六日に、五十五歳で亡くなったということについて、お尋ねがありましたが、そのとおりです。それで、死去したときのことについて、正説を申し上げます。風呂屋で風呂の小口まで出たときに、曾我兵庫という者に太刀で斬られ、倒れながら「当方滅亡」と最期の一言を発したということで、その時代には都鄙に隠れのないことだったと、親がたびたび物語りしていました。この曾我兵庫は、（太田）道真の重恩を蒙った者でしたが、管領の命令にさからえなかったのか、こうしたことになりました。道灌の一言のように、扇谷家もまもなく滅び、河越も北条に奪われることになりました。この物語りは言い尽くせないほど長々しくなるので、すべてお話することはできません。

父親の太田資正から、資武は道灌の最期のようすをくわしく聞いていたわけだが、道灌が「当方滅亡」と叫んで絶命したことは、都（京都）でも鄙（関東）でもよく知られたことだったというのである。太田資正が生まれたのは大永《たいえい》二年（一五二二）で、道灌没後三十六年にあたるが、彼の若い頃にはこうした話が一般に広がっていたことになる。もちろん誰かの作り事かもしれないが、道灌が「当方滅亡」と叫んだというのは事実とみるのが自然であろう。

問題はその意味である。太田資武は「この一言のように、扇谷家はまもなく滅んだ」といっていて、道灌が扇谷家の滅亡を予言したものと理解している（この場合、「当方」は扇谷家をさす）が、あくまで後世の人の解釈なので、道灌がどういうつもりでこの一言を発したかについては、いろいろ考えてみる余地があろう。

道灌謀殺の要因は確定できないので、ここでも先に見た三つの可能性に沿って、言葉の意味を考えてみることにしたい。まず一つ目の、定正が顕定との戦いを企て、道灌に阻止されたので殺害したという話にすると、「自分を殺して主家に戦いを挑んだりしたら、当方〈扇谷家〉は滅亡してしまうぞ」という意味になる。また二つ目の、道灌が顕定と戦おうとしたのを、定正が阻止したという話だと、「こんなことをしたら、当方は顕定に攻められて滅びてしまう」ということになるだろうが、かなり難しい解釈である。最後のパターン、定正が道灌の下剋上を防ぐために、先手を取って抹殺したということだと、「これまで尽くしてきた私を殺したりしたら、当方〈扇谷家〉は力を失って滅びてしまうぞ」ということになるのかもしれない。

「当方」は扇谷家をさすととりあえず考えて、いろいろ解釈を試みてみたが、いずれも不自然さがあるのは否めない。扇谷家はやがて滅亡することになるが、道灌がこれを予言するというのも、いささかできすぎの話で、あまり信用できない。「当方」を扇谷家とみると、わかりにくいところが多いから、「当方」は扇谷家ではなく、太田道灌あるいは太田家を指すと考えたほうがいいのではあるまいか。そもそも「当方」とは「こちら」という意味だから、ふつうに考えれば自分のことになる。

風呂の前で斬りつけられたとき発した「当方滅亡」の一言は、「こちらの負けだ」とか「やられてしまった」とか、そういう意味だったのではないだろうか。太田の力が伸びていく中で、主君の定正も危機感をもち、そのとりまきもいろいろ画策することを、道灌はすでに見抜いていたのだろう。もう五十五歳になっていて、あとつぎの子息は若年だった。自分が死去したあと太田家がどうなるか、かなり心配だっただろうし、いっそのこと主君に楯ついて、力で圧倒し、将来の禍根を絶つことも、考えなかったわけではなかろう。下剋上が一般化する中、力のある主君と臣下が協力関係を続けることは困難で、やがて破局を迎えるのは自然の成り行きだった。いずれはこうしたこともあるだろうと、道灌は感づいていただろうが、その時は意外に早く訪れたのである。

定正の賭けはとりあえず成功したが、道灌がいなくなっても、太田家が滅びたわけではなく、反発は当然予想できた。そして定正の思惑を越えて、あらたな内乱が勃発することになるのである。

Ⅵ 継続する内乱状況

35—足利成氏の墓と供養塔

鎌倉を出て古河に居を定めてから40年あまり，足利成氏はこの地で生活し，64歳の長寿を全うした．法号は乾亨院殿久山昌公で，自身が創建した下野野渡（栃木県野木町）の乾亨院満福寺に墓と供養塔がある．

1　山内と扇谷の争い

戦いの開始とその契機

文明十八年（一四八六）七月二十六日、太田道灌は相模の糟屋館で、主君にあたる上杉（扇谷）定正によって謀殺された。館に来るようにと指示されて、疑いも持たずに出向いていき、主君の手の者によって斬殺されたのである。これまでみてきたように、道灌と太田家の勢威が急速に高まっていることに危機感を覚えた定正とその近臣たちが、「下剋上」を未然に防ごうとして、中核にいる道灌を殺害しようと思い立ち、実行に移したということらしい。道灌のいる江戸城に攻め込むという正攻法もありえたが、江戸城が堅固なことは定正も心得ていた。こうした方法では太田家を屈服させることは難しいと考え、トップの道灌を誘殺するという手段を選んだのである。

道灌殺害はとりあえず成功したが、江戸城にいる道灌の一門や家臣たちは健在で、強い反発が当然予想された。彼らに対してどのような姿勢を示すかが、上杉定正のあらたな課題となったが、太田の一門を攻め滅ぼすつもりもなく、一族のなかからとりあえずの後継者を選んで、跡目相続をさせることにしたようである。この前後の事情を示す史料はほとんどないが、『年代記配合抄』という年表風の書物に、道灌を糟屋で誅したのち、「太田六郎右衛門を遺跡に立てた」という記事がみえる。太田六郎右衛門尉と道灌の関係はわからないが、上杉定正はとりあえず太田一門の中から彼を選び、道灌の後継者に据えたのである。もちろん確証はないが、あるいは太田六郎右衛門尉は前から定正と通じていて、道灌亡きあとは跡目を継ぐことを約束されていたのかもしれない。

ただ前述したように、道灌には源六資康という子息がいたから、彼とそのとりまきが、六郎右衛門尉の跡目相続をすんなりと認めるはずもなかった。資康はまだ若年だったが、父親を殺した定正に従うつもりは毛頭なく、これに従う家臣たちも団結して抵抗を続けた。定正の指示を受けて、扇谷家の軍勢が江戸に迫り、江戸城は事実上扇谷上杉氏の管理するところとなったが、太田資康は定正に従うことを潔しとせず、城から出て北に進み、鉢形の上杉顕定に援けを求めることになる。

鉢形の顕定にとってみれば、これは願ってもないことだった。足利成氏や長尾景春との戦いにおいて、扇谷家の定正とは協力関係を保っていたが、太田道灌の活躍もあって、扇谷家が日増しに勢力を伸ばしていくことに、顕定も脅威を覚え、その力を挫く機会を窺っていたのではないかと思われる。上杉一門の棟梁であり、関東管領の地位にもいる顕定にとって、河越や江戸を中心に関東南部を押さえる扇谷家の独立を抑えることは、何より重要な課題だったが、特段の理由もなく戦いを始めるわけにもいかない。そう考えていた時に、定正による道灌謀殺という事件が起き、道灌の子が救いを求めてきたのである。

功績ある道灌を謀殺したのは正当性がない。その子が助けを求めてきたのだから、援助するのは当然だ。こうした論理を表に出しながら、顕定は定正と戦う決意をしたのではあるまいか。そして一方の定正も、道灌謀殺の正当性を主張するためにも、進んで戦いを挑まざるを得なくなったのだろう。

山内家と扇谷家の争いについては、扇谷家の勢力伸張と、これを警戒する山内家という構図のもと、必然的に起きたもののように理解できなくもないが、両家の争いが具体化するのが、道灌謀殺のすぐあとだったことには、やはり何らかの意味があるように思える。北と南に勢力圏を分って、しだいに疎遠になっていった両家が戦闘を開始したという歴史的事実は厳として存在するが、戦いを始めるにはそれなりの名目が必要であろう。もちろん確証はないが、道灌の謀殺と資康の逃走という太田家にかかわる問題が、戦端開始のきっかけを作ったということではないかと思えるのである。

戦いは必至という状況になって、山内方も扇谷方もさまざまな工作を始めた。鉢形の上杉顕定は、上野白井にいる実兄の上杉定昌と連携しながら、上野や北武蔵の武士たちを動員して敵に備えた。一方の上杉定正は、古河の足利成氏と連絡をとり、その支援をとりつけることに成功する。そして成氏のところにいたらしい、あの長尾景春が、好機到来とばかり立ち上がり、定正に味方して動き出す。

年明けて長享《ちょうきょう》元年（一四八七）に戦いは開始される。閏十一月のこと、白井の上杉定昌は、軍勢を率いて下野足利（栃木県足利市）の勧農城を攻めている。勧農城には長尾房清が籠っていたが、おそらく古河の成氏の指示を受けて、扇谷方として動いていたのだろう。長享二年（一四八八）二月、山内方の軍勢が長尾景春の陣地に攻め寄せ、景春は戦わずして退散した。三月になると白井の上杉定昌が自殺するという事件がおきる。越後上杉氏の家督相続をめぐる問題が背後にあるといわれているが、長尾景春の手の者によって討たれたのではないかとの説もある。五月には山内方の軍勢が相模に攻め入り、小田原や七沢で戦いがくりひろげられた。そして六月十八日、鉢形と河越の中間にある須賀谷（埼玉県嵐山町）の地で、山内方と扇谷方の合戦がなされた。多くの死者が出る激戦だったが、勝敗はつかず、両軍ともとりあえず兵を引くことになる。

高見原の戦い

太田道灌が糟屋で討たれたとき、万里集九《ばんりしゅうきゅう》は江戸城にいた。信頼できる庇護者のもと、平穏な生活を送れると思っていた矢先の変事だった。まもなく上杉定正の軍勢が江戸城を占拠することになるが、万里は城を出ることもできず、そのままこの地に留まることになる。前述したように、定正は前から万里とはつながりがあり、江戸城での宴席でも親しく交わった仲だった。詩文家として名高い万里に対して、定正も尊敬の念を抱いていたし、朋友を殺してしまったことに対する罪滅ぼしの気持ちもあってか、万里を手厚くもてなすことになる。文明十八年の十月、万里は江戸城を出て鎌倉に入り、扇谷の建徳寺で接待を受けた。ここは扇谷家発祥の地で、上杉定正が建てた贋釣亭もここにあった。かつて定正が贋釣亭に寄せる詩文を書いてほしいと万里に依頼したことについては前述したが、万里ははじめてこの亭を目にしたのである。上杉定正はその場にいなかったようだが、手厚くもてなすようにと、建徳寺の住持は指示を受けていたのだろう。いっしょに盃を傾けた万里は、すこぶる酩酊してしまったと、『梅花無尽蔵』の中で記している。

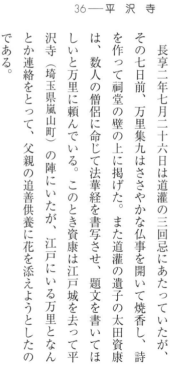

長享二年七月二十六日は道灌の三回忌にあたっていたが、その七日前、万里集九はささやかな仏事を開いて焼香し、詩を作って祠堂の壁の上に掲げた。また道灌の遺子の太田資康は、数人の僧侶に命じて法華経を書写させ、題文を書いてほしいと万里に頼んでいる。このとき資康は江戸城を去って平沢寺（埼玉県嵐山町）の陣にいたが、江戸にいる万里となんとか連絡をとって、父親の追善供養に花を添えようとしたのである。

36―平 沢 寺

それから二十日あまりのちの八月十四日、万里集九は江戸城を出発し、北に進んだ。美濃の鵜沼（岐阜県各務原市）に戻るためだが、上野から越後に出て、北陸経由で旅をすることにしたのである。上杉定正は熱心に引きとめたが、万里の決意は固く、思い出深い江戸城をあとにすることになる。慰留をあきらめた定正は、馬一疋と銭二千疋（二十貫文）を万里に贈って餞《はなむけ》とした。

八月十六日、万里集九は越生（埼玉県越生町）に着き、龍隠寺に宿した。二年あまり前に、道灌とともに訪れた思い出の地である。そして翌日、須賀谷の北にある平沢寺に進んで、太田資康との面会

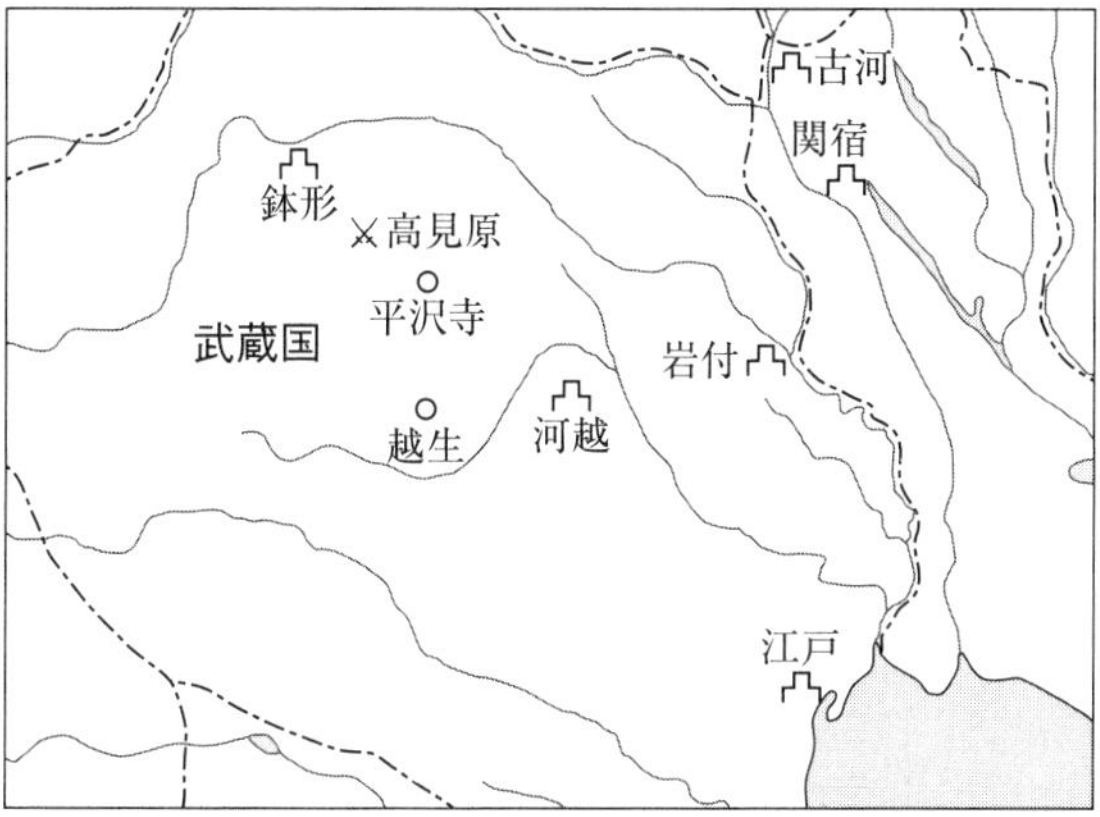

37―高見原の戦い

を果たす。資康の陣地に向かっていったところ、二三十騎の武者が迎えに来てくれていた。二年ぶりに万里と資康は顔を合わせ、互いの無事を喜びあった。この後しばらく万里は資康の陣中に留まり、九月二十五日には平沢寺の鎮守の白山廟で詩歌の会を開いた。「敵の塁と向かいあいながら風雅の会を開くというのは、西のほうでは目にしないことだ」。戦陣の中でも文雅を忘れない関東の人々のようすを、万里は驚きの目で見ていたようである。

平沢寺にいる間に、鉢形の上杉顕定がやってきて、夜の宴席で白い扇を出し、詩を書いてほしいと万里に求めたこともあった。また相模の三浦義同《よしあつ》（道寸《どうすん》）やその父親の三浦道含《どうがん》も近くにいたらしく、万里は彼らとも親しく交わっている。三浦義同の娘は太田資康の妻で、両家は姻戚関係にあった。道灌謀殺という事件を前にして、三浦は扇谷家とたもとを別ち、太田資康を支援して山内方に加わることに決めたのである。

白山廟で詩歌会を開いた翌日、万里集九は平沢寺を出発して鉢形に赴き、さらに進んで上野に入った。そして角淵《つのぶち》（群馬県玉村町）・白井・沼田（沼田市）と旅を続け、十月には山を越えて越後の上田荘（新潟県南魚沼市・湯沢町）に着いた。上杉顕定の家臣の尻高孫次郎が、主人の命により万里の伴をしてくれていたが、ここで彼は武蔵に戻ることになる。その後万里は歩みを進めて越後の府中（上越市）に赴き、守護の上杉房定と面会し、しばらく府中に留まったのち、西に向かって出発した。

十一月二十一日、能生《のう》（糸魚川市）にいる万里のもとに、上杉房定からの使者が来て、関東での戦いのことを伝えた。十五日に武蔵の高見原（埼玉県小川町）で合戦があって、管領の顕定の軍が勝利を収めたというのである。太田資康は顕定の軍の中にいたということだった。ほんとうかどうか疑いながらも、万里はいたく喜び、早速お祝いの詩を作った。「三戦、今聞く、三捷《しょう》の功。官軍の路、武陵より通ず。逆兵すでに敗れ、楚気暗し。山色春を吹く、帷幕《いばく》の中」（三度の戦いに三度とも勝ったと聞いた。官軍の路は江戸城から通じ、前途は太平である。逆兵は敗れて、四面楚歌の状況だ。（官軍の山内の）本陣では、まわりの山々の色も春風に吹かれるようだ）。この詩で万里は山内軍を「官軍」、扇谷軍を「逆兵」と表現し、山内方の勝利を素直に喜んでいる。自分を大事にしてくれたことがあったとしても、かけがえのない友人を殺してしまった上杉定正を、万里はやはり許せなかったのである。

高見原の戦いはかなりの激戦だったらしく、史料もいくらか残されている。古河公方の足利成氏が定正に味方したことは前述したが、このときには成氏の子の政氏（御方御所様）が横田まで出てきて布陣していた。上杉房定の使者が伝えたように、戦いは山内方の勝利に終わったらしいが、双方ともに被害が大きく、戦いはいったん収まることになる。

上杉定正の急逝

延徳《えんとく》三年（一四九一）の四月、伊豆堀越《ほりごえ》（静岡県伊豆の国市）にいた足利政知が五十七歳で死去した。弟の義政の命により還俗させられ、伊豆の地に赴いてから、はや三十五年の歳月が経過していた。ところで政知の子息の一人は京都に上って、天龍寺の香厳院《きょうごんいん》に入り、清晃《せいこう》と名乗っていた。延徳元年（一四八九）に将軍足利義尚《よしひさ》が死去したとき、義尚のいとこにあたる清晃も後継候補に立てられたが、同じくいとこの足利義材《よしき》（義視《よしみ》の子）が将軍となり、我が子を将軍にしたいという政知の願いは叶わなかった。失意の中で政知は病死するが、そのあと後継者をめぐって争いがおき、長男の茶々丸《ちゃちゃまる》が弟の潤童子《じゅんどうじ》とその母（円満院殿）を殺害して、堀越公方家の家督を継ぐことになる。清晃と潤童子は同母兄弟で、父親の政知も潤童子を跡継ぎにしようと考えていたが、兄の茶々丸がこれに反発して、実力行使に走ったということらしい。

二年後の明応二年（一四九三）四月、京都で政変がおきる。将軍の足利義材が畠山基家を討伐するため河内に出兵したが、これに反対していた細川政元が、香厳院の清晃を擁立して京都を押さえ、義材のいる正覚寺城を攻撃したのである。義材は捕えられて京都に送られ、清晃は還俗して足利義遐《よしとお》、さらに義高《よしたか》と改名し、翌年には正式に征夷大将軍に任命される。足利政知の宿願は、その没後に叶えられることになったのである。

京都の政変によって、伊豆の足利茶々丸は苦境に立たされることになった。京都の足利義遐は弟とはいっても腹違いで、しかもその母と弟を自らの手で殺害していたから、仇討ちの対象になりかねな

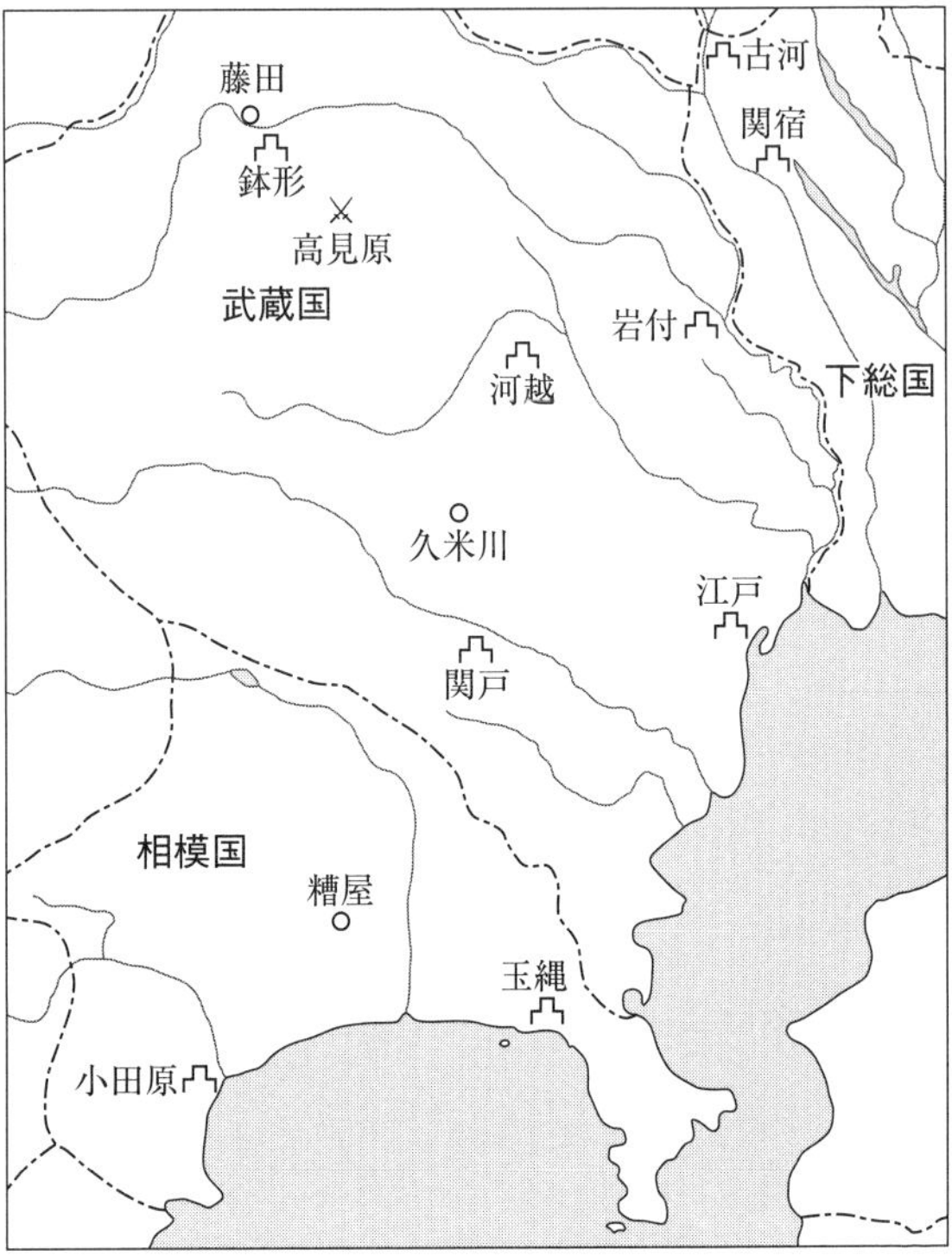

38 ― 明応２年の対陣

いというわけだが、まもなくこの危惧は現実のものとなる。駿河の今川氏親に仕えて活動していた伊《い》勢《せ》宗瑞《そうずい》が、軍勢を率いて伊豆の西海岸に攻め込み、茶々丸とその家臣たちを圧倒してしまったのである。史料が乏しいので確かなことはわからないが、宗瑞の伊豆侵攻は足利義遐の要請によるものと考えてまちがいないだろう。

　伊豆の制圧に成功した伊勢宗瑞は、相模や南武蔵を押さえる上杉定正と連絡をとり、戦いの時には協力すると約束した。頼りになる後援者を得て、定正は山内家との戦いを再開することを決意する。一方の上杉顕定もこうした動きを察知して準備を進め、五年半ぶりに戦いが繰り広げられることになる。

　戦いが始まったのは七月のころのようだが、最初は山内方が優勢で、武蔵の関戸要害（東京都多摩市）や相模の玉縄要害（神奈川県鎌倉市）を攻め落としている。その後伊勢宗瑞が箱根山を越えて定正支援に動き、九月二十八日には武蔵久米川《くめがわ》（東村山市）の陣に到着して、ここで定正と宗瑞の会見がなされた。援軍を得た定正は喜んで、軍勢を前に進めて高見原に陣取り、宗瑞の軍は塚田（埼玉県寄居町）の近くに布陣した。一方の顕定も軍勢を動かして藤田（寄居町）のあたりに陣を構え、荒川を前にして敵と向かい合った。

十月三日、上杉定正は荒川を越えて敵陣に攻め入ろうと、軍勢に指令を下した。ところがここで想定外のハプニングが起きる。大将の定正が、馬から落ちて頓死してしまったのである。大将がいなくてはどうしようもなく、戦いはとりやめになり、軍勢もしかたなく引き返していった。

五年前の戦いのときには扇谷家に味方した足利成氏・政氏父子は、こんどは山内方と協力関係をとりつけていて、政氏が武蔵に出てきていた。決戦を目の前にして敵の大将が急死するという事態になり、伊勢宗瑞の軍勢も退却したのを知って、政氏は軍勢を進めようとするが、顕定に反対されて思い止まった。危機を乗り切ったといっても、敵を深追いするような余裕はないと、顕定もわかっていたのだろう。

太田資康の落命

当主を失った扇谷家は、定正の甥にあたる朝良を家督に据えて体勢の立て直しを図り、数年の後にまた山内家との戦いを始めた。明応五年（一四九六）の七月、相模で山内方と扇谷方の戦いが展開されるが、このときのようすは、七月二十四日に上杉顕定が越後守護代の長尾能景《よしかげ》にあてて書いた書状から詳細に知ることができる。

まず動いたのは長尾景春だった。彼はすでに入道していて、左衛門入道伊玄《いげん》と称していたが、扇谷方に味方して相模に陣を張り、山内方に向かって寄せてきた。そこに「右衛門尉」らが打って出て戦い、勝利を収めて、伊勢弥次郎をはじめとして主だった武将たちを討ち取った。この「右衛門尉」は景春の子の景英で、伊勢弥次郎は宗瑞の弟にあたる。長尾景春は上杉顕定に対抗して動いていたが、子息の景英は顕定に従い、軍勢を率いて戦っていたのである。

この戦いで山内方が勝利したことが影響して、大森式部少輔・刑部大輔（上杉朝昌）・三浦道寸・太田六郎右衛門尉・上田名字中・伊勢弥次郎の要害が自落して、相模西郡の扇谷方はなりを潜めたので、山内勢は東郡に向かって進み、上田右衛門尉の要害である実田（神奈川県平塚市）に迫った。ここにみえる大森式部少輔以下の諸将はみな扇谷方に属して動いていたことがわかるが、上杉朝昌は定正の兄弟で、定正の死後家督を継いだ朝良の実父にあたる。三浦道寸（義同）はかつて顕定に味方して、娘婿の太田資康とともに出陣していたが、このときには方針を転換して、扇谷方に属していた。そして太田六郎左衛門尉は、先にみたように道灌の死後に太田家の跡継ぎに指名された人物だった。太田資康が顕定に従ったのとは対照的に、彼は扇谷方の武将として活動を続けていたのである。

長尾景春が決起し、伊勢宗瑞も動いたものの、戦局は山内方有利に展開し、相模の扇谷方は苦境に立たされた。こうした状況を挽回しようと、河越にいた上杉朝良も兵を出し、いったん敗れた長尾景春もまた動き出した。こうした中、上杉顕定は長尾能景に書状をしたためて相模の情勢を述べ、自身相模に出陣する予定であることも伝えているが、「当地」に「公方様」が来るので警固の武士を置いたことも、この書状の中に記されていた。

この「当地」は河越城のそばの上戸《うわど》（埼玉県川越市）にあたると推測される。鉢形を出た顕定は、敵の本拠地のそばまで進んできていたのである。「公方様」は古河公方の足利成氏、あるいはその子息の政氏を指す。足利成氏・政氏はこのときも顕定を支援していた。

このときのことは『松陰私語』にもみえ、「公方様」が武蔵の上戸の陣に出て行ったありさまが詳しく書かれている。これによれば、「公方様」に従ったのは簗田・一色・佐々木・梶原・野田・印東・佐貫・桐生・小俣ら「都合三千余騎」で、数か月にわたって上戸に陣を張ったが、たいした戦功をたてることもなく、無為に時が過ぎていった。そうしたところ、「公方様」が少し体調を崩したので、佐野や桐生といった人々が「寒い時期でもあるし、長々と陣を張るのはお体によくない。いったん（古河に）御帰りになって、御養生されたあとに、また出陣されるというのがいいでしょう」と勧めたので、「公方様」もこれに従って古河に帰った。『松陰私語』の記事はこのようなものである。

ここにみえる「公方様」が成氏か、子息の政氏かはよくわからないが、翌年の九月に成氏は古河で死去しているから、このとき武蔵に出てきた「公方様」は成氏で、長陣の中で体調を崩し、それがもとで半年あまり後に亡くなったということではないだろうか。これまでは若い政氏が戦陣に出てきていたが、今度は自分が行かねばならないと、成氏も考えたのかもしれない。しかし扇谷方の抵抗はしぶとく、さしたる戦果をあげられないまま古河に帰らざるを得なくなったのである。

古河でその生涯を終えたとき、足利成氏は六十四歳だった。父祖にあたる代々の鎌倉公方が二十代から四十代で死去しているのと比べてみると、かなりの長命だったということができる。若くして公方となったものの、管領謀殺という事件を引き起こして、鎌倉を離れざるを得なくなるが、新天地の古河をあらたな拠点と定めて上杉方との戦いを続け、それなりの権威を保ったうえでの大往生だった。京都の将軍から逆賊と断じられながらも、時代の流れを見極めつつ活動を続け、結局は幕府との和睦もとりつけて自らの地位を守り抜いたわけで、その手腕と粘り腰はたいしたものだということもできるだろう。

こうして山内方と扇谷方の戦いはまたふりだしに戻り、にらみ合いが続くことになった。そうした中、太田資康が「生害」してしまうという事件が起きる。『赤城神社年代記録』の明応七年（一四九八）のところに「太田源六生涯」という記事があり、太田源六資康がこの年に「生害」したことが知られるのである。関連史料は全くないので、詳細は不明としかいいようがないが、扇谷方との対陣を続ける中で、敵に攻められて命を落としてしまったのかもしれない。まだ二十代の若さだった。父親を失ったのち、武蔵の陣中で十年を過ごし、悲劇的な最期を遂げたわけだが、その家臣たちは健在で、幼い子息（のちの太田資高）を盛り立てながら、再起の時をうかがうことになる。

戦いは有利に進めたものの、敵を屈服させることができず、上杉顕定は鉢形に戻ったようである。そして五年ほどの準備期間を置いて、また軍勢を出し、上戸に布陣することになる。文亀《ぶんき》三年（一五〇三）六月の時点、顕定はすでに上戸にいて、連歌師の宗祇《そうぎ》や宗長《そうちょう》を陣中に迎え入れている。そして翌永正《えいしょう》元年（一五〇四）八月二十一日、顕定は上戸の陣を出発、入間川を越えて仙波《せんば》（埼玉県川越市）に至り、翌日には河越城の間近に陣取って、城中に矢を射かけた。城方も防戦につとめ、「矢軍《やいくさ》」がしばらく続くが、河越城を攻め落とすのは難しいと判断した顕定は、九月六日に仙波の陣を立って江戸城に向かい、白子（和光市）に布陣した。

上杉顕定の勝利

本拠地まで敵に迫られて、上杉朝良は苦境に立つが、ここでまた伊勢宗瑞が動く。このころ宗瑞はすでに相模の小田原城を大森氏から奪い取り、その勢力を着実に広げていたのである。前回と同じように、宗瑞は軍勢を率いて武蔵に出て行ったが、今回は自身の主君にあたる駿河の今川氏親も宗瑞といっしょに出兵してきた。氏親の祖父にあたる今川範忠が一時鎌倉を押さえたように、今川の軍勢が関東に来ることは過去にもあったが、駿河を基盤としながら遠江も制圧して勢いを増していた今川氏親は、東にも力を伸ばそうと、はるばる駿河からかけつけたのである。相模を越えて武蔵に入った氏親と宗瑞は、多摩川の手前にある枡形山（川崎市多摩区）に陣地を取った。

多摩川を間に挟んで、山内方と扇谷方の軍勢は向かい合い、やがて決戦がなされることになる。九月二十七日、戦いの場所は立川原（東京都立川市）だった。激戦の末、扇谷方が勝利を収め、敗れた

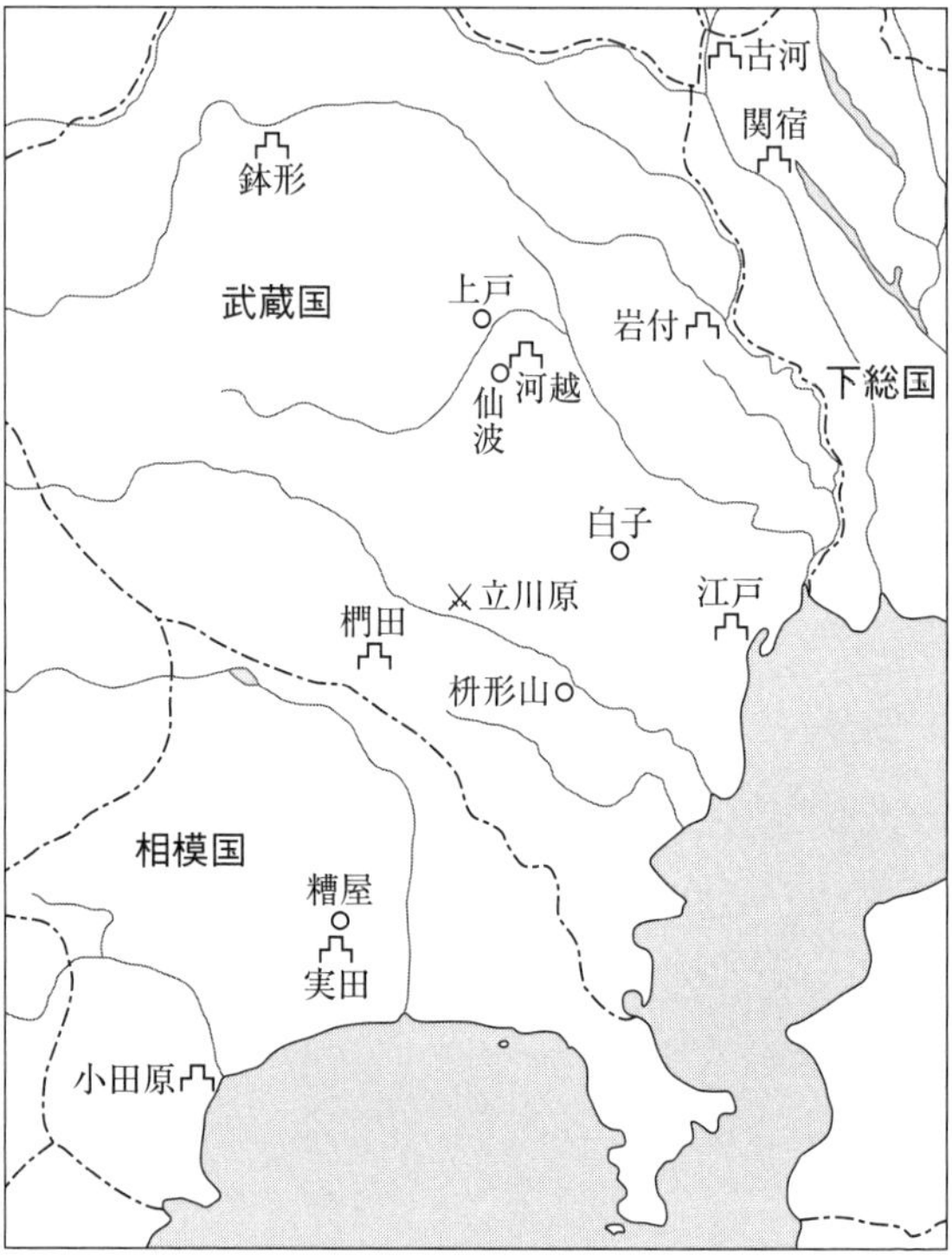

39── 立川原の戦い

顕定は鉢形に帰っていった。

味方の完敗だったが、上杉顕定はおちこむことなく、なんとか形勢を逆転させようと、すぐに準備を始めた。越後の上杉房能と長尾能景に連絡をつけて、軍勢を派遣してほしいと頼んだのである。立川原の戦いのときには、今川や伊勢の軍勢が敵方にいて、味方の軍勢は少なかった。兵力に劣っていたのが敗因だと考えた顕定は、強力な援軍が必要と判断して、越後に救援を求めたのである。

とりあえずの勝利を収めた上杉朝良は河越に戻り、今川氏親と伊勢宗瑞も自国に引き返していったが、この一瞬の隙を顕定は見逃さなかった。いままでのように体制を整えてから、数年後に戦いを始めるというのでは、いつになっても決着がつかないから、このチャンスを逃さず、すぐに行動を起こそうと考えたのである。そしてこのもくろみは的中する。十一月に長尾能景が軍勢を率いて越後から関東に攻め入り、南に進んで、十二月二日に武蔵の椚田要害《くぬぎた》（東京都八王子市）を落とし、二十六日には相模の実田要害も陥落させた。上杉顕定はまた上戸に布陣して河越城をにらみつけ、十二月一日には上杉朝良が上戸の陣に攻め込んで戦うという一幕もあったが、扇谷方の劣勢は覆いがたかった。

自らの拠点をつぎつぎに落とされ、河越城も危ういと悟った上杉朝良は、顕定の申し出を受け入れて、とりあえず降伏することにした。永正二年（一五〇五）四月のことである。当主の朝良が引退して須賀谷に移ることで話がまとまり、山内家と扇谷家との和睦がようやく成立した。戦いの開始から十八年、思えば長い争いだった。

ところでこの講和と前後して、太田家においても事件が起きた。これまで扇谷家のもとで活動してきた太田六郎右衛門尉が誅殺されたのである。『年代記配合抄』の永正二年のところに「武州中野陣において、太田六郎右衛門誅せらる。備中守遺跡に立つ」という記事がみえ、六郎右衛門尉が中野（東京都中野区）の陣で殺され、太田備中守が太田家の跡目を継いだことが知られるのである。

このことについても関連史料は全くなく、真相はよくわからないが、山内・扇谷両家の和睦交渉と、太田六郎右衛門尉の誅殺とは、深い関連性があるように思えなくもない。考えてみれば、このたびの争いの発端を作ったのは、上杉定正の太田道灌謀殺という事件で、これを正当化しようとする扇谷家と、道灌の遺児を援助しようとする山内家との戦いだったということもできる。和睦とはいえ、山内方の勝利という形で内乱は終息をみたわけで、道灌謀殺の正当性が、あらためて問題にされる事態になったのではあるまいか。道灌遺児の太田資康はすでに死去していたが、その子の資高と家臣たちは健在で、山内方の勝利によってそれなりの勢力を確保することに成功したと考えられる。そして道灌謀殺によって太田の家督を継いだ六郎右衛門尉は、立場を失って抹殺されてしまったのでないかとも思えるのである。もちろん証拠はないが、和睦が成立すれば自身の立場が危ういと考えた六郎右衛門尉が、和睦に強硬に反対し、朝良の指示で討ち取られてしまったということなのかもしれない。

道灌謀殺に端を発した戦いは、ここにようやく幕を閉じた。扇谷家との戦いを優勢に進め、結局これを屈服させて、上杉顕定は勝利を手にしたのである。若年で山内家の当主になった顕定もすでに五十二歳、年齢的にも円熟の境地に達していた。古河公方の足利政氏とも円満な関係を築き、関東全体をなんとかまとめあげようと努めて、とりあえず宿願を達成したのである。

2　分裂と相剋の時代へ

古河公方家の内紛

古河公方の足利政氏と連携しながら、上杉顕定は関東をとりあえず押さえることに成功した。実子のいない顕定は、政氏の弟を養子に迎えていて（上杉顕《あき》実《ざね》）、これも公方との同盟を確固たるものにした一因だった。長く争ってきた扇谷家の上杉朝良も顕定に従い、以後は頼りになる味方になった。ちなみに朝良は引退していったん須賀谷に移っていたが、まもなく河越に戻ったようで、この後も扇谷家の中心として活動することになる。

公方と管領が連携しながら関東の統治にあたる体制が、久しぶりに形づくられたわけで、考えてみれば画期的なことだった。公方成氏の管領謀殺からちょうど五十年たって、関東の秩序は再編され、もとのような平和が訪れるかにみえたのである。しかし時代は着実に進んでいて、かつての体制に戻るのは、どだい無理な話だった。戦いが終り平和になったと思ったのも束の間、新たな争いが起き、関東は再び内乱状況になってゆく。

最初に起きたのは、古河公方家内部の内輪もめだった。公方の足利政氏と、その子で後継者である足利高氏の関係が険悪になり、戦いがおきそうな様相になったのである。上杉顕定は政氏を支援していたが、高氏に心を寄せる者も多く、相模の三浦義同（道寸）が高氏と連携して、三浦から海を渡って房総に陣取るということもおきた。困った足利政氏は、陣地を引き払って相模に帰るよう三浦に指示してほしいと上杉顕定に頼み、顕定もこれに応じている。永正三年（一五〇六）六月のことである。

十二月になると事態はさらに進み、高氏が古河から宇都宮に移ることになった。父親から距離をとって、敵対する姿勢をあらわにしたのである。永正四年（一五〇七）になると、高氏が宇都宮を出発して小山の祇園城を攻めようとしているという情報が、古河の政氏のもとに届けられた。事態は切迫していたが、上杉顕実（政氏の弟で高氏の叔父）が中に入り、父子はとりあえず和睦したらしい。た

40—足利政氏画像

だこれはあくまで一時的なもので、まもなく争いは再開し、あらたな展開をみせることになる。

この年の八月、越後で大事件がおきる。越後守護代の長尾為景《ためかげ》が、主君にあたる守護の上杉房能《ふさよし》の館を襲ったのである。敗れた房能は関東を目指して逃走したが、途中の天水《あまみず》（新潟県十日町市）で力尽き、房能は従者とともに討死を遂げた。

二年前の永正二年、長尾能景に率いられた越後の軍勢が関東に攻め入り、顕定の勝利に貢献したことは前述したが、この能景は翌年に越中で一向一揆と戦い、般若野《はんにゃの》（富山県砺波市）で戦死していた。能景のあとは子息の為景が若くしてあとを継ぐが、守護代が若年だということも作用して、守護の上杉房能が発言力を増し、反発した為景と家臣たちが、先手をとって房能とそのとりまきを抹殺しようとしたということなのかもしれない。山内家や扇谷家と同じように、越後の上杉家でも、主君（上杉）と重臣（長尾）の関係は緊張感を増し、決裂は不可避の状況になっていた。山内家と扇谷家では重臣（長尾景春や太田道灌）の台頭を阻止することに成功したが、越後の上杉家では逆に重臣（長尾為景）が勝利を収め、主君（上杉房能）が敗れる結果になったのである。

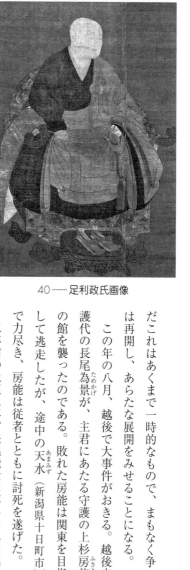

機敏なクーデターによって、長尾為景は政権の中心に立つが、守護そのものを否定するつもりはなく、上杉一門の定実《さだざね》を擁立して、あらたな主君に据えた。そしてこのことを社会的に認めてもらうため、為景は京都の幕府に申請し、上杉定実を守護に任命するとの、将軍の御内書をもらうことに成功する。このころ幕府では政権交代があり、いったん失脚していた足利義尹《よしただ》（義材《よしき》の改名）が将軍に復帰し、細川高国らがこれを補佐していた。長尾為景は細川をはじめとする幕府関係者とつながりを持ち、このたびの自らの行動を正当化することに成功したのである。

問題になるのは関東の上杉顕定との関係だが、為景はとりあえず顕定に恭順の意を示し、顕定もこれを受け入れていたようである。上杉房能は顕定の弟にあたるが、母親も違うかなり年の離れた弟で、顔を見たこともなかったから、為景に対してさほどの恨みもなかったものと思われる。房能が逃亡したとき、これに味方しようとしたと疑われて困ってしまった色部《いろべ》昌長《まさなが》（越後の国人）が、上杉顕定に救いを求めてきたことがあったが、顕定はすぐに色部に書状を遣わし、「時機をみて長尾六郎（為景）に言っておくから、心配はない」と述べている。長尾為景と自分は対立関係にないことを、顕定は書状の中で表明していたのである。

上杉顕定の敗死

長尾為景は上杉顕定に対して反逆を企てたつもりはなく、顕定もとりあえずは行動を起こさなかった。しかし越後の情勢変化は、顕定にとっても快いものではなく、この機会に越後に攻め込んで、ここを自らの強い支配下に置こうと考えるようになった。扇谷家を屈服させて勝利を収めたのも、越後の武士たちの協力のおかげだったから、長尾為景という新たなリーダーの台頭によって、越後の人々と山内家とのつながりが断たれていきかねない状況は、なんとしてでも阻止したかったのだろう。関東の安定のためにも越後の制圧は不可欠と考えた顕定は、永正六年（一五〇九）七月、大軍を率いて越後に攻め込んだ。

古河公方の足利政氏は顕定の朋友だったし、扇谷家の上杉朝良とは、互いに起請文を取り交わして、顕定不在の関東が平穏に治まるよう算段をつけていた。政氏と朝良という年長どうしの仲間と連携をとって、自分がいなくなっても変事が起きないようにしたうえで、顕定は越後出兵を決行したのである。

越後に攻め入った山内家の軍勢は、順調に進んで府中に入り、上杉定実と長尾為景は、かなわないと悟って越中に逃れた。顕定の思い通りに事は動いているようにみえたが、越後に駐留している間に政情は動き、顕定も苦境に立たされることになる。永正七年（一五一〇）になるとあの伊勢宗瑞がまた武蔵に攻め込み、椚田の要害に押し寄せた。これまで同盟関係にあった上杉朝良は顕定と連携していたから、このたびの宗瑞の出兵は扇谷家支援のためのものではなく、まさに自らの勢力拡大をもくろんだ、独自の行動ととらえることができる。椚田要害は陥落したが、まもなく山内家の軍勢と戦って敗れ、宗瑞の動きもひとまず収まる。

古河公方家の内紛も再発していた。足利高氏はこのころには高基《たかもと》と改名していたが、父親の政氏との関係が決裂して、古河から出て南に進み、関宿《せきやど》（千葉県野田市）に入ることになった。さらに高基の弟にあたる空然《くうねん》（鎌倉の鶴岡八幡宮の別当だった）も独自の動きをみせ、武蔵の太田荘で火の手を上げた。政氏・高基・空然という三者がそれぞれ争いあうという、たいへんな事態になったのである。

そして例の長尾景春（入道伊玄）も、伊勢宗瑞と連絡をとりながら再び挙兵した。顕定不在の隙をねらってまた決起したわけだが、味方の中から脱落者も出て、六月七日には軍陣に放火して、いずこともなく退いていった。

こうした関東の状況は使者によってつぎつぎに越後の顕定のもとに報告され、六月十二日、顕定は長尾但馬守景長にあてた長文の書状で、各地でおきたことがらを書き並べている。遠く越後の地にいながら、予想に反して混乱状況に陥っている関東の政情について、顕定は不安をつのらせていたのである。ことに長尾景春に対しては怒りが収まらないらしく、「長尾一門の中では老年でもあり、もっと重厚であるべきなのに、一代に二度も不義を重ねるとは、もってのほかだ。ほんとうに当家（山内家）と長尾の間の決着もつけるべき時期が来たようだ。どうお考えですか」と長尾景長に訴えかけている。

この書状には「太田大和守」という人のことも書かれている。河越の上杉朝良は起請文も交わした仲なので心配ないと記したあとに、「（朝良は）長尾孫太郎の出陣のことについて、頻りに催促しているし、太田大和守もたびたび強く意見しているようだ」という一文がみえるのである。太田大和守が上杉朝良とともに行動していることがうかがえるが、この太田大和守は資康の遺児資高の可能性が高い。太田資高が大和守を称したことが系図にみえるからである。父親の資康が死去してから十二年が経過し、資高もそれなりの年齢に達していたのだろう。このころには扇谷家との和解も果たし、上杉朝良に従いながら活動していたものと考えられる。

関東の情勢を心配して長文の書状を書いた顕定だったが、このとき彼自身も危険な状況の中にいた。いったん越中に逃れた上杉定実と長尾為景が力を盛り返し、佐渡を通って海を渡り、越後に入ってきていたのである。寺泊《てらどまり》（新潟県長岡市）に出てきた為景は、さらに進んで顕定の軍勢に迫ってきた。そして顕定が書状をしたためたまさにその日、六月十二日に、椎屋《しいや》（柏崎市）の地で決戦があり、為景方が勝利を収めた。山内勢もなんとか踏みとどまろうとしたが、上田荘内の長森原（南魚沼市）で敵と戦って敗れ、大将の顕定が討死するという結果になった。六月二十日のことである。

関東と越後を自らの支配下に置こうとした顕定の意図はもろくも崩れ、自身の命も失うことになってしまう。予想外のこととといえなくもないが、時代の趨勢は分裂に向かって進んでいて、広大な地域をまとめて管轄することは難しくなっていたのである。越後の武士たちにとってみても顕定は遠い存在で、長尾為景のほうが頼りになると考え、再起の戦いに協力したのだろう。

越後に出陣したとき、顕定は養子の上杉憲房《のりふさ》（憲実の孫にあたる）を伴い、憲房は一方の大将として活動していた。顕定が古河公方家から養子（顕実）を迎えていたことは前述したが、上杉一門の中から選ばれた養子もいたのである。越後を平定したあかつきには、この憲房を越後の守護に据えるつもりだったのかもしれないが、この望みは果たせなかった。父親が戦死したのち、憲房はしばらく妻《つま》有荘《ありのしょう》（新潟県十日町市・津南町）に陣を置き、そこから山越えで上野の白井に入った。

顕定敗死の知らせは関東各地に伝わり、長尾景春と伊勢宗瑞も勢いづいた。いったん雌伏していた長尾景春は、上野に現われて沼田荘に攻め入り、相俣《あいまた》（群馬県みなかみ町）に陣取って白井の上杉憲房と向かい合った。伊勢宗瑞もまた相模に出陣し、高麗寺（神奈川県大磯町）や住吉（逗子市）の要害を取り立てて兵を挙げた。さらに上杉朝良の被官の上田蔵人入道（政盛）が宗瑞に味方して、武蔵の権現山（横浜市神奈川区）に籠って、主君に反旗を翻した。こうした状況に対処するべく、河越の上杉朝良が自身出陣し、上杉憲房も援軍を派遣して、七月十一日から権現山の攻撃を開始、八日後には敵を追

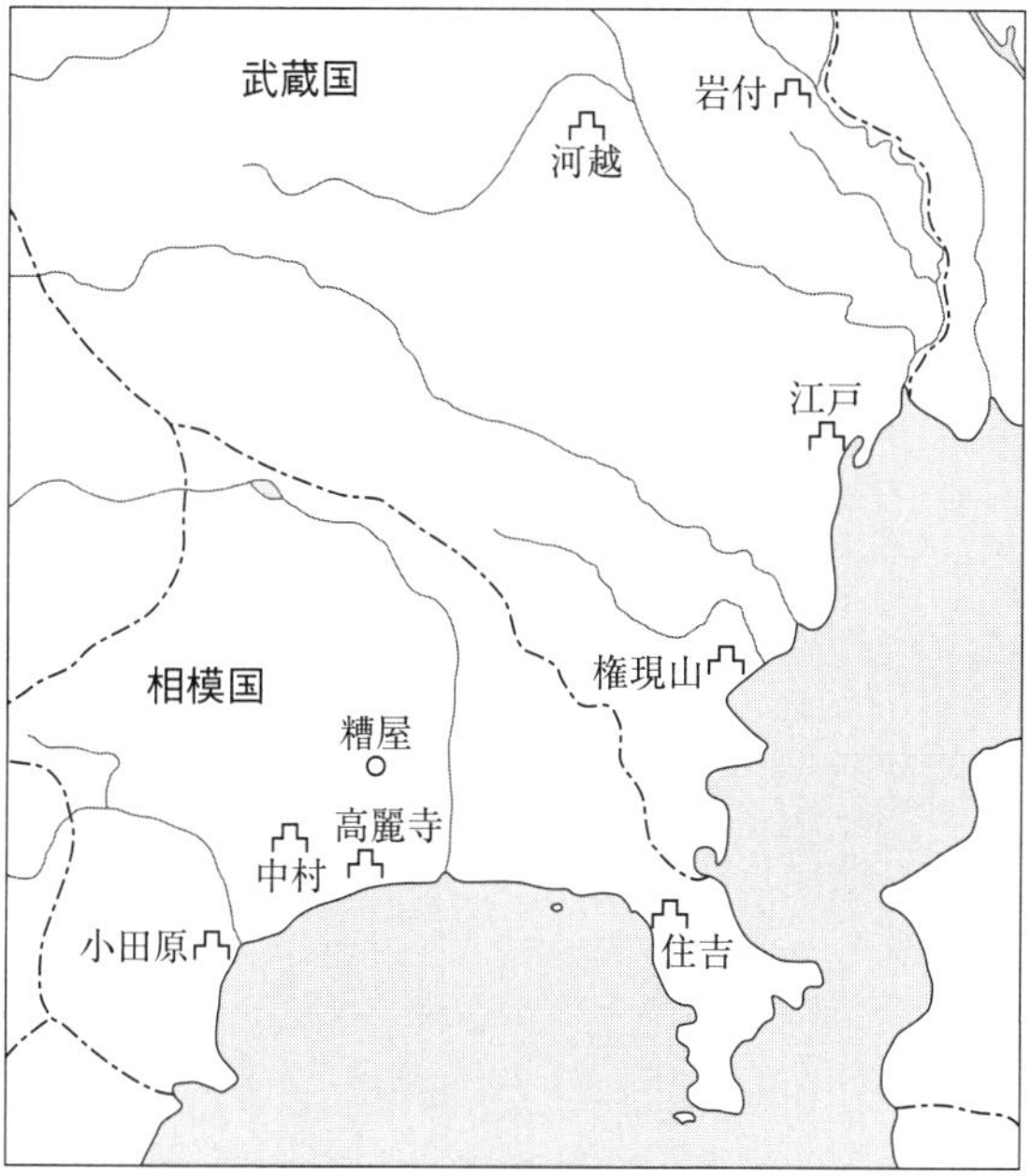

41――伊勢宗瑞の決起

い払った。さらに上杉朝良は相模に進んで小田原城を攻め、三浦義同（道寸）も朝良に協力した。十二月には中村要害（神奈川県中井町）で戦いがなされるが、朝良は勝利を収め、宗瑞の軍勢は退却していった。顕定の死去によって上杉一門の長老格となった上杉朝良は、上杉憲房や三浦義同と連携しながら、なんとか危機を乗り切ったのである。

伊勢宗瑞の勢力拡大

上杉顕定に二人の養子がいたことは前述したが、顕定の本拠である鉢形（埼玉県寄居町）に入ったのは、足利政氏の弟である上杉顕実のほうだった。越後にいた上杉憲房は上野の白井に入って独自の道を進み、山内家も二派に分かれることになった。いずれも顕定の後継者と自任している顕実と憲房が争いあうのは避けられず、上杉朝良の説得も空しく、戦いが展開されることになった。永正九年（一五一二）六月、上杉憲房は鉢形城に攻撃を加え、わずか三日の戦いで城を奪い取ることに成功した。こうして憲房は事実上山内家の当主の座に収まることになる。

古河公方家の内紛も続いていた。関宿にいた足利高基のほうが優勢で、父親の政氏は古河を出て、下総小山の祇園城に移った。永正九年六月十八日のことである。そして政氏のいなくなった古河に高基が入り、事実上公方の地位に立った。

戦い敗れた伊勢宗瑞は、扇谷家ととりあえず和睦して、あらたな勢力拡大の機会を狙うことにした。長尾景春は駿河にいたらしいが、扇谷家と和睦した宗瑞との関係も疎遠になっていたようで、その凋落は覆いがたかった。そしてこのような中、永正九年の秋になって、伊勢宗瑞はまたまた相模に攻め入り、三浦との戦いに勝利して、またたく間にその勢力を拡大させていった。最初の戦場は相模中部の岡崎城（神奈川県平塚市）で、三浦義同（道寸）が押さえていたが、伊勢宗瑞はこの城を攻め立てて陥落させ、義同は本拠である三浦に退いていった。東に進んだ宗瑞は、鎌倉やその周辺を押さえ、武蔵の南部まで含む一帯を勢力下に置くことに成功する。

駿河から伊豆に攻め込んだ時から、すでに二十年近い歳月が流れていた。この間いくども宗瑞は相模や武蔵に攻め入り、そのたびに挫折して伊豆に退いていたが、ようやく宿願を達成し、大きく勢力を伸ばしたのである。伊勢宗瑞の領国拡大によって関東西部の政治地図は大きく変わり、鉢形の上杉憲房、河越や江戸の上杉朝良、伊豆・相模の伊勢宗瑞が並び立つことになる。

こうした中でも足利政氏と高基の戦いは続いていた。政氏は常陸の佐竹義舜《よしきよ》や陸奥の岩城常隆《つねたか》らを頼りにしていて、たびたび出兵を要請したが、彼らとしても公方家が争いあうのは本意ではなく、永正十一年（一五一四）になって、佐竹と岩城が協力して、高基を赦免してほしいと政氏に申し入れた。しかし政氏は頑として許さず、岩城常隆をはじめとする大名たちも、政氏のいる小山まで軍勢を出すことになった。そして政氏方の一団が小山を出て、古河城に押し寄せた。城の兵士は多くなかったが、宇都宮忠綱《ただつな》らの奮戦によってなんとか敵を撃退した。政氏の起死回生の試みは失敗に終り、高基は古河を守りきることに成功する。

この年の八月二十四日、長尾景春がその生涯を閉じた。七十二歳だったと伝えられているが、当時としては珍しい長寿である。五十子《いかっこ》の陣を襲撃して、上杉陣営を敗走させたのは、実に三十七年前のことだった。主君の上杉顕定に弓を引いて敗れたのち、各地を転々としながら再起の機をうかがい、かなりの老年になってから、ふたたび挙兵して主家をおびやかした。その願いは叶わなかったが、あきらめずに抵抗を続けた精神力はたいしたものといえるだろう。

伊勢宗瑞と三浦氏の戦いは長く続いていたが、永正十三年（一五一六）七月十一日、新井城（神奈川県三浦市）が陥落して三浦義同（道寸）・義意父子が討死し、名族三浦氏は滅亡した。宗瑞の相模平定はここに達成されたのである。

江戸開城と太田資高

永正十五年（一五一八）の四月、扇谷家の上杉朝良（入道建芳《けんほう》）が死去した。家督をめぐるいざこざもあったようだが、結局朝良の甥にあたる上杉朝興《ともおき》が家督を継ぐことになった。翌永正十六年八月には伊勢宗瑞も死去して、子息の氏綱《うじつな》があとを継ぐ。扇谷家でも伊勢家でも当主の交代があり、上杉朝興と伊勢氏綱の両者が対峙することになる。

古河公方家では政氏と高基の和解が進んでいた。永正十七年閏六月、政氏は古河に出向いて高基に会うが、思いのほか懇切な接待を受けたらしく、禅長寺の住持にあてた書状でもこのことを伝え、「きっとあなたも喜んでいるでしょう」とつけ加えた。長く続いた父子の対立は終止符を打ったようだが、上総の小弓《おゆみ》（千葉県中央区）に入った弟の義明《よしあき》（かつての空然）との争いはおさまらず、高基も苦労を続けることになる。

伊勢氏綱は、相模の小田原を居城としながら、いっそうの勢力伸長を企てていた。三浦氏の滅亡によって相模一帯は支配下に入り、武蔵の南部、多摩川より南の地域も掌握していて、次の標的は江戸城だった。対する扇谷家の上杉朝興は、伊勢氏の攻勢に備えるためもあって、自身の拠点を河越から江戸に移し、新たな方向を模索していた。

扇谷家にとって鉢形の上杉憲房との関係は微妙なもので、やがて争いあうが、伊勢氏綱の軍勢が目の前に迫ってくると、北の山内家と戦っている場合ではなくなり、和睦がなされることになる。大永四年（一五二四）の正月二日、上杉朝興は江戸を出て河越に到着、すぐに上杉憲房との和睦交渉を始めた。このとき憲房は羽尾峰（埼玉県滑川町）にいたが、太田備中入道永厳がここに出仕して憲房と対面、正式に和議が結ばれることになる。正月十日のことである。この太田備中入道永厳は、永正二年に太田六郎右衛門尉が誅殺されたのち後継者となった太田備中守と同一人物とみてよかろう。扇谷家の家宰の職は六郎右衛門から備中守（備中入道永厳）に引き継がれ、永厳は主君の名代として活動していたのである。

山内家との和睦は成立したが、すでに時機を逸していたといえなくもない。和議成立のわずか三日後の正月十三日、伊勢の軍勢の攻撃を受けて江戸城は陥落したのである。このときの事情については『年代記配合抄』に「江戸落居。太田源次三郎謀叛を企て、氏綱に一同す」とみえ、「太田源次三郎」

が扇谷家に叛いて伊勢氏綱に味方したため、江戸城がたやすく氏綱に奪われたことがうかがわれる。
この「太田源次三郎」は誰か。『太田家譜』の中の系図に、太田資高の弟の資貞が「源次三郎」を称したことがみえるから、この人物の可能性が高い。もちろん確証はないが、太田資高の弟の源次三郎（資貞）が伊勢氏綱に内通したため、江戸城はあっけなく奪われることになったということだろう。資高の動きについては史料がないが、後述するようにこのあと伊勢氏綱は資高に判物を出し、さまざまな契約をしているから、資高も弟と同じく扇谷家から離反して氏綱に味方したことはまちがいない。おそらく氏綱の軍勢が江戸城を攻めたとき近くにいて行動を起こしたのが源次三郎で、そのため彼の離反によって江戸城が陥落したと伝えられることになったのだろう。

江戸城を奪取した伊勢氏綱は、そのまま進んで河越城を攻略した。上杉朝興は河越城を棄てて北方の松山城（埼玉県東松山市）に入り、上杉憲房に支援を求めた。そして山内家と扇谷家の連合軍は反撃を開始する。太田美濃入道道可《どうか》のいる岩付《いわつき》城（さいたま市岩槻区）を陥落させ、毛呂《もろ》の城（毛呂山町）も落として、戦いを優勢に進め、河越城を奪回することに成功、上杉朝興も河越に戻ることになる。太田道可は二年前に伊勢氏綱の後援を得て岩付に攻め込み、渋井氏にかわって城主になっていた。太田一門の中でもいちばん早く主家に叛いていたわけだが、戦い敗れて降伏し、また扇谷家に従うことになったようである。

江戸開城から半年あまりたった十月九日、太田資高（万好斎《ばんこうさい》）は伊勢氏綱から二通の判物をもらっている。一通は「三田地頭方」にかかわるもので、「ここを本住坊に寄進したということなので、心得ました。私も子孫も違乱はしません」と書かれている。この地は太田資高の所領で、本住坊に寄進していたが、伊勢氏綱が江戸城を押さえることになって、新たな大名から保障してもらう必要が出てきたのだろう。おそらく本住坊のほうから太田に依頼がなされ、これを受けて資高が氏綱に頼んで一筆書いてもらったのではあるまいか。

もう一通も本住坊にかかわるもので、「本住坊の中に陣衆は入れません。それから、下男以下を置かれるということですが、非分のことがあってはいけません。諸役をかけることも停止します」という内容である。緊張した状況が続く中、寺の中に軍勢が入ることがよくあったが、本住坊の関係者はこうしたことがおきないように、やはり太田に頼んで氏綱の判物をもらったのである。このときは太田の配下の者も寺の中にいたようで、彼らが寺に対してよくないことをしたり、役をかけたりするのを禁止するということもこの判物には書かれていた。

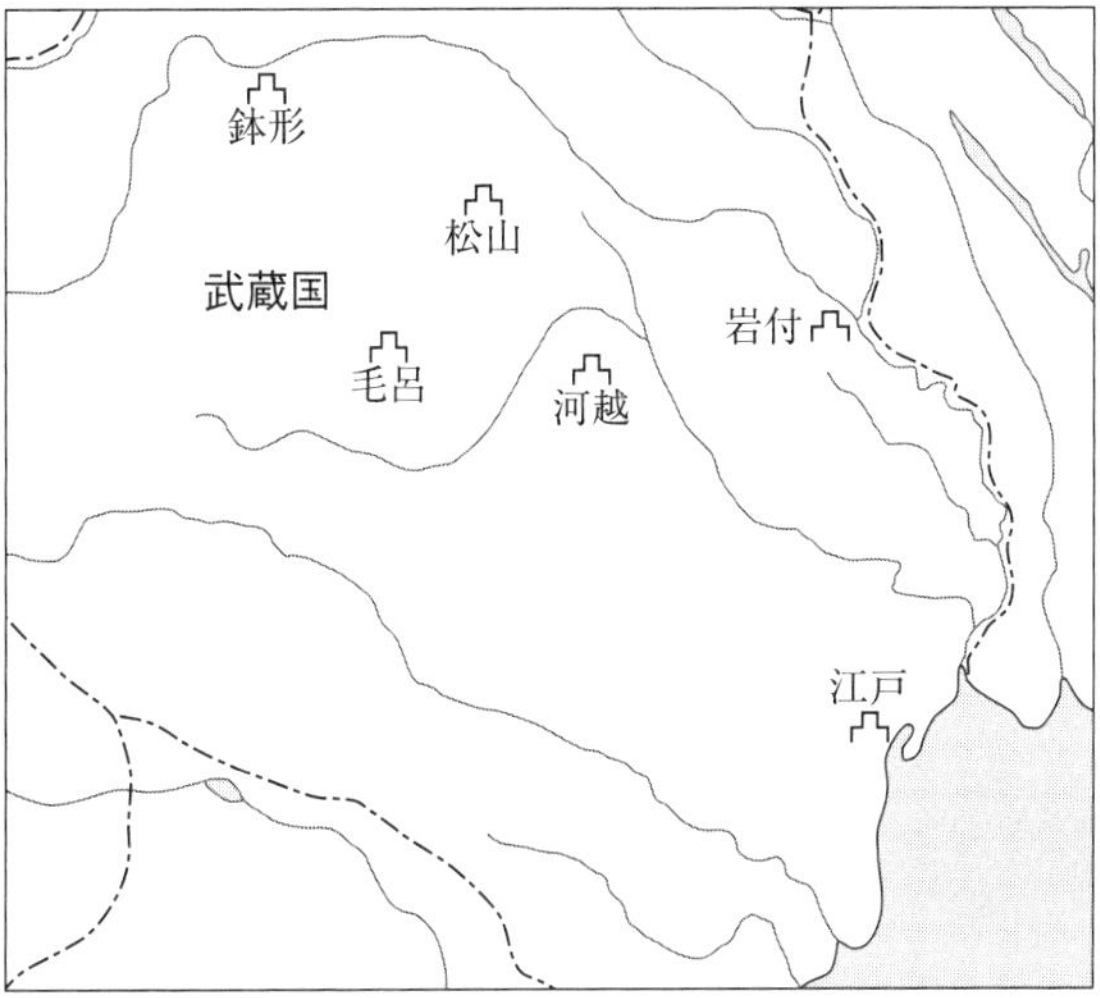

42—伊勢と上杉の戦い

おそらく太田資高と本住坊は深いつながりがあり、太田の配下が寺内に入りこんでいたのだろう。二通の氏綱の判物の宛先は「万好斎」（太田資高）だが、これは本住寺の権益を保障するものなので、本住寺を宛先にするのが一般的だが、そうではなく太田に充てられているのにはそれなりの理由があろう。三田（東京都港区）を含むこの地域に太田資高は強い支配権を持っていて、その中の寺院にかかわるやりとりも太田の主導でなされていた。こうした現状を重んじて、伊勢氏綱は太田あてに判物を出したと考えられるのである。

太田道灌の謀殺から三十七年。道灌の孫にあたる資高は、扇谷家に叛いて伊勢氏綱の江戸城奪取を実現させたが、こののちは城将のひとりとして、江戸城の中にいて活動することになった。資康・資高と続く道灌の嫡流の子孫は、苦労を続けながら力を保ち、ようやく江戸城への帰還を果たしたのである。

太田資高兄弟が扇谷家を裏切った理由はわからないし、情勢を見極めたうえでの決断だったととらえることもできるが、祖父の道灌が主君に殺されたという過去の記憶が作用したことはまちがいないのではあるまいか。道灌の子の資康は、扇谷家と戦いながら生涯を終えた。その子の資高は幸運にもその地位を保障され、扇谷家に従うことになるが、父祖の遺恨を内に秘めながら主家に仕えていたのだろう。四十年近い歳月を経て、太田はついに「仇討ち」を遂げたのである。

管領謀殺に端を発する内乱の開始から七十年。多くの武将が現われ、関東を舞台に戦いがくりひろげられた。足利成氏―政氏―高基。上杉房顕―顕定―顕実―憲房。上杉持朝―顕房―政真―定正―朝良―朝興。長尾景仲―景信―景春―景英。太田道真―道灌―資康―資高。それぞれの家の当主や家臣たちが、あるときは協調し、あるときは争いあいながら、生き残りと勢力拡大につとめたが、関東全体を支配する「勝者」は最後まで現われなかった。

おのおののその後

古河公方の足利高基は、弟の義明との争いの中で死去し、子息の晴氏《はるうじ》があとを継ぐ。晴氏は北条氏綱（氏綱は伊勢から北条に姓を改めていた）の後援を得て、足利義明を討つことに成功するが、やがて北条氏と争って敗れ没落する。晴氏と北条氏綱の娘との間に生まれた義氏が公方となるが、北条氏の管轄下に置かれ、領主としての自立性は失ってしまう。義氏が死去すると、男子がないため古河公方は断絶するが、北条氏滅亡ののち、足利義明の孫にあたる国朝が古河公方の名跡を継いで家を残し、下野の喜《き》連川《つれがわ》（栃木県さくら市）を本拠とする領主として続くことになる。ただ石高は五千石という小さな藩だった。

山内上杉家と扇谷上杉家は、北条氏との戦いに敗れて、結果的に滅亡してしまった。天文十五年（一五四六）の河越の戦いで、上杉憲政（憲房の子）と上杉朝定（朝興の子）は手痛い敗戦を喫し、朝定はここで戦死してしまう。朝定には跡継ぎがなく、家臣たちも離散して、扇谷家は滅亡する。一方の上杉憲政は、関東から越後に逃れて長尾景虎（為景の子）を頼り、山内上杉家の名跡は景虎（上杉

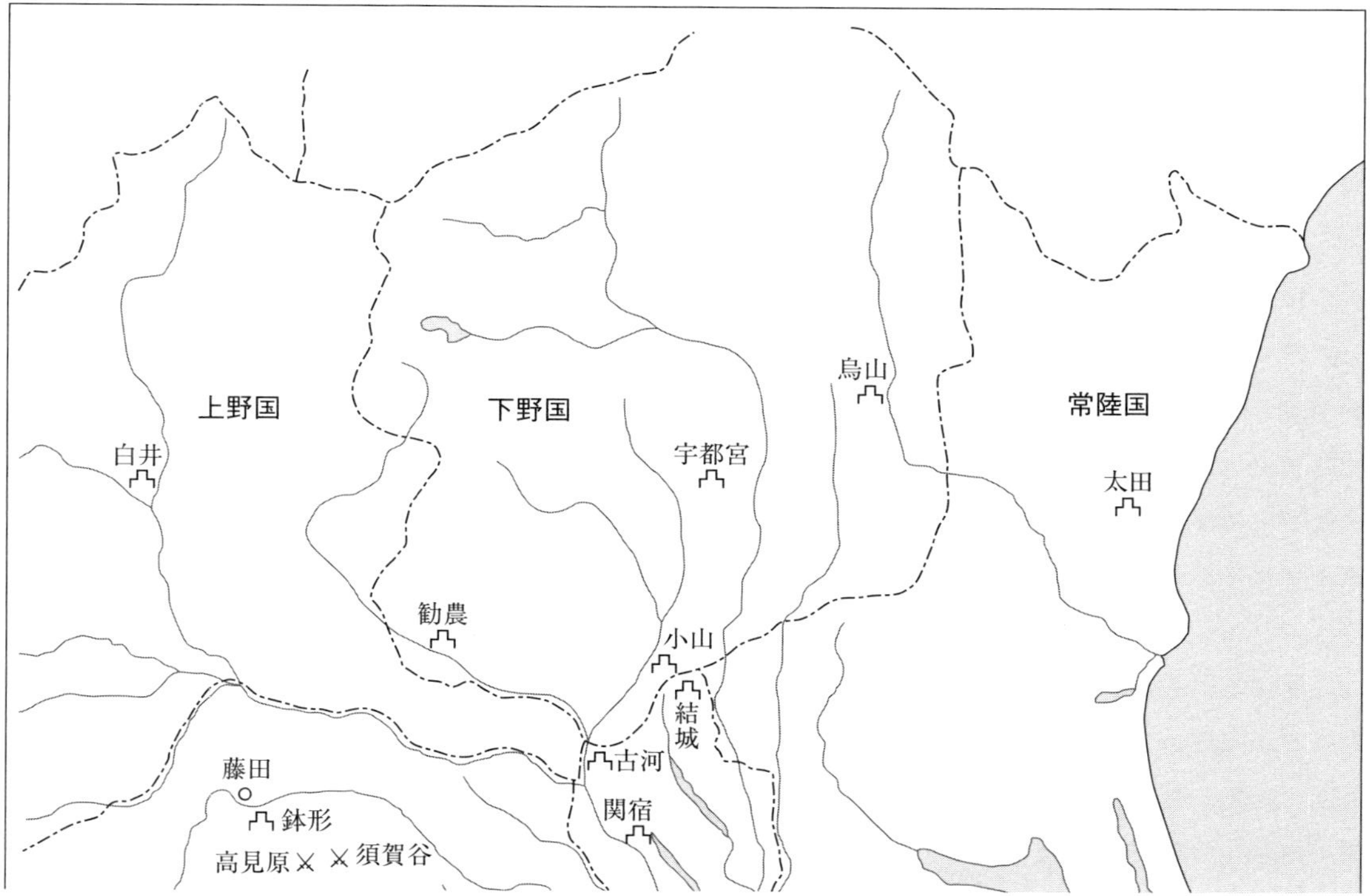
上野国
下野国
常陸国
白井
勧農
宇都宮
烏山
太田
小山
結城
古河
関宿
藤田
鉢形
高見原
須賀谷

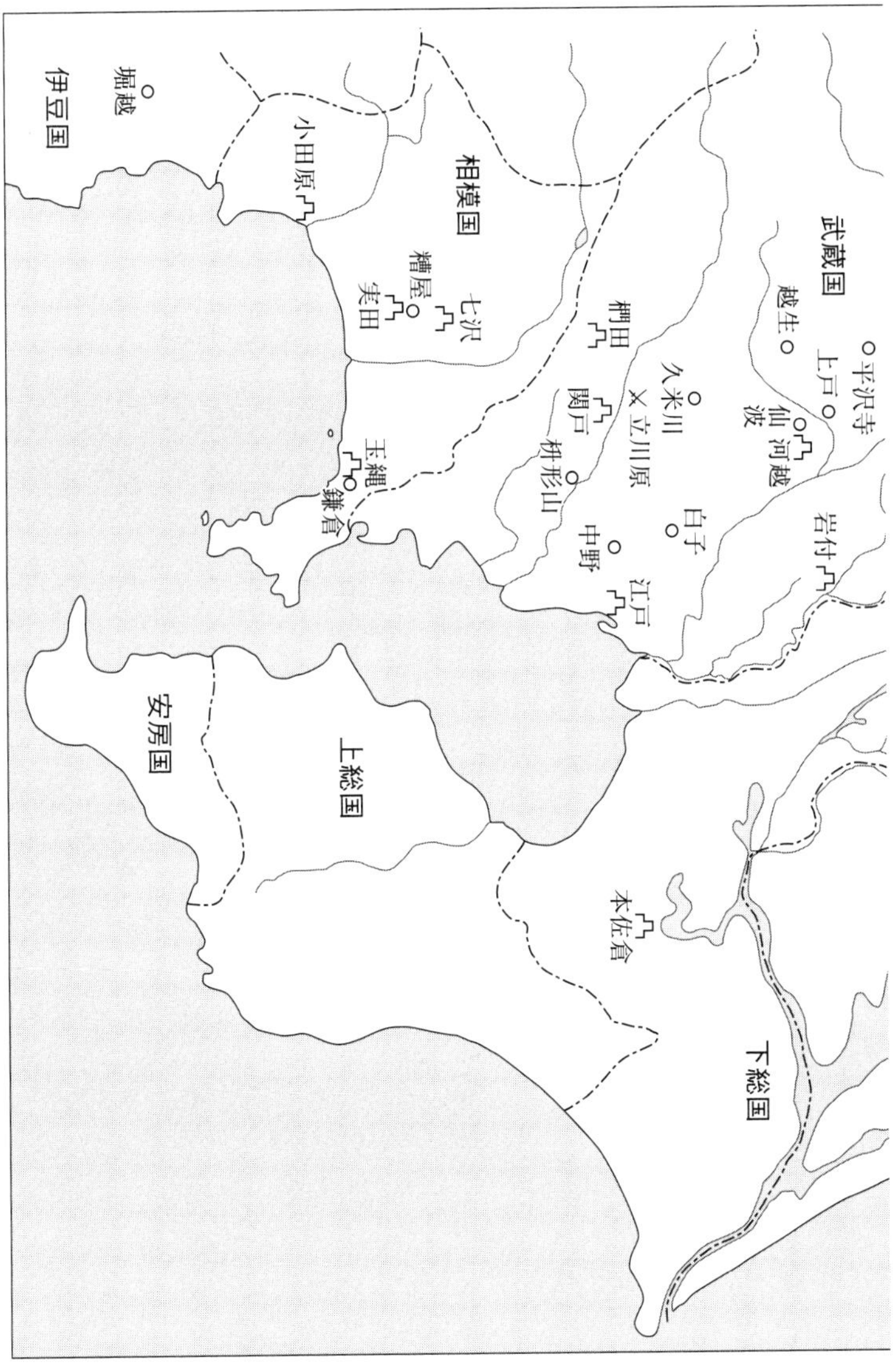
伊豆国
堀越
小田原
相模国
糟屋
実田
七沢
椚田
武蔵国
越生
平沢寺
上戸
仙波
河越
久米川
立川原
関戸
枡形山
玉縄
鎌倉
白子
中野
岩付
江戸
安房国
上総国
本佐倉
下総国

43 — 長享の乱関係地図

謙信）が継ぐことになる。家名は残されたわけだが、山内家の家臣が重用されたわけでもなく、実質をみれば越後長尾家が山内家を乗っ取った形になる。上杉の名跡は受け継がれたが、山内家も事実上滅びてしまったとみていいだろう。

長尾景春は山内家に反抗しながら生涯を終えるが、子息の景英は主君に従い、長尾の家は続いていった。しかし主家の衰亡もあって、長尾の一門も力を失い、歴史の表舞台から消えていった。江戸城の守将のひとりになった太田資高は、江戸の周辺にかなりの所領を持つ領主として力を保ち、子息の康資《やすすけ》も北条氏康のもとで活躍した。しかし永禄《えいろく》七年（一五六四）に康資は氏康に叛いて江戸城を追われ、安房に移ってここで死去した。岩付にいた太田資正（道可）も華々しい活躍を見せるが、北条に従った子息の氏資に敗れて常陸に逃れた。その後氏資も戦死して、北条氏出身の氏房が岩付に入るが、本家の滅亡によって領地を失ってしまう。

太田道灌の子孫は関東の領主としての地位を保つことができなかった。しかし時代の波にもまれながらも、彼らは地道に生き残り、やがて思わぬ幸運を手にすることになる。太田資康は安房で死去するが、その子の重政は江戸に入った徳川家康に仕えて、各地の戦いに従軍し、姉妹にあたる勝《かつ》は家康の側室になった。家康の男子を儲けることはなかったが、なかなかの傑物で、家康の子鶴君（のちの徳川頼房）の養育を任され、幕府の中で高い権勢を築いた。そして彼女の後ろ盾もあって、重政の子の資宗《すけむね》が出世を続け、やがて三河西尾（愛知県西尾市）で三万五千石の石高をもつ大名となる。また常陸で死去した太田資正の子孫も残り、資正の子の資武は、越前の結城秀康（家康の子）に仕えて八千石を領したという。

前にみたように、太田道灌の謀殺のありさまについて、自ら伝え聞いたことを書状にしたため、「当方滅亡」の言葉を後世に残したのはこの太田資武で、書状の宛先は太田資宗だった。幕府の中で確たる地位を築いた資宗は、祖先の道灌と、古く分かれた一門の歴史を調べてみたいと思い立ち、資武にいろいろ尋ねたのだろう。書状の書かれた時期はわからないが、政治もようやく安定した寛永《かんえい》の頃（一六二四〜四四）かと思われる。亡くなって百五十年もたっていたが、太田道灌はやはり誇りに思える先祖だったのである。

道灌の時代の特質　エピローグ

類まれな才能に恵まれ、さまざまな方面で活躍した太田道灌は、その力量がかえって災いして、主君によって誅殺されてしまった。しかし道灌を討った上杉（扇谷）定正も、上杉（山内）顕定との苦闘を続けた末、陣中で落馬して死去してしまう。そして扇谷家を屈服させて勝利を手にした上杉顕定も、一門の臣下にあたる長尾為景との戦いに敗れ、越後の地で落命した。山内家の重臣でありながら主君に叛いて決起した長尾景春は、敗北をくり返しながら抵抗を続けるが、結局成功を収めることなくこの世を去った。関東の内乱のきっかけを作った足利成氏は、上杉方を打倒することができないまま、古河の地で生涯を終えた。考えてみれば、十五世紀後半の関東の政治史を彩った大物たちは、おしなべて「敗者」だったといえなくもない。

こうした主役級の人物だけでなく、数多くの武将たちが、それぞれの判断で時代に対処しながら、独自の行動をとった。上杉陣営の中心にあって成氏とその与党に対抗した長尾景仲。父のあとを継いで軍団のまとめ役を果たした長尾景信。成氏の無二の味方でありながら、情勢をみて主君を裏切り、結局一門によって抹殺された岩松持国。不遇の時代を長く送りながら、機会をとらえて家督の地位に立つことに成功した岩松家純。成氏方の中心メンバーで、敗れて逃れた主君をかくまい、復活戦を成功させた千葉孝胤。山内家の家宰の地位にありながら、反乱に直面し、太田道灌ともそりが合わず反目を続けた長尾忠景。個性豊かな大名たちが、自らの立ち位置に基づいて、それなりに合理的な行動をとりつつ並び立っていたのである。彼らはおのおの陣営に属して戦いに参加したりしているが、敵を討ち滅ぼすことはなかなかできず、逆に自分の家が滅亡するという事態に陥ることもほとんどなかった。戦いが簡単には決着がつかず、内乱状況が続いたのはそのためなのかもしれない。

大名たちだけでなく、その家臣にあたる人物が歴史の表舞台に現われたのも、この時代の大きな特徴だった。千葉家重臣の原胤房は、自分の方針と異なる行動をとろうとした主君（千葉胤直）に戦いを挑み、これを滅ぼしてしまう。下総の結城家でも、重臣の多賀谷《たがや》祥永・祥賀兄弟が実権を握り、独自の道を歩もうとした若い主君（結城成朝）を抹殺したらしい。そして岩松家純の重臣だった横瀬国繁《よこせくにしげ》は、岩松持国に裏切りを勧めるなど、巧妙な政治工作を続け、結局主君の復権を実現して、自らの地位も固めた。公方の足利氏からみれば「陪臣《ばいしん》」にあたるこうした人々が、大名家の実質的な担い手となり、主君を支えながら、時にはこれに反抗して、「下剋上《げこくじょう》」を実現させたりしていたのである。そしてこの時代に活躍した重臣とその後継者たちは、やがて主家を圧倒し、自らも大名といえるような存在になってゆく。

この時代の関東の政治史は、多くの登場人物によって彩られているが、登場人物が多いという現象こそが、この時代のきわだった特質だと考えることもできる。彼らは同じ場所に集結していたわけではなく、それぞれが自らの居城を持ち、離れたところで生活しながら、互いに連絡をとりあったり、争い合ったりしていたのである。

享徳の乱が起きる以前、関東の政治の中心は鎌倉で、公方足利氏や管領上杉氏はもちろん、諸国の守護をつとめる大名たちも、みな鎌倉に集まって政治に参与していた。ところが、内乱の発生と展開によって、こうした状況は一変する。公方の足利成氏は、鎌倉に帰ることなく下総の古河を拠点とし、その後もこの地に住み続けた。対する上杉氏の陣営も、北に進んで利根川河畔の五十子《いかっこ》を陣所とし、しばらくの間ここに軍勢が駐留することになった。公方も管領も鎌倉から去り、鎌倉は政治の中心としての地位を失ってしまうが、これとあい呼応するように、古河や五十子といった関東中央部の都市が成長を遂げたのである。

上杉陣営の中心的な陣所は五十子だったが、すべての武将がここに集住していたわけではなく、それぞれが個別の居館を持ち、平時にはそこに住むことが多かったたようである。扇谷家の拠点はいくつかあり、相模の糟屋、武蔵の江戸・河越といった場所が押さえられていたが、このうち江戸と河越は扇谷家重臣の太田道真・道灌父子ともかかわりが深く、道灌は江戸を居城としながら地域の政治を進めていた。山内家の本拠は上野だったようだが、長尾景春の乱を鎮圧した後、上杉顕定は武蔵の鉢形を拠点として、周囲ににらみをきかせた。

古河・五十子・鉢形《はちがた》・河越・江戸・糟屋といった都市的な場が、この時代にいっせいに生まれ、政治や経済の拠点として栄えたのである。このほか簗田《やなだ》氏の居城となった下総の関宿《せきやど》、千葉孝胤とその子孫がいた下総の本佐倉《もとさくら》なども、この時代に都市化し、成長を遂げることになる。関東というまとまりは保たれているが、人や物資が鎌倉に集まる一極集中的な構造は解体し、地方の都市が大きく勃興する。十五世紀後半はそういう時代だった。

このような中、内乱も広範囲で展開されることになる。享徳四年（一四五五）に始まった足利氏と上杉氏の戦い（享徳の乱）は、古河や五十子だけでなく、関東のほぼ全域をまたにかけて展開し、各地で戦いがなされた（一一二―一一三ページの地図参照）。この内乱には関東各地の大名たちがおしなべて参加し、戦いの範囲も広がりをみせたのである。関係者が多く、戦いの及ぶ範囲もきわめて広いということが、享徳の乱のなによりの特質だということができよう。

ただ、その後の内乱においては、こうした状況はいくらか変化をみせる。文明九年（一四七七）から始まった長尾景春の乱も、相模・武蔵・上野・下総と広がる広範囲に及んでいるが、この反乱は上杉陣営の内紛なので、下野や常陸など、公方派の大名たちの支配領域はほとんど戦場になっておらず、戦いのスケールはやや小さくなっている（一四八―一四九ページの地図参照）。そして長享元年（一四八七）から始まる山内家と扇谷家の戦い（長享の乱）の舞台は、相模の武蔵の内部に限られていた（二一〇―二一一ページの地図参照）。これでも十分広いといえなくもないが、時代が下るにつれて戦いの及ぶ範囲が狭くなるという現象は明らかに見て取れるのである。

鎌倉の政権が解体しても、関東という支配空間は残り、その意味があらためて認識されることになった。足利氏や上杉氏、あるいは各地の大名たちも、関東の支配秩序の中で自らをいかに位置づけるべきか考えながら、それぞれの行動をとっていたのである。戦いにおいても、重要なのは拠点をいかに押さえるかということで、面的に広がる支配領域を確保しようというような指向性を、大名たちも持っていなかった。しかし時代が下るにしたがって、こうした状況は変化してゆく。各地に都市が勃興し、また地域の郷村や百姓たちの自立性も高まりをみせていく中で、ある程度の広さをもつ領域をきちんと把握しようと、大名たちもつとめるようになり、やがて各地に戦国大名といえるような権力が登場することになる。グローバリズムからローカリズムへ、時代は大きく変わっていった。

十五世紀後半の関東は、社会体制が大きく変わる、まさに転換点にあたっていたということができよう。中世の支配秩序が解体に瀕する中で、人々はかなり自由に行動し、その中から新たな秩序が生まれてゆく。十五世紀から十七世紀にかけての変動をどうとらえるかは、さまざまな議論があるだろうが、関東についてみる限り、いちばん大きな変革期は、十五世紀後半だったのではないかと思える。十六世紀に確立した戦国大名（北条氏など）の支配体制は、前代の鎌倉府段階のそれとは全く違うもので、鎌倉府と北条氏の間には大きな断絶がある。しかし北条氏が築いた支配秩序は、形を変えながら江戸幕府に継承されていったようにみえなくもない。個人的な感想かもしれないが、関東に限ってみれば、中世から近世への大きな変革がなされた時代は、太田道灌の生きた十五世紀後半のように思えてならないのである。

あとがき

中世後期の関東のことを研究してみようと思い立ってから、早いもので三十五年になる。最初は室町期の鎌倉府のことを調べて卒業論文をまとめ、修士論文では戦国期の後北条氏を研究対象にした。鎌倉府と後北条の時代の間にあたる時代、十五世紀後半は抜けてしまう形になったが、いちばん面白そうだと感じていたのはこの時期の歴史だった。すぐに研究対象にできなかったのは、史料があまりに少なく、難しいと思ったからである。

鎌倉府が安定的に関東を管轄していた時代には、鎌倉公方や関東管領などの発給文書がかなりあるし、後北条氏の文書も相当の数に上る。ところがこの間の時期、十五世紀後半の文書は、決定的に数が少なく、しかも無年号のものがほとんどで、残されたわずかな史料から政治情勢を解明するのはかなり難しい。ただ、文書がほとんどないからつまらない時代だというのではなく、この時代がドラマティックな転換点にあたっていたから文書が残らなかったといえるのではないか。今に残る文書のほとんどは支配権力からもらった証文の類だから、社会が流動的になり、安定的な支配者がいなくなると、文書も激減するということではないか。そんなふうに感じていたようである。

そういうことなので、「敗者の日本史」の一冊としてこの時代の関東のことをまとめてもらえないかとのご依頼を受けたときには、深く考えもせずお引き受けしてしまった。いちばん面白いと感じていた時代のことを、まともに考える機会を与えてもらえたと思ったからである。『神奈川県史』をはじめとする自治体史の史料編などによって、この時代の史料は着実に発見・翻刻されてきたし、最近では『戦国遺文　古河公方編』（佐藤博信編）や『松陰私語』（峰岸純夫・川崎千鶴校訂）などの充実した史料集が刊行されていて、研究環境は格段に整ってきている。こうした史料集やこれまでの研究蓄積を導きの糸としながら、自分なりになんとかまとめてみた。

政治史の叙述というのは、意外と難しくて奥が深いものかもしれない。残された史料をもとに史実を確定しながら、さまざまな人々の動きを全体的に把握し、それなりに理解できるストーリーを考えるというのが一つの道筋だが、史実そのものはおおよそわかっても、なぜこんなことが起きたのか、ということについては、具体的に語ってくれる史料がそうあるわけでもなく、推測によらざるを得ない（明確な意図を書いた史料があったら、その内容を疑ってかかったほうがいいかもしれない）。だいたい人間の行動も政治的事件も、一つの理由でなされるわけではなく、いくつかの要素が結びついたときに、思いがけないことが起きるというのが、ほんとうのところではないかと思う。現実は複雑にからみあっているが、その中から主要な要素を選び出して、理解可能な「お話」を作って叙述するということになるのである。

十五世紀後半という時代、鎌倉に政治主体が集結することがなくなり、さまざまな権力が関東各地に分散し、それぞれが自己主張を強めていた。登場人物が多いのがこの時代の大きな特徴だが、そうした人たちは個々に独立して動いていたわけではなく、一定の関係をもち、彼らの意図と行動の総体としてこの時代の政治史は現出された。こうした躍動的な政治過程を全体的に俯瞰するというのが本書の課題だったが、叙述に際してはわかりやすい「お話」を考えざるをえず、あるいは的外れのことを書いているのではないかという不安が残る。また多くの研究成果について目が行き届かず、事実の記載に誤りがあることも予想される。満足のいくものが書けたか心もとない限りだが、読者の寛恕を乞う次第である。

二〇一四年十一月十七日

山田邦明

参考文献

著書・論文等

阿部能久『戦国期関東公方の研究』思文閣出版、二〇〇六年
荒川村郷土研究会『長尾景春と熊倉城』荒川村役場、一九八二年。のち黒田基樹編『長尾景春』（シリーズ・中世関東武士の研究　第一巻〈戎光祥出版、二〇一〇年〉）に収録
家永遵嗣『室町幕府将軍権力の研究』（東京大学日本史学研究叢書1）東京大学日本史学研究室、一九九五年
同「応仁二年の「都鄙御合躰」について」（『日本史研究』五八一号、二〇一一年）
石田晴男『応仁・文明の乱』（戦争の日本史9）吉川弘文館、二〇〇八年
市村高男『戦国期東国の都市と権力』思文閣出版、一九九四年
同『東国の戦国合戦』（戦争の日本史10）吉川弘文館、二〇〇九年
稲垣泰彦『日本中世の社会と民衆』三省堂、一九八四年
勝守すみ『太田道灌』（日本の武将26）人物往来社、一九六六年
同『長尾氏の研究』（関東武士研究叢書6）名著出版、一九七八年
加茂下仁「長尾景春の反乱の意義」（『埼玉地方史』一四号、一九八三年。のち黒田基樹編『長尾景春』（シ

リーズ・中世関東武士の研究　第一巻〈戎光祥出版、二〇一〇年〉）に収録
同　「長尾景春の乱と太田道灌」（『新編埼玉県史』通史編2〈中世〉第三章第一節第三項、一九八八年）
久保賢司「享徳の乱における古河公方方の戦略的配置と御旗」（『泉石』四号、一九九八年、黒田基樹編『武田信長』〈シリーズ・中世関東武士の研究　第二巻〉戎光祥出版、二〇一一年、所収）
同　「享徳の乱における足利成氏の誤算」（佐藤博信編『中世東国の政治構造』〈岩田書院、二〇〇七年〉所収）
久保田順一「関東の情勢と上杉氏」「関東の戦乱と上野」（『群馬県史』通史編3〈中世〉第五章第一・三節、一九八九年）
同　『室町・戦国期　上野の地域社会』岩田書院、二〇〇六年
黒田基樹『戦国期東国の大名と国衆』岩田書院、二〇〇一年
同　『中近世移行期の大名権力と村落』校倉書房、二〇〇三年
同　『扇谷上杉氏と太田道灌』岩田書院、二〇〇四年
同　『図説太田道灌』戎光祥出版、二〇〇九年
同　「長尾景春論」（同編『長尾景春』〈シリーズ・中世関東武士の研究　第一巻〉戎光祥出版、二〇一〇年）
同　「戦国期成田氏の系譜と動向」（同編『武蔵成田氏』〈論集戦国大名と国衆7〉岩田書院、二〇一二

年）
同　「扇谷上杉氏の政治的位置」（同編『扇谷上杉氏』〈シリーズ・中世関東武士の研究　第五巻〉戎光祥出版、二〇一二年）
同　「伊勢宗瑞論」（同編『伊勢宗瑞』〈シリーズ・中世関東武士の研究　第一〇巻〉戎光祥出版、二〇一三年）
同　「上杉清方の基礎的研究」（同編『関東管領上杉氏』〈シリーズ・中世関東武士の研究　第一一巻〉戎光祥出版、二〇一三年）
小泉　功　『太田道真と道灌』幹書房、二〇〇七年
小林　晋　『足利成氏と太田道灌』一九九三年
齋藤慎一　「太田道灌と江戸城」（『東京都江戸東京博物館研究報告』一五号、二〇〇九年）
桜井英治　『室町人の精神』（日本の歴史12、講談社、二〇〇一年）
同　「応仁二年の「都鄙和睦」交渉について」（『日本史研究』五五五号、二〇〇八年）
佐藤博信　「古河公方・両上杉氏と武蔵」（『新編埼玉県史』資料編2〈中世〉第三章〈第一節第三項は除く〉一九八八年）
同　「古河公方足利氏の成立」「古河公方足利氏の動揺」（『古河市史』通史編、第二編第三章第一・二節、一九八八年）
同　『古河公方足利氏の研究』校倉書房、一九八九年

同　『中世東国の支配構造』思文閣出版、一九八九年
同　『続中世東国の支配構造』思文閣出版、一九九六年
同　「房総の戦乱と古河公方の支配」（『千葉県の歴史』通史編中世、第三編第一章、二〇〇七年）
同　『中世東国の権力と構造』校倉書房、二〇一三年
佐脇栄智『後北条氏と領国経営』吉川弘文館、一九九七年
新川武紀「古河公方足利成氏と再興小山氏」（『栃木県史』通史編3〈中世〉第四章第二節、一九八四年）
杉山一弥『室町幕府の東国政策』思文閣出版、二〇一四年
高田　衛『八犬伝の世界』（中公新書、中央公論社、一九八〇年）
田辺久子『上杉憲実』（人物叢書）吉川弘文館、一九九九年
則竹雄一『古河公方と伊勢宗瑞』（動乱の東国史6）吉川弘文館、二〇一三年
平野明夫「太田道灌と江戸城」（東京都教育庁社会教育部文化課編『文化財の保護』二一号、一九八九年）
前島康彦『太田氏の研究』（関東武士研究叢書3）名著出版、一九七五年
峰岸純夫『中世の東国―地域と権力―』東京大学出版会、一九八九年
同　「上杉氏の衰退と上野の諸勢力」（『群馬県史』通史編3〈中世〉第五章第四節、一九八九年）
同　「戦国時代の関東―享徳の乱から三つ巴の争覇のなかの城郭―」（『東京都江戸東京博物館研究報告』一五号、二〇〇九年）
百瀬今朝雄「主なき鎌倉府」「鎌倉府の没落」（『神奈川県史』通史編1〈原始・古代・中世〉第三章第三・

四編、一九八一年）
同　「足利成氏の幼名について」（『日本歴史』四一四号、一九八二年）
森田真一「享徳の乱期の五十子陣について」（江田郁夫・簗瀬大輔編『北関東の戦国時代』〈高志書院、二〇一三年〉所収）
山田邦明『鎌倉府と関東―中世の政治秩序と在地社会―』校倉書房、一九九五年
同　「十五世紀後半の関東」（江田郁夫・簗瀬大輔編『北関東の戦国時代』〈高志書院、二〇一三年〉所収）
湯山　学『関東上杉氏の研究』岩田書院、二〇〇九年
同　『三浦氏・後北条氏の研究』岩田書院、二〇〇九年
同　『鎌倉府の研究』岩田書院、二〇一一年
和氣俊行「文明三年の足利成氏房総動座をめぐって―動座からみる関東足利氏の権力的性格―」（『千葉史学』五〇号、二〇〇七年）
渡辺世祐『関東中心足利時代之研究』雄山閣、一九二六年（一九七一年再刊、新人物往来社）

史　料　集

『群書類従』第十三輯（合戦部）、経済雑誌社、一八九四年（「鎌倉大草紙」を収載）
『大日本史料』第八編（東京帝国大学編、のち東京大学史料編纂所編、一九一三年〜）

『続群書類従』第二十三輯下（武家部）続群書類従完成会、一九二四年（「御内書案」を収載）
『群馬県史』資料編5（中世1、古文書・記録）群馬県、一九七八年（「正木文書」を収載）
『神奈川県史』資料編3（古代・中世3下）神奈川県、一九七九年
『新編埼玉県史』資料編6（中世2、古文書2）一九八〇年
『古河市史』資料　中世編、茨城県古河市、一九八一年
『戸田市史』資料編一（原始・古代・中世）埼玉県戸田市、一九八一年（「香蔵院珍祐記録」を収載）
『新編埼玉県史』資料編5（中世1、古文書1）一九八二年
『南総里見八犬伝』一～十（旧岩波文庫版〈一九三七～四一年〉の改版、曲亭馬琴作、小池藤五郎校訂、岩波書店、一九八四～八五年）
『新編埼玉県史』資料編8（中世4、記録2）一九八六年（「鎌倉大草紙」などを収載）
『群馬県史』資料編7（中世3、編年史料2）群馬県、一九八六年
『梅花無尽蔵注釈』第一巻～第六巻（市木武雄校注、続群書類従完成会、一九九三～九八年）
『東京都古代中世古文書金石文集成』第二巻（古文書編二）角川書店、一九九四年
『東京都古代中世古文書金石文集成』第三巻（古文書編三）角川書店、一九九五年
『北区史』資料編　古代中世2、東京都北区、一九九五年（「年代記配合抄」などを収載）
『戦国遺文　古河公方編』（佐藤博信編、東京堂出版、二〇〇六年）
『松陰私語』（史料纂集、峰岸純夫・川崎千鶴校訂、二〇一一年、「松陰私語」「太田道灌状」を収載）

略年表

西暦	和暦	事　　項
1333	元弘 3	5.22 鎌倉の北条一門滅亡．足利千寿王（義詮），鎌倉に入る．12.14 足利直義，成良親王を奉じて鎌倉に下向．
1335	建武 2	8.19 足利尊氏，北条時行を破り，鎌倉に入る．
1336	3	8. 足利尊氏，京都に入り，幕府を開く．
1349	貞和 5	9. 足利義詮，鎌倉から上京し，弟の基氏，鎌倉に入る．
1351	観応 2	1.17 上杉憲顕，高師冬を滅ぼす．12. 足利尊氏，足利直義・上杉憲顕を破る．
1352	文和元	1.5 足利尊氏，鎌倉に入る．
1353	2	7.29 足利尊氏，鎌倉を出発し，京都に赴く．
1358	延文 3	4.30 足利尊氏死去．
1362	貞治 2	3. 足利基氏，上杉憲顕を鎌倉に招き，関東管領とする．
1367	6	4.26 足利基氏死去．子の金王丸（氏満）あとを継ぐ．
1368	応安元	9.19 上杉憲顕死去．上杉朝房・上杉能憲，関東管領となる．
1378	永和 4	4.17 上杉能憲死去．上杉憲春，関東管領となる．
1379	康暦元	3.7 上杉憲春，足利氏満の行動を諌めて自害．上杉憲方，関東管領となる．
1382	永徳 2	4.13 足利氏満，小山義政を滅ぼす．
1394	応永元	10.24 上杉憲方死去．
1395	2	3.9 上杉朝宗，関東管領となる．
1398	5	11.4 足利氏満死去．子の満兼，あとを継ぐ．
1399	6	11.21 足利満兼，大内義弘と通じ，武蔵府中に出陣．12. 上杉憲定，足利満兼を諌める．
1400	7	6.15 足利満兼，伊豆三島社に願文を捧げる．
1405	12	10.8 上杉憲定，関東管領となる．
1409	16	7.22 足利満兼死去．子の持氏，あとを継ぐ．
1411	18	2.9 上杉氏憲，関東管領となる．
1415	22	5.18 上杉憲基，関東管領となる．
1416	23	10.2 足利満隆・上杉氏憲，鎌倉で挙兵．10.6 鎌倉で合戦．足利持氏・上杉憲基，敗れて逃亡する．
1417	24	1.10 足利満隆・上杉氏憲，幕府軍に敗れ，鎌倉で自害．
1418	25	1.4 上杉憲基死去．上杉房方の子孔雀丸（憲実）あとを継

西暦	和暦	事　　項
		ぐ.
1423	30	8. 足利持氏, 小栗満重・宇都宮持綱を滅ぼす.
1428	正長元	1.18 足利義持死去. 弟の義円（義教）あとを継ぐ.
1429	永享元	3.15 足利義教, 征夷大将軍となる.
1431	3	7.19 鎌倉府の使節二階堂盛秀, 足利義教に謁見.
1432	4	2. 上杉憲実, 書状を幕府に提出し, 関東管領辞職を願う.
1437	9	8.13 足利持氏, 上杉憲実の邸宅に赴き, 異心のないことを示す.
1438	10	8.14 上杉憲実, 上野に赴く. 8.15 足利持氏, 鎌倉を出て武蔵府中に陣する. 9. 今川範政, 足利義教の命を受け, 相模に攻め入る. 11.1 足利持氏, 長尾忠政に捕えられる.
1439	11	2.10 足利持氏, 鎌倉永安寺で自害.
1440	12	3. 足利安王丸・春王丸, 常陸で挙兵し, 下総結城城に入る.
1441	嘉吉元	4.16 結城城陥落. 5.16 足利安王丸・春王丸, 美濃で処刑される. 6.24 足利義教, 赤松満祐の邸宅で殺害される. 12.29 足利万寿王丸, 石川持光に書状を出し, 忠節を求める.
1442	2	1.18 岩松持国, 石川持光に書状を書き, 足利万寿王丸の意向を伝える.
1447	文安 4	3. 後花園天皇, 上杉憲実に綸旨を下し, 関東管領復帰を要請. 8.27 足利万寿王丸, 鎌倉に入る. 9.25 上杉憲忠, 右京亮に任じられる. 11. 常陸の臼田一門, 上杉憲忠に従うことを誓約.
1448	5	11.21 幕府, 上杉憲忠に, 鎌倉覚園寺領の雑掌への交付を命じる.
1449	宝徳元	4.29 足利義成（義政）, 征夷大将軍となる. 7. 足利万寿王丸, 足利義成の偏諱を与えられ, 成氏と名乗る. 8.27 足利成氏, 左馬頭に任じられる.
1450	2	4.20 足利成氏, 鎌倉を出て江の島に入る. 4.21 公方方と上杉方, 腰越浦・由比浦で戦う. 5.12 足利成氏, 管領畠山持国に書状を出し, 戦いの経緯を述べる. 8.4 足利成氏, 鎌倉に帰る. 10. 上杉憲忠, 鎌倉に帰る.
1452	享徳元	11.16 畠山持国, 管領を辞し, 細川勝元, 管領となる.
1454	3	3.21 細川勝元, 足利成氏に, 上杉憲忠の副状なく御書を

西暦	和暦	事　　項
		出すことのないよう求める．12.27 結城成朝ら，鎌倉の上杉憲忠の館を攻め，憲忠討死する．
1455	康正元（享徳 4）	1.5 足利成氏，鎌倉を出発．1.6 公方方，相模島河原で上杉方を破る．1.21〜22 公方方と上杉方，武蔵分陪河原で戦う．上杉方敗れ，上杉憲顕・上杉顕房討死する．2. 足利成氏，武蔵村岡に陣する．3.3 足利成氏，下総古河に入る．3.5 足利成氏，岩松持国に御内書を出す．3.20 原胤房，下総千葉城を攻め，千葉胤直逃走する．4.4 上野小此木で合戦あり，岩松次郎，戦功をあげる．4.5 公方方の諸将，常陸小栗城を攻め，外城を陥落させる．5.1 足利成氏，那須持資に御内書を出す．5.11 定尊，下野足利に入る．5. 小栗城陥落．5.30 足利成氏，下野小山に移る．6.8 上野三宮原の戦い．6.16 今川範忠の軍勢，鎌倉に入る．6.24 足利成氏，足利に陣を進める．7.9 足利成氏，足利から古河に戻る．8.12 千葉康胤，下総多胡城を攻め落とし，千葉宣胤自害する．8.15 原胤房，下総志摩城を攻め落とし，千葉胤直自害．10.15 公方方の小山持政，宇都宮等綱を下総木村原で破る．12.3・6 公方方と上杉方，武蔵埼西郡で戦い，公方方勝利する．
1456	2	1.19 公方方の軍勢，下総市川城を攻め落とし，千葉実胤・自胤逃走する．2.26 上野深須・赤堀・大胡・山上で合戦あり．3.3 下野茂木の戦い．4.4 足利成氏，細川勝元に書状を出し，幕府に対し異心なきことを述べる．9.17 公方方と上杉方，武蔵岡部原で戦う．
1457	長禄元	12.24 足利政知・渋川義鏡，京都を出発．
1458	2	閏 1.11 足利成氏，小山持政の功績を讃える．3.27 足利義政，岩松持国に御内書を出し，味方になるよう求める．5.15 岩松持国，請文を書き，足利義政に従うことを誓う．
1459	3	10.14 公方方と上杉方，武蔵太田荘で戦う．10.15 上野海老瀬・羽継原の戦い．公方方勝利し，上杉方は敗退．11.14 関東での戦いの情報，京都に届く．11. 二位房，武蔵佐々目郷内白鬚神田を望み，太田左衛門大夫（のちの道灌）の吹挙状を得る．12.26 足利義政，岩松宮内少輔の戦功を賞する．
1460	寛正元（享徳 9）	2. 鎌倉の鶴岡八幡宮で盗犯事件がおき，「太田方内者」が境内を捜索する．4.21 足利義政，上杉房顕・上杉房定らの諸将に感状を出す．4.28 足利義政，長尾忠景・長尾景

西暦	和暦	事　　項
		春ら諸将に感状を出す．閏9．鶴岡八幡宮領相模北深沢郷内台・洲崎の代官職の件をめぐり供僧たちが争い，武蔵河越の太田道真・左衛門大夫父子に訴える．閏9，鶴岡八幡宮，太田の指示により，武蔵佐々目郷・村岡郷に段銭を賦課する．
1461	2	5.14 足利義政，岩松家純が岩松持国父子を「沙汰」した功績を賞する．7．太田左衛門大夫，鶴岡八幡宮領武蔵関戸の代官職を望む．
1462	3	3.6 足利義政，足利政知・上杉持朝に御内書を出す．3.29 足利義政，三浦時高に御内書を出し，隠遁を止め帰参するよう命じる．12.7 足利義政，足利政知に御内書を出し，上杉持朝配下の武士への所領返付を命じる．12.29 結城成朝，家臣に殺害される．
1463	4	8.26 長尾景仲死去．
1464	5	5.7 足利義政，大森氏頼・実頼に御内書を出し，実頼の隠遁を止め帰宅するよう命じる．
1465	6	3.29 伊勢大神宮の神官荒木田氏経，太田左衛門大夫に書状を出し，相模大庭御厨の知行回復への尽力を求める．6.19 上杉政憲，足利政知の命により，箱根山を越えて相模に入る．9.11 足利成氏，武蔵太田荘に陣する．
1466	文正元(享徳15)	2.12 上杉房顕，五十子で死去．冬，上杉房定の子龍若(のちの顕定)，山内上杉氏の家督を継ぐ．
1467	応仁元	5.26 京都で東軍と西軍の戦いが始まる．9.6 上杉持朝死去．
1468	2	4.11 足利成氏，岩松成兼に書状を出し，西軍諸将から和睦の仲介を約束されたことを伝える．10.8 公方方と上杉方，上野毛呂島で戦い，上杉方勝利する．10．足利成氏，下野天命に陣する．
1469	文明元(享徳18)	1.26 荒木田氏経，太田道真・左衛門大夫に書状を出し，伊勢大神宮領の回復への尽力を求める．8．岩松家純，上野金山城に入る．この年，太田道真，河越城に心敬・宗祇らを招き，連歌会を開く．
1471	3	3．公方方の軍勢，伊豆三島に攻め入り敗れる．長尾景信，上杉方を率いて下野児玉塚に陣し，ついで五十子に戻る．4．足利成氏，下野足利に進み，公方方の軍勢，五十子に迫る．4.15 上杉勢，下野赤見城を陥落させる．5.23 上杉

西暦	和暦	事　　　項
		勢，上野館林城を攻略．6.24 上杉勢，古河城を陥落させる．足利成氏，千葉孝胤を頼り逃れる．
1472	4	春，足利成氏，古河城を奪回．
1473	5	6.23 長尾景信死去．11.24 上杉政真死去．
1474	6	6.17 太田道灌，武蔵江戸城で和歌会を開く．
1476	8	この年，長尾景春，武蔵鉢形城に拠る．6. 太田道灌，駿河に入り，今川氏の家督争いを調停．8. 正宗龍統，太田道灌の依頼を受け，江戸城静勝軒の詩板の序を作る．
1477	9	1.18 長尾景春，五十子の陣を襲う．上杉顕定，上野阿内に逃れる．3.18 太田道灌，長尾景春与党溝呂木の要害を攻め落とす．4.10 河越城の軍勢，武蔵勝原で長尾景春方を破る．4.13 太田道灌，武蔵江古田原で豊島勘解由左衛門尉・平右衛門尉を破り，平右衛門尉討死する．4.18 太田道灌の軍勢，相模小沢城を攻め落とす．4.28 太田道灌，武蔵石神井城を攻略．豊島勘解由左衛門尉逃亡する．5.14 上杉顕定・太田道灌ら，武蔵針谷原（用土原）で長尾景春を破る．5. 岩松家純，子の明純を義絶し，足利成氏に従う．秋，足利成氏，古河を出て，上野滝・島名に陣する．上杉顕定，上野白井に移る．9.27 上杉顕定，白井を出て南に進む．10.2 太田道灌，長尾景春と対陣．11.14 長尾景春，陣を開いて退却．11.27 上杉顕定，漆原に陣する．
1478	10 (享徳27)	1.2 足利成氏，上杉方と和睦し，陣所を払って武蔵成田に入る．3.10 上杉定正・太田道真，長尾景春の武蔵浅羽陣を攻める．景春退散して成田に赴く．4.10 太田道灌，武蔵小机城を攻略．豊島勘解由左衛門尉逃亡する．6.14 太田資忠ら，相模奥三保に向かい，長尾景春方を破る．6.15 太田道灌，甲斐に攻め入り，鶴河を放火．7.23 足利成氏，利根川を越えて古河に帰る．秋，上杉顕定，鉢形城に入る．12.10 上杉顕定の軍勢，下総境根原で千葉孝胤を破る．孝胤，下総臼井城に籠る．
1479	11	春，上杉勢，臼井城を攻める．太田資忠，臼井城下の戦いで討死する．秋，長尾景春，武蔵長井城に入る．
1480	12	1.4 長尾景春，武蔵児玉で蜂起．1.20 景春，武蔵越生に攻め込み，太田道真に撃退される．2.25 足利成氏，細川政元に書状を出し，足利義政との和睦斡旋を要請する．また，長尾景春，小笠原備後守に書状を出し，義政への披露を頼む．春，上杉顕定，鉢形から秩父に入り，日野城を攻

西暦	和暦	事　　　項
		める．6.13 太田道灌，秩父の陣に赴く．7.11 足利成氏，上杉房定に書状を出し，足利義政との和睦斡旋を依頼する．秋，太田道灌，日野城を攻略．10.5 上杉房定，細川政元・政国に書状を出し，足利義政への披露を依頼する．11.28 太田道灌，高瀬民部少輔にあてて条書を書き，上杉顕定への披露を依頼する．
1482	14	11.27 足利義政，足利成氏との和睦を受け入れ，足利政知・上杉房定に御内書を出す．
1485	17	10.2 万里集九，江戸城に入る．10.3 太田道灌，万里集九と面会．10.9 上杉定正，江戸城を訪い，宴席を設ける．
1486	18	春，万里集九，江戸城静勝軒の詩板の序を作る．6.10 太田道灌，万里集九とともに越生に赴き，太田道真の和歌会に参加する．7.26 上杉定正，相模糟屋の館で太田道灌を殺害する．10.23 万里集九，鎌倉に赴く．
1487	長享元	閏11．上杉定昌，下野勧農城を攻める．
1488	2	3.24 上杉定昌，上野白井城で自害．6.18 上杉顕定と上杉定正，武蔵須賀谷で戦う．8.14 万里集九，江戸城を出て北に向かう．8.16 万里集九，越生に入る．8.17 万里集九，平沢寺で太田資康と面会．9.26 万里集九，平沢寺を出て鉢形に赴く．11.15 上杉顕定と上杉定正，武蔵高見原で戦う．
1491	延徳 3	4.3 足利政知死去．7.1 足利茶々丸，継母と弟を殺害．
1493	明応 2	この年，伊勢宗瑞，伊豆に攻め入り，足利茶々丸を破る．
1494	3	7.21 上杉顕定と上杉定正，戦いを始める．9.28 伊勢宗瑞，上杉定正支援のため，武蔵久米川の陣に至る．10.3 上杉定正，高見原の陣で急死．
1496	5	7．上杉顕定方と上杉朝良方，相模の各地で戦う．
1497	6	9.30 足利成氏死去．
1498	7	この年，太田資康，生害するという．
1500	9	閏6.25 長尾忠景死去．
1503	文亀 3	6．上杉顕定，武蔵上戸の陣に宗祇・宗長らを招き，連歌会を開く．
1504	永正元	8.21 上杉顕定，上戸を出て仙波に至り，河越城を攻める．9.6 上杉顕定，仙波を出て白子に陣する．9．今川氏親・伊勢宗瑞，上杉朝良支援のため相模に入り，武蔵枡形山に陣する．9.27 上杉顕定と上杉朝良，武蔵立川原で戦う．

西暦	和暦	事　　　項
		顕定敗れて鉢形に帰る．11．長尾能景，越後の軍勢を率いて関東に攻め入る．上杉顕定，上戸に陣する．
1505	2	4．上杉顕定，上杉朝良を降伏させる．この年，太田六郎右衛門，武蔵中野の陣で誅殺される．
1506	3	夏，足利政氏，子の高氏（のちの高基）と争う．8.18 長尾能景，越中般若野で戦死．12．足利高氏，下野宇都宮に移る．
1507	4	8.7 長尾為景，上杉房能を滅ぼす．8．足利政氏と足利高氏，上杉顕実の仲介により和睦する．
1508	5	11.6 将軍足利義尹（義稙），上杉定実を越後守護に任じ，長尾為景に補佐を命じる．
1509	6	7．上杉顕定，長尾為景討伐のため，越後に出陣．
1510	7	夏，伊勢宗瑞，武蔵に攻め入り，椚田要害を攻める．足利高基，下総関宿城に入る．長尾景春挙兵．6.12 上杉顕定，長尾景長に書状を出し，関東と越後の政情を述べる．6.20 上杉顕定，越後長森原で戦死．7.19 上杉朝良，武蔵権現山城を攻め落とす．12．上杉朝良，相模中村要害で伊勢宗瑞の軍勢と戦い勝利する．
1512	9	6．上杉憲房，鉢形城を奪取．上杉顕実，敗れて逃れる．6.18 足利政氏，古河を出て，下野小山の祇園城に移る．足利高基，古河城に入る．8．伊勢宗瑞，相模岡崎城を攻略．三浦義同，敗れて三浦に退く．
1514	11	7．足利政氏の軍勢，古河城を攻めて敗れる．8.24 長尾景春死去．
1516	13	7.11 伊勢宗瑞，相模新井城を攻め落とし，三浦義同討死する．
1518	15	4.21 上杉朝良死去．
1519	16	8.15 伊勢宗瑞死去．
1520	17	閏6．足利政氏，足利高基と和睦．
1524	大永 4	1.10 上杉朝興，上杉憲房と和睦．1.13 伊勢氏綱，江戸城を攻略．1.14 上杉朝興，河越城を棄てて松山城に移る．6.18 上杉朝興，河越城を奪回．10.9 伊勢氏綱，太田資高に判物を出し，本住寺の寺領を安堵する．

著者略歴

一九五七年　新潟県に生まれる

一九八四年　東京大学大学院文学研究科博士課程中退

現　在　愛知大学教授　博士（文学）（東京大学）

〔主要著書〕

『鎌倉府と関東』（校倉書房、一九九五年）、『戦国のコミュニケーション』（吉川弘文館、二〇〇二年）、『日本の歴史8　戦国の活力』（小学館、二〇〇八年）、『日本中世の歴史5　室町の平和』（吉川弘文館、二〇〇九年）

敗者の日本史8

享徳の乱と太田道灌

二〇一五年（平成二十七）一月一日　第一刷発行

著　者　山《やま》田《だ》邦《くに》明《あき》

発行者　吉川道郎

発行所　株式会社 吉川弘文館

郵便番号一一三―〇〇三三

東京都文京区本郷七丁目二番八号

電話〇三―三八一三―九一五一〈代表〉

振替口座〇〇一〇〇―五―二四四

http://www.yoshikawa-k.co.jp/

印刷＝株式会社　三秀舎

製本＝誠製本株式会社

装幀＝清水良洋・渡邉雄哉

ISBN978-4-642-06454-5

敗者の日本史

刊行にあたって

現代日本は経済的な格差が大きくなり、勝ち組と負け組がはっきりとした社会になったといわれ、格差是正は政治の喫緊の課題として声高に叫ばれています。

しかし、歴史をみていくと、その尺度は異なるものの、どの時代にも政争や戦乱、個対個などのさまざまな場面で、いずれ勝者と敗者となる者たちがしのぎを削っていました。歴史の結果からは、ややもすると勝者は時代を切り開く力を飛躍的に伸ばし、敗者は旧体制を背負っていたがために必然的に敗れさった、という二項対立的な見方がなされることがあります。はたして歴史の実際は、そのように善悪・明暗・正反というように対置されるのでしょうか。敗者は旧態依然とした体質が問題とされますが、彼らには勝利への展望はなかったのでしょうか。敗者にも時代への適応を図り、質的変換への懸命な努力があったはずです。現在から振り返り導き出された敗因ではなく、多様な選択肢が消去されたための敗北として捉えることはできないでしょうか。最終的には敗者となったにせよ、敗者の教訓からは、歴史の「必然」だけではなく、これまでの歴史の見方とは違う、豊かな歴史像を描き出すことで、歴史の面白さを伝えることができると考えています。

また、敗北を境として勝者の政治や社会に、敗者の果たした意義や価値観などが変化しながらも受け継がれていくことがあったと思われます。それがどのようなものであるのかを明らかにし、勝者の歴史像にはみられない日本史の姿を、本シリーズでは描いていきたいと存じます。

二〇一二年九月

吉川弘文館

敗者の日本史